불신자들도 찾아오는 교회

KB189940

불신자들도 찾아오는 교회

김성태 목사 지음

나침반

이 책이 발행된 후 3년이 지나가고 있습니다.
그동안 주님은 큰빛교회와 김성태목사의 사역에 복에 복을 더하시듯, 부흥에
부흥을 더하고 계십니다. 지금도 교회의 심장이 뛰고 있기에 그 뿌리인 7가지
특징을 다시 나누면서 그 심장이 어느 교회에 이식되기를 바래서 이 증보판
을 발행합니다. – 편집겸 발행인 김용호

위기를 진짜 기회로 만드는 7가지 특징

아프리카의 신발시장 상황을 알아보기 위해 두 신발회사에서 각각 사람을 보냈다.

한 신발회사의 직원은 아프리카에 도착한 뒤에 "아프리카 사람들은 대부분 신발을 신고 다니지 않으며 관심도 없어 보임. 시장성 제로!"라고 보고했다.

그러나 다른 신발회사의 직원은 다음과 같이 보고했다.

"이곳엔 신발을 신고 있는 사람들이 거의 없음. 잠재적 고객이 매우 많아 진출이 긍정적!"

목회자부터 평신도까지 모두가 입을 모아 지금은 한국 교회가 위기라고 말을 한다.

실제로 매년 기독교를 믿는 사람들의 비율은 줄고 있고 그에 비해 불교나 이슬람, 무신론자의 비율은 비약적으로 증가하고 있다.

교회의 허리 역할을 하는 청년들을 비롯해 모든 교육부서의 비율도 거의 감소되고 있으며 사회적으로도 여러 사건을 통해 기독교가 다른 종교에 비해서 점점 좋지 않은 이미지로 인식되고 있다. 한 때 천만 성도를 자랑하던 한국 교회에 분명한 위기가 찾아왔다고도 볼 수 있다.

그러나 위기는 희망을 잃고 좌절하라고 찾아오는 것이 아니라 문제점을 찾아 극복하고 더욱 성장하기 위해서 찾아오는 것이다. 아프리카에 신발을 신지 않는 사람이 많은 것처럼 예수님을 믿지 않는 사람이 더욱 많아질수록 전도해야할 영혼이 많아지고 복음과 교회가 더욱 필요해진다. 사회적으로 기독교에 대한 이미지가 나빠질수록 성도들은 더욱 예수님을 닮아가는 삶을 살기 위해, 사랑을 실천하기 위해 노력해야 할 것이다.

그렇다. 위기가 바로 진짜 기회이다.

내가 진정으로 걱정되는 것은 바로 이런 환경 탓에 주님의 몸된 교회가 진정으로 구원을 필요로 하는 사람들에게 복음을 전하는 일을 두려워하는 일이다.

지금 한국 교회의 목회자들과 성도들에게 필요한 것은 지금의 위기를 기회로 바라보는 색다른 시선이다.

지금 내가 섬기는 큰빛교회가 있는 삼척은 복음화율이 3%도 되지 않고 지금의 한국 교계의 현실과는 비교할 수도 없을 정도로 영적으로 척박한 황무지였다. 거의 모든 지역이 무속신앙에 빠져 있었으며 심지어 크리스마스에도 거리에서는 캐롤 조차 들리지 않았다.

수도권 지역에 비해 청소년들도 많지 않은 지역이었고, 또 기독교에 대한 인식도 전국에서 가장 좋지 않은 곳 중에 하나였다.

그러나 주님의 음성을 따라 순종하자 주님은 간판 하나 없던 초라한 개척교회를 10년 만에 천명 이상이 모이는 교회로 성장시키셨고, 지역 문화를 선도하는 중심지로 사용하고 계신다.

사람들은 강원도 삼척을 아직도 선교지로 생각하고 있지만 우리 교회는 어느새 해외에 선교센터를 지을 정도로 선교하는 교회가 되었고, 교육부서의 부흥으로 유명해져 학생들이 모이며 또 명문대에 매년 학생들을 진학시키는 교회가 되었다.

그러나 하나님께서 주신 이 모든 은혜보다 내가 더욱 자랑스러워하는 것은 바로 우리 교회가 '불신자들도 좋아하는 교회', '불신자들도 오고 싶어 하는 교회'로 지역 주민들에게 알려져 있다는 사실이다. 물론 이 모든 일들은 주님이 하신 일이다. 우리는 단지 전도를 위해 사용된 도구일 뿐이다.

전국에서 가장 척박한 곳 중 하나인 삼척에서 이런 변화가 일어날 수 있다면 지금 한국의 모든 지역에서도 이와 같은 변화가 일어날 수 있다고 믿는다. 예수님은 지금보다 더 어려운 시기에 홀로 이 세상에 오셔서 열 두 제자를 통해 세상을 변화시킨 위대한 개척자라는 사실을 우리는 언제나 잊어서는 안된다. 그 예수님의 발자취를 따라가며 시대를 바라본다면 복음은 언제나 모든 사람에게 가장 잘 팔릴 수 있는 히트상품이 될것이다.

이 책을 쓰도록 격려한 나침반출판사 김용호 대표가, 우리교회 이야기를 듣고, 마치 삼척 앞바다에서 방금 잡아 올린 펄떡이는 물고기 같은 힘을 느낀다며, 이제까지 일어난 일을 한국교회에 알려 공유해, 부흥을 위해 애태우는 이들에게 도움이 됐으면 싶다고… 불신자도 오고 싶어 하는 교회가 되기까지 있었던 일을 7가지 특징으로 정리해 달라고 제안해서 기도하면서 돌이켜 보았다.

그러므로 이 책은 우리의 자랑이나 성공이나 교회를 드러내기 위해 쓰인 것이 아니다. 그 동안 주님이 깨닫게 해 주신 것을 행동으로 옮겨 이뤄진 일을, 그 열매를, 사례로 들어 말한 것이니 오해 없기 바란다.

마음이 지쳐 있고, 세상을 향한 용기를 잃은 성도들에게 작은 힘이 되고, 다시 한 번 교회의 뜨거운 부흥을 일으키고자 하는 목회자들에게 작은 불씨가 되고자 하는 열정으로 쓰였다.

우리의 간증을 통해 대한민국이 다시 한 번 부흥의 불길로 뜨거워지는 역사가 일어나며 모든 성도들이 각자 속한 곳에서 척박

한 사람의 영혼을 개간하는 개척자가 되는 일에 작게나마 도움이
되었으면 한다.

　마지막으로 감히 책을 펴낼 수 있도록 확신을 주신 주님과, 이
책의 내용을 채울 수 있도록 많은 간증과 은혜와 감사의 이야기
를 만들어가고 계시는 큰빛교회 성도님들, 곁에서 동역자로 섬기
며 든든한 지지자가 되어주는 아내 이금주 사모와 사랑하는 딸
단비와 든든한 아들 영찬이, 책을 펴낼 수 있도록 용기와 확신을
주신 출판 관계자들에게 감사드리며, 영광과 존귀와 찬양을 하나
님께 올려드린다.

삼척에서 세계까지를 꿈꾸는-
김성태 목사

차례

제1장

하나님의 목적을 깨닫게 했다

하나님께서 나에게 주신 목적은 무엇이라고 생각하고 있는지를 적어보자.

●● 인생에서도, 신앙에서도,

그리고 전도에서도 가장 중요한 것은 '목적을 깨닫는 것'이다.

목적을 모르는 배는 영영 표류할 수밖에 없다.

사람들에게 하나님이 주신 인생의 목적을 알려줘라!

가장 좋은 부흥의 방법은

하나님의 목적에 맞는 교회가 되는 것이며

가장 좋은 전도의 방법은

인생의 목적이 하나님께 있다는 것을 깨닫게 해주는 것이다.

PURPOSE

하나님의 목적지, 삼척

 "택지개발-부지 매입을 원하시는 분은 연락 주십시오."

얼떨결에 엉뚱하게 들어온 시내에서 차를 돌려 나가려는데 길 앞에 걸려있는 현수막 하나가 눈에 들어왔다.

그 날은 참 이상한 일이었다. 태어나서 한 번도 길을 헤매본 적이 없는 내가, 평소 길 찾아가는 데에는 선수급인 내가, 그날은 이상하게도 길을 잘못 접어든 것이다.

"어? 여기가 어디지?"

도로변에 세워진 푯말을 보니 '삼척교동택지 개발지구'라고 쓰여져 있었다. 지금껏 분명히 도로 표지판을 잘 보고 왔는데 예상치 못한 길로 접어들었으니 이게 웬 조화인가 싶었다.

2000년, 전국은 21세기의 시작이며 밀레니엄의 시작이라 뭔가 새롭게 시작하는 분위기가 무르익어 갔다. 당시 나는 세기의 시작이라는 변화에 기꺼이 몸을 내던지고 사역지인 용화교회에서 약 6년간의 임기를 마치고 새로운 개척을 준비하던 때였다.

개척이라는 비전을 가지고 있었지만 그저 막연한 상황이었다.

어디로 가야 하는지, 어떻게 시작해야 하는지, 얼마나 개척자금이 있어야 하는지도 모르는, 그저 개척에 대한 비전만 갖고 있었기에 한치 앞을 몰랐다. 그렇게 허둥대며 살던 중 그날 그 사건을 맞았던 것이다.

당시 개척지 선정 때문에 땅이라면 예민해져 있을 때였기에 부지 매입이란 글에 눈이 번쩍 뜨여 나도 모르게 차를 멈추고 자세히 보다보니 꽤 괜찮은 곳이었다.

삼척 시내로 진입하는 길 가에 있는 땅으로, 바로 옆엔 아파트가 한창 공사 중이었고 그 뒤로는 산세가 아름답게 펼쳐져 있었다. 아마 원래 건물을 지을 자리였던 것 같은데 당시가 한창 IMF로 인한 경기 불황 여파가 남아있던 때라 진행되지 못하고 있었던 것 같았다. 그러나 위치는 좋았지만 땅의 상태가 방치되어 있다고 봐도 될 정도였는데 그래도 그 장소를 보는 순간 가슴이 뜨거워졌다.

'하나님. 왜 이렇게 가슴이 뛸까요?'

그 날 한참을 그곳을 서성이며 이리보고 저리 보며 땅을 살펴보았다. 땅에 대한 아무런 지식도 없던 나였지만 그렇게 거닐고 있을수록 어쩐지 여기에 교회를 세우면 좋을 것 같다는 확고한 생각이 계속해서 들었다.

거의 2, 3시간을 기도하며 서성이다 뭔가 확신이 오는 듯해서 현수막에 적힌 연락처를 적어 집으로 돌아왔다. 돌아가며 보니 이처럼 쉬운 길을 왜 헤맸나하는 생각이 들 정도였다.

그날 저녁에 기도하는데 자꾸만 삼척에서 본 그 땅이 마음속에 떠올랐다. 잡초가 우거져 있는 방치된 땅이었지만 주변의 환경과 부지의 크기를 볼 때 혼자서 그동안 그려왔던 교회의 조감도와 딱 어울릴 것 같다는 생각이 기도하는 내내 떠올랐다.

주님께서 개척을 위해 기도하고 있는 우리 부부에게 길을 열어 보여주시고 있다는 생각이 들었다. 그래서 아내에게 이런 나의 생각을 전하며 조언을 구했다.

"여보, 실은 오늘 어디를 가다가 길을 잘못 들어서 삼척의 택지 개발 지구를 보게 됐어."

"그러셨어요? 도대체 어쩌다 삼척까지 가셨어요?"

"내가 생각해도 참 이상한 일이야. 아무래도 하나님이 일부러 길을 잘못 들어서게 하셨던 것 같은데⋯⋯. 거기서 교회를 개척하기 좋은 땅을 보게 됐거든. 아직도 그 곳이 눈에 선해."

"그래요? 하지만 이젠 동해안을 벗어나고 싶은데요⋯⋯."

"그래도 혹시 우리가 지금 개척 장소를 위해 기도하고 있는걸 아시고 하나님이 보여주신 땅 아닐까?"

"물론 그럴 수도 있겠죠. 하지만 삼척엔 아무 연고도 없고 이미 여러 교회가 있는데 교회가 더 필요할까요?"

믿음이 좋은 아내도 사뭇 당황스러워하는 듯 보였다. 한 번도 생각조차 해보지 않은 땅, 그리고 가보지도 않은 땅, 미지의 장소에 대한 불안함과 개척의 불확실한 상황까지 겹쳐지다보니 아무래도 조심스러워지는 건 당연했다. 그러나 여전히 알 수 없는 기분이 사라지지 않았다.

"그래도 혹시 모르니 우리 같이 한 번 기도해봅시다."

"그래요, 주님 뜻이라면 확신을 주시겠죠."

그때부터 우리 부부의 기도 안테나는 삼척 시내에 있던 택지 개발 지구의 땅을 향해 뻗어 있었다.

어떤 사람이 찾아와 그 땅을 주겠다는 것도 아니었고, 우리에겐 개척의 비전만 있을 뿐 모든 환경의 문제는 주님께 기도함으로 응답받고 나가야 할 상황이었다. 그러나 눈에 보이지 않지만 나에게 교회를 개척하고자 하는 마음을 주신 하나님의 목적이 그곳에 있다는 것이 느껴졌기에 기도로 하나님의 뜻을 구할 수 있었다.

"주님, 그 땅을 향한 하나님의 목적과 뜻을 알기 원합니다."

하나님의 목적은 우리들의 짧은 생각과 지혜로 따라잡을 수 없다. 그러나 사람은 짧은 생각으로 하나님의 뜻을 제한하려 한다. 그러다보니 하나님의 목적에 순응하지 못하고 자기 뜻을 고집하여 실패와 좌절을 경험하기도 한다.

때로는 자신의 뜻을 하나님의 뜻으로 착각하기도 한다. 이런 상황을 정확히 분별하기 위해서는 말씀을 묵상하고 기도로 뜻을 구하는 수밖에 없었다. 정말로 하나님의 뜻이 맞다면 아무리 어려운 일도 기적처럼 결과로 나타나 확고한 증거가 되기 때문이다.

큰빛교회의 개척단계에서 나에게 일어났던 일이 바로 그러했고, 하나님의 목적을 깨닫는 것이 얼마나 중요한 일이지 깨닫게 된 순간 기도했다.

가끔씩 나에게 삼척에서 개척한 이유를 묻는 사람들이 있다. 그러나 나에게는 가장 척박한 곳에 복음을 전파하겠다는 거창한 목적도, 삼척을 향한 뜨거운 비전도 없었다. 오직 하나님의 목적이 그곳에 있을 것이라는 생각 때문이었다.

내가 목적의 중요성을 깨달은 것은 지금의 큰빛교회를 개척하게 되면서 부터였다.

첫 번째 사역지였던 어촌 마을 용화교회에서 부흥을 경험한 뒤 나는 교회에 대한 나름대로의 목적을 가지고 열심히 계획을 세우며 뜨거운 열정을 품고 있었다.

그러나 하나님은 도저히 상상도 할 수 없는 곳, 게다가 개척을 하기에 매우 열악한 삼척으로 나를 보내셨다.

이처럼 때때로 인생살이에서도, 또한 교회의 현장에서도 전혀 예상치 못한 상황이 얼마든지 찾아올 수 있다. 그럴 때는 나의 생각대로만 일을 처리하고 결정하기 보다는 먼저 마음과 뜻을 모아 하나님께 기도로 뜻을 묻는 것이 현명한 방법이라고 생각한다.

나는 하나님의 음성에 민감하게 반응하고자 하는 겸손한 마음과 기도하는 습관을 가지고 있다면 하나님이 주신 목적을 깨닫는 지혜를 얻을 수 있을 것이라 확신했다.

그렇게 나는 당시에 나를 향한 하나님의 목적이 삼척에 있는지를 알기 위해 매일같이 말씀을 묵상하고 열심히 기도했다.

선한 뜻을 두고 행하시는 하나님

 삼척의 땅을 보고난 이후 그곳이 하나님의 목적이 분명한지 알기 위해 우리 부부는 더욱 열심히 기도와 큐티(Q.T.경건의 시간)에 집중했다. 하나님 말씀만큼 확실한 응답은 없기 때문이다.

오만 번 이상 기도 응답을 받았던 조지 뮬러 역시 응답의 비결로 하나님의 뜻을 알기 위해 하나님의 말씀을 묵상하는 일을 꼽았다.

사람들은 때때로 기도의 응답이 초자연적인 방법들을 통해서 나타난다고 생각하지만 하나님이 주신 성경말씀이야말로 가장 확실한 기도의 응답이기 때문에 우리 부부는 그 어떤 감정이나 생각보다도 항상 하나님의 말씀을 우선시 했다.

그렇게 아내와 나는 날마다 말씀을 읽고 그날그날 주시는 마음을 기록하며 묵묵히 참고 기다렸다.

물론 인간적으로는 걱정이 되고 염려가 생기기 시작했다.

이미 사역하던 용화교회에는 사임의사를 밝힌 상태였고 개척지는 아직 정해지지도 않았다. 그렇다고 개척자금이 있는 것도 아니었다. 주님께서 모든 부분을 채워주셔야 했기에 바라는 것을 믿음으로만 봐야 하는 현실이었는데 응답이 너무 더디게 오고 있었다. 그러나 되도록 조급해하지 않으려고 노력하며 확실한 응답을 구했다.

'주님, 개척을 계획함에 있어 인간적인 욕심을 버리고 오직 하

나님의 뜻을 발견하길 원합니다.'

우리 부부는 갓난아기 둘을 옆에 재우고 매일 간절히 무릎을 꿇고 말씀을 읽고 기도했다.

말씀은 날마다 새롭게 다가왔다.

그 당시 우리가 읽고 있던 성경은 민수기였다. 매일 하던 큐티가 마침 그 부분이었는데, 민수기의 말씀을 읽는 내내 이스라엘 백성이 시내산을 떠나 가나안 땅을 향해 가는 동안 겪는 고난과 은혜의 삶에 대한 이야기가 큰 위로와 평안이 되었다.

특히 이스라엘 백성을 고통에 빠뜨리고 싶어 했던 발락 왕이 데려온 주술사 발람이 영의 눈이 열려 오히려 이스라엘 백성이 가야할 가나안 땅에 대한 축복의 말을 쏟아놓고 하나님의 은혜를 찬양하는 사람으로 바뀐 대목에서 우리 부부는 무릎을 꿇었다. 주님의 뜻을 깨닫는 영의 눈이 열리도록, 또한 발람처럼 순종하는 사람으로 변화받기 위해 기도했다.

그렇게 며칠이 지났을 때 생각지 않게 권영삼 목사님을 만나게 되었다.

그분은 용화교회에서 사역할 때 우리 교회를 취재하기 위해 오셨던 기독 월간지 기자였는데 지금은 목사님이 되셔서 어느 교회에서 부목사님으로 섬기고 계신다. 그때는 기자 신분으로 서울에서 시골마을 교회를 취재하시며 무척 좋은 글로 시골교회에 희망을 전해주신 분이었다. 그것이 인연이 되어 가끔 연락을 주고 받으며 도움도 받았었는데, 삼척의 땅을 보고 난 뒤 가슴이 뛰고 있던 그 때, 마침 동해안에 취재차 내려오셨다가 다시 만나게 되었다.

"김 목사님, 그간 잘 지내셨지요?"

"네, 다시 뵈니 참 좋습니다."

"그나저나 용화 교회 사역은 잘 되고 계신지요?"

"그게… 지금 개척에 대한 뜻을 품고 기도중입니다."

목사님은 깜짝 놀라며 개척에 대한 이야기를 더 물으셨다. 워낙 전국의 많은 목사님들과 만나고 개척 현장을 취재하는 분이시기에 진지하게 이야기를 듣다가 대뜸 길을 잘못 들었던 삼척 땅을 보러 가자고 하셨다.

그 길로 우리는 삼척으로 향했다. 목사님은 토지 매각공고가 붙어있는 땅을 둘러보시더니 "김 목사님, 제가 보기에는 하나님이 땅을 보여주신 이유가 있는 것 같습니다."라고 하셨다.

"저도 그런 것 같습니다. 그런데 사실 아시다시피 제가 개척을 위해 모아 놓은 돈이 있는 것도 아니고, 이곳에 연고가 있는 것도 아니다보니 사실 엄두가 나지 않습니다."

내 말을 들은 목사님은 빌립보서 2장 말씀을 주시며 빌립보 교회를 개척한 바울 선지자의 삶과 교훈에 대해 말해주셨다. 바울이 고백하기를 선한 일을 계획하시는 하나님께서 모든 것을 이루신다는 구절에 이르렀을 때 나는 다시금 가슴이 뛰었다.

"너희 안에서 행하시는 이는 하나님이시니 자기의 기쁘신 뜻을 위하여 너희로 소원을 두고 행하시게 하시나니…"(빌립보서 2:13)

늘 읽던 말씀이었지만 그날따라 이 구절이 더욱 크게 다가왔다. 그리고 삼척에서 개척을 하는 것이 하나님의 목적에 맞다는 확신이 들었다.

'아! 하나님께서 자신의 뜻을 깨닫게 하기 위해 목사님을 여기에 보내주셨구나. 목사님의 입술을 통해 확신을 주시는구나. 지금 이 땅에 개척하려는 것이 하나님의 선한 목적에 따라 갖게 된 소원이 맞구나.'

권 목사님과의 만남은 하나님께서 나를 통해 선한 목적을 이루기 위해 보내신 일종의 싸인(Sign)이었다.

그날 목사님과의 만남을 통해 하나님의 선한 목적이 삼척 지역을 향한 복음이란 사실을 깨닫게 된 일을 말하자 아내도 확신을 가졌고, 그렇게 우리 부부는 계속해서 큐티를 하며 기도를 이어갔다. 그리고 그때까지 사역하고 있었던 용화교회에 다시 한 번 사임하겠다는 뜻을 전했다.

주님의 종으로 부르심을 받고 6년간 사역했던 시골 어촌교회를 사임하는 과정은 결코 쉽지 않았다. 작은 마을이었지만 그동안 전도를 위해 많은 노력을 했고 작은 결실이지만 몇 배의 부흥을 일구었던 곳이었다. 주님의 종으로 부르심을 받고 처음 담임으로 부임한 곳이었기에 진한 아쉬움과 눈물이 남았지만 그래도 어쩔 수 없는 일이었다. 마을을 돌며 그동안 감사했다는 말들을 전하자 사역 초기에 함께 신앙생활을 하셨던 분들이 매우 아쉬워하셨다.

"아이구, 김 목사님, 서운해서 워째요. 근데 어디로 가신다구?"

"아직 기도 중인데요…… 삼척의 택지지구를 두고 기도하고 있습니다."

"삼척? 아휴! 거기에다 교회 맹글고 사람 모으려면 솔찬히 어려울텐데.."

"그러게 말입니다. 그러나 하나님이 주신 마음이니 하나님이 책임지시겠지요. 너무 걱정하지 마십시오."

"그려요. 아.. 그러고 보니 삼척에 내 조카가 하나 살고 있는디, 교회 맹글면 한번 가보라고 할게유."

뿐만 아니다. 수시로 용화마을을 돌아다니며 동네 분들을 전도하다보니 교회를 다니지 않던 분들과도 친하게 되었던 터라 이제 용화교회를 사임하고 삼척으로 간다는 말을 전하니 교회에 나오지 않던 분들도 그렇게 서운해 하실 수 없었다. 그동안 음료수 꽤나 들고 마을을 돌아다니던 일이 헛수고는 아니라는 생각이 들었다. 물론 그분들 중 복음을 받아들인 분도 계시고 그렇지 않은 분들도 계셨지만 그래도 가끔 옆에서 바둑 훈수도 두고 간간이 말상대를 해 주던 젊은 목사가 용화 지역을 떠난다는 사실만으로도 서운해들 하셨다.

"하이고.. 정말? 그럼 이제 여기는 안 오는 거요?"

"네, 그럴 것 같습니다. 다른 곳에서 교회를 개척해야 돼서요."

"아휴, 이거 서운한디…… 그럼, 이거 얼마 안 되지만 가지고 가서 애기들 과자라도 사줘요."

꾸깃꾸깃한 지폐 몇 장을 쥐여주시던 한 할머니, 그분은 교회 개척이 무엇인지도 모르셨지만 그래도 젊은 목사에 대한 사랑과 애정으로 자신의 마음을 그렇게 전달하셨다. 나는 마을 떠나기 전에 할머니를 찾아가 다시 한 번 복음을 전했다.

"할머니, 제가 늘 말씀드렸지만 예수님 믿고 구원받으셔야 되요. 아셨죠? 예수님만이 할머니를 구원해주실 유일한 분이세요. 제가 여기 떠나더라도 꼭 예수님 믿고 교회에 나오셔야 됩니다."

"아이고, 알았어. 내 나중에 꼭 교회 나갈게."

그렇게 용화에서 마지막 인사를 하고 나오는데 코끝이 찡해졌다. 그토록 무뚝뚝한 줄만 알았던 마을 사람들과 성도님들의 애정이 전류처럼 내 마음에 흘렀다. 한편으론 이렇게 선한 삶을 살아가시는 분들에게 더 열심히 복음을 전하고 모두 천국에서 즐겁게 만날 수 있도록 복음의 빚진 자로 살아가겠다는 마음이 더욱 굳어지며 이제 새로 시작하는 삼척에서 더욱 열심히 헌신해야겠다고 다짐했다.

그리고 그날 밤에도 아내와 함께 민수기 말씀을 읽으며 하나님의 선한 뜻을 발견할 수 있었다.

이스라엘 백성이 광야를 걸으며 깨닫게 된 하나님의 뜻과 목적이 민수기 33장의 말씀을 읽다보니 깨달아졌다.

민수기 33장에는 '진쳤다'라는 단어가 여덟 번이나 나오고 49절에는 '미쳤었더라'라는 구절이 나온다. 그 구절을 읽는데 우리 부부에게 똑같이 강한 도전의 마음이 생겼다.

하나님께서 삼척, 나아가 영동지역에 우리 부부가 진치기를 원하고 계셨다. 그렇게 하나님의 자녀들이 사방 곳곳에 진을 침으로 동해안 지역의 우상을 몰아내고 이 땅을 하나님의 영으로 채우길 원하시며 명령하고 계셨다. 그래서 그 자리에 엎드려 기도했다.

'주님, 언제나 영적으로 깨어있길 원합니다. 지금처럼 주님이 제게 말씀하시는 그 모든 음성들을 바로 알아들을 수 있는 영적으로 깨어있는 사람이 될 수 있게 언제나 인도하여 주옵소서.'

하나님께서 선한 뜻을 두고 행하시는 일은 때론 말씀을 통해, 때론 묵상을 통해, 기도를 통해, 만남을 통해 다양한 방법으로 우리에게 다가왔다. 개척을 앞둔 그 당시도 내게 다양한 채널을 통해 하나님의 목적을 깨닫게 하셨고 그 목적을 즐기게 하셨다. 그리고 삼척에서 개척을 하는 과정을 통해 하나님의 목적을 이루기 위해 노력하는 사람이 어떤 놀라운 일들을 체험하게 되는지 알게 하셨다.

•| 산지를 내게 주소서

나는 출애굽 사건에서 리더십을 발휘했던 모세와 여호수아보다 갈렙을 더 좋아한다.

갈렙은 성경에 두 번 등장하는데 한번은 열두 정탐꾼의 한 사람으로 가나안 땅을 정탐한 뒤 긍정적인 보고를 함으로써 가나안을 정복하라는 하나님의 뜻을 따랐다.

또 한 번은 가나안 땅에 입성해 성을 함락할 때다. 갈렙은 당시 여든이 넘은 노장이었지만 40여 년 전 모세가 약속한 말씀을 여호수아에게 상기 시키며 "이 산지를 내게 주소서"라고 당당히 요구하며 전쟁을 승리로 이끌고 결국 헤브론 땅을 차지했다.

갈렙은 어떤 환경에서도 가능성을 생각하며 포기하지 않았던 근성과 비전이 있는 인물이다. 그런 이유로 우리 교회의 청년부 이름도 갈렙이다. 갈렙처럼 하나님의 뜻을 자신의 삶에 목적으로 받아들이면 될 수 있다는 믿음과 하나님이 주신 산지에 대한 비전이 생기게 되니, 언제든 세상과 싸울 수 있는 근성을 만들자는 취지였는데, 지금은 청년들 뿐 아니라 우리 교회 모든 성도들이 이와 같은 삶의 자세를 유지하고 있다.

하나님이 나를 통해 보게 하신 삼척 땅에 교회를 세우신 과정이 헤브론을 취하던 갈렙의 모습과 매우 닮았는데, 성도들은 그 이야기를 자주 듣고 또 직접 목격하게 되니 자연스럽게 이와 같은 자세가 삶 속에 배어들었다.

오랜만에 만났던 목사님을 통해 그리고 다시 성경을 통해 삼척 시내에 났던 토지매입 공고가 바로 나를 통해 목적을 이루실 하나님의 준비라는 걸 깨닫게 된 나는 하나님께 즉시 기도했다.

'주님, 갈렙이 그 산지를 얻었던 것 같이 제게도 삼척의 저 땅을 주옵소서.'

이제는 뜻을 알려달라는 기도 대신 선포하는 기도가 나왔다.

분명한 하나님의 뜻이라는 확신이 있다면 다음은 온전한 믿음이 마음속에 세워져야 한다. 세상적인 눈으로 봤을 때 아무런 가능성 없는 기도였지만 이미 환경을 움직이고 계신 하나님을 느끼고 있었기에 적극적으로 나설 수 있었다. 이젠 내가 할 수 있는 모든 인간적인 노력을 해야 할 때였다.

기도를 마친 뒤 나는 그 길로 토지매각을 결정하는 회사로 무작정 전화를 걸었다. 앞뒤 일을 생각하기 보다는 일단 부딪혀 보기로 했다.

"여보세요?"

누군가 전화를 받았다.

"네, 수고하십니다. 토지매각을 관리하는 회사죠? 뭐하나 여쭐 게 있어서 전화 드렸습니다. 혹시 직원들 중에 교회 다니시는 분 있나요?"

내가 이런 질문을 한 것은 개척과 관련된 토지를 알아보고 있었으므로 아무래도 같은 믿음의 사람이면 '팔이 안으로 굽는다'고 말이라도 더 잘해주지 않겠는가 하는 기대감 때문이었다.

"왜 그러시죠? 교회 다니는 사람 찾으시면 제게 말씀하시면 됩니다. 저도 교회 다닙니다."

"아, 그러세요? 반갑습니다. 저는 시골교회 목사입니다. 얼마 전 삼척 시내를 가다가 공사 중인 아파트 옆에 토지매각 공고가 붙어 있는 것을 보고 여쭤볼게 있어서요. 저는 지금 개척을 준비 중에 있습니다."

"그러십니까? 토지의 가격이 궁금해서 전화하셨군요."

"네, 물론 가격도 궁금한데요. 실은 그보다 더 중요한 건 제가 지금 개척자금이 없습니다. 삼척보다 더 시골인 곳에서 목회를 하다 보니 사정이 그렇게 됐는데요. 혹시라도 다른 방법이 있나 해서 무작정 전화를 드려봤습니다."

"네에? 땅을 살 돈이 하나도 없으시다고요?"

수화기 너머로 들리는 남자의 목소리에는 어이없음을 넘어선 안타까움이 담겨있었다. 그러나 어떻게든 방법을 찾아야 했다.

"답답해하시는 것은 잘 알겠는데요. 그래도 저는 그 땅을 구입하고 싶습니다. 하나님의 뜻이라면 될 거라 믿고 있습니다. 다만 절차가 어떻게 되는지, 좀 더 싸게 매입할 방법은 없는지 도움을 얻고 싶어서 말입니다."

진심을 다해 이야기를 이어가자 그쪽도 한결 부드럽게 나오기 시작했다. 그리고는 이내 마음을 열더니 본인의 이야기를 꺼내놓았다.

그는 과거에 신앙생활을 잘 했지만 최근에 교회에 발길을 끊고 있어 하나님께 마음의 빚이 있는 상태였다. 그렇지않아도 마음이 한창 불편한 상황에서 가난한 목사와 전화를 하게 되었으니 괜히 도와주고 싶은 마음이 생겼다고 했다.

"목사님, 제가 방법 한 가지 알려드릴게요. 일단 담당자를 찾아가서 만난 뒤에 타협을 해 보도록 하세요. 잘 안 될 수도 있지만 요즘 IMF 끝자락이라 부동산 경기가 한참 좋지 않기 때문에 자초지종을 이야기 하시면 가격을 많이 낮출 수 있는 확률도 있어요."

일면식도 없이 자칫 무례해보일 수도 있는 황당한 전화통화로 처음 만난 그는 토지매각을 추진하는 담당자의 연락처를 비롯해 상대를 어떻게 대해야 하는지, 가격을 낮추는 방법에는 어떤 것들이 있는지와 같은 중요한 정보를 상세히 알려주었다. 그야말로 하나님의 도우심이 아니고서는 있을 수 없는 일이었다.

그러나 담당자를 만나 토지 매입을 알아보던 도중에 뜻하지 않은 곳에서 복병이 나타났다. 외지 사람이 삼척 시내의 땅을 매입한다는 소문이 어디서 잘못 흘러서 대단한 사람이 오는 걸로 알았는지 지역 유지들이 텃세를 부리며 매입을 방해하고자 하는 움직임이 있었다.

막 일이 풀려가려는 시점에 그런 일이 벌어지고 있다는 소식을 들으니 상실감이 커질 수밖에 없었다. 돈도 없고 연고도 없는 지역에서 그런 어려움까지 생겼으니 매일 밤 기도하는 시간에 나도 모르게 눈물이 흘렀다. 혹시 하나님의 뜻을 잘못 오해하고 일을 진행하고 있는 건 아닌지…… 여러 생각이 들었지만…… 어서 새로운 응답을 달라고 기도로 하나님께 매달렸다.

그렇게 마음이 힘들던 와중에 어느 날 아침 아내와 함께 묵상을 하다가 스탠리 존스 선교사의 전기에 나오는 한 구절이 가슴에 와서 박혔다.

"그는 하나님께서 마침표를 찍으실 때까지 자신이 결코 쉼표를 찍지 않았다. 그의 고향은 미국도 인도도 아닌 오직 예수 그리스도였다."

이 말이 참으로 위로가 되었다. '하나님이 쉼표를 찍기 전까지 사람이 멋대로 쉼표를 찍지 않았다'는 스탠리 존스 선교사의 삶의 자세가 너무 큰 도전이 되었다.

다시 마음을 추스르고 기도하며 하나님의 뜻을 기다리고 있는데 참 이상한 일이 일어났다. 우리를 시기하고 미워하는 사람들의 토지매입 방해가 오히려 우리에게 도움이 되고 있었다. 그들은 우리가 삼척 땅에 들어오는 것을 막으려 택지가 이미 매입되었다는 소문을 퍼뜨렸는데 토지를 매각하는 회사와 긴밀히 관계를 유지하고 있던 우리로서는 실상을 알고 있었기 때문에 오히려 유리한 일이 되었다. 원래 이 땅을 사고 싶어 했지만 정보가 다소 부족했던 사람들이 일찌감치 떨어져 나갔다.

그 사실을 알고 나니 이제 다시 힘을 내야 할 시기였다.

잠시 동안 흔들리기도 했지만 이제부터는 정말 온전한 노력이 필요한 시기였다. 충분히 기도를 하자 마음에 평안이 찾아왔고, 나는 바로 담당자를 찾아갔다.

"안녕하십니까? 전에 연락드린 김성태 목사입니다. 제가 삼척 시내에 나와 있는 택지를 구입하고 싶습니다."

"그러시군요. 그런데 비용은 준비가 되셨는지요?"

"네, 자금은 있습니다. 대신 땅 값을 좀 깎았으면 합니다. 지금 IMF 때라 부동산 경기도 좋지 않으니 사정을 좀 봐주시죠. 회사 측에서도 얼른 땅을 처분해야 할 테고 이곳은 종교부지로도 정해진 곳이니 좀 깎아주시면 좋겠습니다."

이미 그 전의 직원을 통해 들었던 정보가 있었기에 당황하지 않고 강하게 밀어붙이자 회사 측에서도 상황에 따라 최소 15%에서 30%까지 할인을 해 주겠다는 의사를 밝혀왔다.

그런데 담당공무원이 한 가지 새로운 사실을 알려주었다.

"그런데요, 목사님. 저희가 할인된 금액으로 토지를 매각할 때는 반드시 형식상이라도 공고를 내게 되어 있습니다. 그래서 드리는 말씀인데 그 땅이 정 마음이 드시면 값을 깎지 말고 구입하시는 게 더 유리할 수도 있어요. 괜히 깎았다가 공고를 보고 경쟁이 붙게 돼서 추첨을 하게 되면 남 좋은 일만 하실 수도 있습니다."

들고 보니 맞는 말이었다. 잠시 직원의 말에 흔들리기도 했지만 이내 마음을 다잡았다. 내 상황을 비추어볼 때 원래 가격에서 30%나 저렴한 가격에 구입할 수 있다는 것만으로도 하나님께 영광을 돌릴 일이었다. 물론 필요한 자금을 차차 구해야 했지만 여기까지 일이 진행되는 것을 볼 때 필요한 물질도 분명히 주님이 채워주실 것을 믿을 수밖에 없었고 이 땅도 분명히 우리에게 당첨될 것이라는 확신을 가져야 했다.

공고를 내자 나를 포함해 총 네 팀이 입찰공고에 응했고 피를 말리는 기다림 속에 추첨의 날이 다가왔다. 두 손 꼭 잡고 기도하며 결과를 기다렸는데 추첨을 하는 시간은 아주 잠깐이었으나 그 시간이 얼마나 길고 길게 느껴졌었는지 모른다.

추첨이 끝나자 담당자가 나를 찾아왔다.

"목사님, 축하드립니다. 목사님이 선정되셨습니다."

"정말입니까? 오, 이런… 감사합니다. 주님, 감사합니다."

기도하던 목적이 응답을 통해 확답이 되는 순간 느껴지는 짜릿함은 세상의 그 어떤 즐거움과도 비교할 수 없었다. 하나님의 목적에 순종하고자 하니 모든 일이 한 치의 오차도 없이 촘촘하게 채워져 가고 있음이 느껴졌다. 그 순간만큼은 매입가격을 마련하는 것에 대한 걱정도 없었다. 어차피 주님이 이것 역시 해 주실 것이라는 믿음이 생겼기 때문이다.

그러던 어느 날 시골에 계신 아버지에게서 전화 한통이 걸려왔다.

나의 부모님은 평생 바다와 함께 누구보다 열심히 삶을 살아오신 분들이다. 무속신앙이 판치는 마을 분위기 탓에 하나님도 알지 못했고 섣불리 복음을 받아들이지도 않으셨지만 그래도 아들이 주님의 종으로 헌신하겠다는 뜻을 인정해주시고, 그 뜻을 따라 끝내 함께 신앙인이 되신 선한 분들이시다. 그렇다고 대단한 믿음의 소유자는 아니셨지만 그래도 어렵게 목회를 해 온 큰 아들에 대한 안쓰러움이 있으셨는지 어떻게든 도와주시고자 하셨다.

"밥은 잘 먹고 살고 있나?"

"예, 아버지. 교회 잘 나가고 계시지요?"

"하모. 니 개척한다꼬 하더니 우짜됐노?"

"잘 되고 있습니다. 삼척시에 좋은 종교부지가 나왔는데 저한테 입찰됐어요."

"그래? 그 잘됐네, 그라몬 돈은?"

딱히 대답할 말이 없어 우물쭈물하고 있으니 아버지의 한숨이

들려왔다. 그러더니 대뜸 말씀을 꺼내셨다.

"내는 어차피 이제 나이도 들었꼬, 지금까지 벌어 논 거 얼마안 되지만 죽을 때 싸가지고 갈 것도 아니니 미리 노놔줄라꼬 한다…."

무뚝뚝한 전형적인 경상도 남자였던 아버지는 잔정은 없으셨지만 그래도 아버지로서 아들에게 최소한의 길을 열어주시길 원하시는 마음을 가지고 계셨는데 그 마음이 진한 사랑과 함께 수화기 너머로 느껴졌다. 또한 기적처럼 토지매입 계약금이 마련되는 순간이기도 했다.

아버지가 주신 귀한 유산이 하나님의 거룩한 사역을 위한 소중한 마중물이 되는 순간이었다. 나는 지금도 이일을 자랑스레 생각하고 사역을 한다. 내 아버지의 순결한 헌신이 여기 삼척에서 하나님의 목적을 이루는 일에 밑바탕이 되었기 때문이다.

그 길로 아버지는 평생 노력을 한 대가로 구입했던 배 판 돈을 나에게 보내주셨다. 아버지의 전 재산이라고도 할 수 있는 그 돈은 지금의 개척교회 부지계약금으로 사용되었다. 그렇게 하나님의 기적으로, 아버지의 사랑으로, 비록 짧았지만 뜨겁고 깊이 있게 삼척 땅을 품고 기도했던 시간들이 열매를 맺어갔다. 그러나 아직도 넘어야 할 산이 많이 있었고 교회의 건축까지 생각하면 이제 겨우 시작단계일 뿐이었다.

하나님이 만들어 가시는 시간

그 때, 하나님께서는 개척한 교회의 건축 지원비를 받기 위해 서울의 다른 지방회에서 발표할 기회를 주셨다.

내 인생의 멘토인 성기백 목사님을 통해 마련된 자리였는데, 아내 덕분에 관계를 맺게 된 성 목사님은 내 목회 사역의 많은 부분에 큰 도움을 주신 은인과도 같은 분이었다. 개척을 준비한다는 말을 듣고 전화를 주셨는데, 땅은 매입했으나 아직 건축할 대금이 없다는 말에 도움을 주고자 백방으로 노력해 주셨다.

군목출신이신 성 목사님은 은퇴를 앞두고 계셨다. 평생을 훌륭하게 목회해 오셨기에 많은 사람들의 존경을 받고 계셨는데 본인이 교회를 건축하거나 개척하지 못한 것에 대한 아쉬움을 항상 가지고 계셨다. 그동안 이상하게 개척이나 교회를 건축하려고만 하면 잘 안 되더라는 고백을 하시더니 이번에 나의 이야기를 듣고 김성태 목사를 도와서라도 교회를 지어야겠다는 거룩한 꿈과 감동이 생기셨다고 했다.

성 목사님이 열어주신 길은 서울의 한 지방회가 가지고 있는 지방회의 기금이었다. 40여 곳의 교회들이 연합사업이나 집회를 하면서 선한 복음사업을 위해 수년 간 모은 '거룩한 하나님의 일을 할 때 사용 하겠다'는 목적의 소중한 재정이었다. 또 그만큼 여러 교회의 의중이 모여야 하기 때문에 지원을 받는 일은 당연히 무척 까다로웠다. 그러나 성 목사님은 자리를 마련해줄테니 나에게 한 번 도전해보라고 권하셨다.

물론 힘든 일이었지만 내가 할 수 있는 일이라면 가능성이 1%만 된다 해도 해야 했다. 그렇게 해서 난생 처음 개척교회를 위한 브리핑을 여러 목사님들 앞에서 하게 된 것이다. 내가 소속된 지방회도 아닌 곳에서 지원금을 받는다는 건 불가능한 일일 수도 있었다. 그런데도 하나님은 그 일을 준비하는 과정에서 힘과 지혜를 주셨다.

나는 매일 밤 개척교회 설립 계획서를 만드느라 새벽이 다 될 때까지 공부를 하고 자료를 모았다. 그런데 그 과정이 나의 영적인 안목을 새롭게 성장시키는 큰 발판이 되었다. 그동안 막연히 하나님이 주신 목적이라고만 알고 있었던 삼척이란 곳에 대해서 알게 되면서 나를 이곳으로 보내신 하나님의 뜻을 발견할 수 있었기 때문이다. 건축 브리핑을 위해 삼척에 대해 조사하고, 사람들을 만나고, 이야기를 나누면서 이곳에 정말 복음이 필요한 이유를 알게됐다.

원래 삼척은 석탄 탄광산업이 한창 발달하던 1980년대 초까지만 해도 인구가 25만 명을 육박하던 큰 도시였다. 그러나 탄광산업이 사양 산업으로 접어들면서 인구가 급감했고 거의 성장이 멈춰선 상태였다. 내가 개척을 준비하던 당시 지역 인구가 7만 명 이하로 줄어들었고 무엇보다 바다를 끼고 있는 반농반어 도시이기에 온갖 우상 숭배가 판을 쳐 영적으로 황폐한 도시였다. 인간적으로도 소망이 없어 보이는 상태였고, 삼척에 있던 몇몇 아파트들도 부도가 난 상태에다 다들 개척을 하려면 대도시나 신도시로 가야 한다고 하는 상황이었다. 이런 이유 탓에 한국교회가 뜨겁게 성장을 할 때도 복음이 거의 전해지지 않던 도시가 바로 삼척이었다. 그러나 하나님은 지역인구의 복음화율이 3%도 안 되는 삼척과 영동지역의 영혼들에 대한 뜨거운 마음과 비전을 주셨고 하나님의 목적을 깨닫게 해주셨다.

그 목적을 깨닫자 나의 가슴은 다시 불타오르기 시작했다.

수십 장의 브리핑 자료를 만들어 목사님들 앞에 선 날, 나는 하나님이 왜 이 땅에 교회를 세우시려는지, 왜 나를 선택하셔서 이곳에 오게 하셨는지 이유를 분명히 밝혔다. 그것은 단지 지원을 받기 위해서 한 말이 아니라 자료를 준비하며 그동안 하나님의 인도하심의 목적을 분명히 깨달은 나의 고백이었다.

"지금부터 지역교회 개척 설립 계획서를 발표하겠습니다.

삼척시 교동 택지내 종교부지 335.6평 부지를 통한 삼척과 영동지역 복음화 계획입니다. 저는 첫 사역을 13년의 역사를 가진 용화교회란 곳에 3대 사역자로 6년간 섬겼습니다. 처음에 부임했을 때 있던 4명의 성도와 함께 시작했지만 구원과 성령체험, 개인전도, 제자양육을 중점으로 사역했더니 6년 만에 재적 100명의 교회로 성장하는 은혜를 체험하며 목회를 했습니다.

그러던 중 하나님께서는 저에게 또 다른 사역지에 대한 소명을 주셨습니다. 그러나 아직 장소가 응답되지 않아 기도하던 중에 하나님께서 삼척시를 향한 마음을 주셨고, 삼척시에 신도시 택지가 개발되면서 종교부지를 분양한다는 소식을 알게 되어 하나님의 은혜로 매입하게 되었습니다.

강원도라는 지역적 특수성과 삼척의 문화적 여건 때문에 현재 이곳은 민선 자치단체에서 우상과 미신 문화를 장려할 정도로 영적으로 척박한 땅입니다. 저는 이곳에 교회를 세워 지역을 복음화 시켜 건전한 기독교 문화를 만들어 가고자 합니다."

떨리는 마음으로 개척교회에 대한 브리핑을 이어갔다.

"앞으로 지어질 교회는 삼척을 넘어 영동지역 일대까지 지역 복음화의 중심지로서 역할을 감당할 것입니다. 그리고 이 교회는 더 나아가 세계 선교의 전초기지가 되어 열방을 향한 복음의 증거자가 될 것입니다. 저희 교회는 2002년까지 2년간은 자립 단계로 장년 성도 100명이상이 출석하는 교회로 부흥시킬 것이며, 2005년까지는 성장단계로 삼아 500명 이상 출석하는 삼척의 중심이 되는 교회로 설 것입니다. 그리고 그 이후는 지역에 큰 영향력을 미치는 교회가 되는 데 힘을 쏟아 영동지역에 깊이 뿌리내린 우상 문화를 뽑아내고 기독교 문화를 심을 것이며 지역과 함께 발전하는 교회가 될 것입니다. 기독교의 성장이 둔화되고 대도시 개척이 막히고 있는 현실과 교회의 정체성 문제가 논란이 되고 있는 지금, 하나님이 기뻐하실만한 교회를 세우고자 합니다. 부족하지만 젊은 사역자인 제가 하나님 앞에 생명과 인생을 드리고자 하는데

속히 하나님이 예비하신 선한 손길을 만나 성전건축이 이루어지기를 기도합니다. 감사합니다."

난생 처음 경험해 본 브리핑을 마치자 등줄기에서 땀이 주르르 쏟아져 내렸다. 다행히 반응이 좋았는지 자리에서 이야기를 듣던 목사님들의 고개가 끄덕이기 시작했고 함께 계시던 성 목사님은 미소를 지으며 흐뭇하게 바라보셨다. 결국 지방회의 지원금이 우리 교회 개척 자금으로 허락되었다.

"김 목사, 원래 기금은 5천만 원인데 그것으로는 조립식 건물 짓는 것도 빠듯할 거야. 그래서 지방회 목사님들과 의논해서 1억을 헌금하기로 했네."

"목사님, 감사합니다. 정말로 감사합니다."

"나한테 감사할 게 아니라 하나님께 감사하게. 하나님이 우리 지방회의 모든 목사님들의 마음을 감동케 하신 거니까. 나도 이렇게까지 일이 잘 될 줄은 몰랐어."

그렇게 또 교회를 지을 돈 일부가 마련되었다. 일단 그 물질로 조립식 건물 교회를 시작할 수 있으니 얼마나 감사한 일인지 모른다.

그렇게 하나님은 한 걸음 한걸음 교회 개척 준비를 시작하게 하셨다.

세상 사람들이 보면 그저 웃을 일이다. 길을 가다가 잘못 들었던 땅을 보고 하나님이 주셨다고 생각하고 혼자서 팔방으로 뛰어

다녔으니 당시 나의 모습을 보던 사람들은 분명 제 정신이 아닌 사람이라고 생각했을 것이다.

그러나 이제 땅도 마련되고 교회당을 세울 기금까지 준비가 되었다.

이처럼 하나님의 목적을 이루는 사람들은 말이나 느낌으로 그것을 주장하는 것이 아니라 실제 이루어진 사실로 증명해야 한다고 생각한다. 그러나 원대한 계획일수록 그 과정은 길고 지루하고 때로는 고되었다. 건축 지원금까지 받은 상태에서 교회당을 세우던 과정도 역시 그러했다.

하나님이 '나'를 현장소장으로 세우시고 조립식 교회당을 건축하시는 과정은 참으로 스릴 있었다. 예상보다 두 배나 많은 돈을 지원 받기는 했지만 건물 뼈대를 겨우 세울 정도였다. 그러다보니 웬만하면 인부들을 쓰지 않았고 자재를 사다가 몸으로 때우는 일이 많았다. 교회 구석구석 내 손길이 닿지 않은 곳이 없다는 점에서는 좋았지만 전문가가 아니라서 겪게 되는 시행착오도 많았다.

건축 기간에는 매서운 겨울도 있어 조립식 건물이 지어지기까지 몇 달의 시간이 걸렸다.

물질이 넉넉해 제대로 인부를 사용하였더라면 금세 지어졌겠지만, 주님은 이 과정을 통해 나를 단련시키셨다.

언제나 우선인 하나님의 목적

 한 사람의 인생이 행복하려면 하나님이 주신 목적을 깨달으면 된다고 생각한다. 한 영혼을 전도하려면 하나님이 주신 목적을 깨닫게 하면 되고, 한 교회가 부흥되려면 목회자를 비롯한 성도들이 함께 하나님의 목적을 알고자 하는 마음을 가장 우선으로 놓으면 된다고 생각한다. 그러나 혼자서만 알면 끝나는 개인의 인생이나 전도와는 달리 교회 단위의 목적은 조금 더 이야기가 복잡해지는 것 같다.

지금까지의 사역을 통해, 때로는 교회당 건축 같은 중차대한 일이라도 내가 아닌 성도들의 의견이 맞을 때도 있다는 것을 숱하게 경험했다. 내가 만약 목사라는 지위를 이용해 무조건 성도들의 의견을 묵살하고 기도와 말씀으로 하나님의 뜻을 묻지 않았다면 많은 성도들이 시험에 들고 하나님께 영광도 돌리지 못했을 것이다.

각고의 노력 끝에 어렵게 삼척에 세워진 우리교회의 첫 모습은 하얀 지붕에 빨간 테두리로 띠가 둘러진 창문이 있는 아담한 조립식 건물이었다. 크진 않았지만 주변 경관과 굉장히 잘 어울렸고 아담했기에 그냥 건물이 예뻐서 찾아오는 마을 주민들이 있을 정도였다.

우리교회는 처음 개척했을 당시 성도가 4명밖에 없었지만 점차

늘기 시작해 출석인원만 150명이 넘는 중견 교회로 성장해 나갔다. 흔히 개척 3년 이내 50명을 넘어야 미자립교회가 안 될 확률이 높다고 하는데 우리 교회의 부흥과 성장은 그 기대치를 훨씬 뛰어넘는 놀라운 성장이었다.

그런데 이렇게 급격하게 성도가 늘다보니 부족한 공간이 문제였다. 그러나 목사의 입장에서 얼마 안 된 개척교회를 다시 증축하자고 말을 꺼내기가 어려웠다. 그런데 성도들이 오히려 먼저 찾아와서 교회당을 건축하자고 말을 꺼냈다.

"목사님, 우리도 이제 교회를 새로 건축해야 하지 않을까요? 성도들이 좁은 공간 때문에 불편해합니다."

주일만 되면 성도들로 조립식 건물이 꽉 들어찼으니 불편을 느낄 만도 했다. 그래도 개척 5년차 되던 해라 이제 겨우 자리잡고 잠시 숨을 돌릴 즈음이었는데 다시 교회당을 짓자니 엄두가 나지 않았다.

물론 지금에 비하면 십분의 일 정도 밖에 되지 않는 작은 규모였지만 환경이 어렵고 경험도 얼마 없는 목사가 개척한 교회에서 이와 같은 성장을 했으니 당시 나뿐 아니라 우리 성도들의 신앙에 대한 자부심은 대단했다. 그래도 그렇지 개척을 한 지 몇 년 되지도 않았는데 성도들이 먼저 건축을 하자고 할 줄은 몰랐다. 그러나 교인들의 바람도 무시할 수 없어서 하나님께 매달려 기도만 하는데 도무지 그런 마음의 소원이 일어나지 않았다.

필리핀 선교

 그렇게 얼마쯤 지났을 때 성도들의 자발적인 참여로 어느 정도 성전을 지을 헌금도 모였지만 아무래도 아직은 때가 아니란 생각이 들었다. 그러나 계속 기도로 하나님의 뜻을 물었다.

하나님께 드리는 기도의 응답은 언제나 네 가지로 온다.

"그래! 안돼! 기다려! 대신에!"

그러나 처음 삼척 땅을 보게 되었을 때와는 달리 "그래!"라는 신호도 오지 않았고, 그렇다고 아니라는 신호도 오지 않았다. 하나님은 묵묵히 계셨다. 기다리라는 신호였다. 나는 성도들과 좀 더 함께 기도해보자고 말을 한 뒤 건축을 미루었다.

그러다 마침 겨울방학이 되어 성도들과 함께 필리핀으로 단기 선교를 떠났다. 당시 필리핀의 환경은 매우 열악했는데 특히 원주민 사역을 하는 선교사님이 계신 곳이어서 더 했다.

필리핀에서도 가장 빈민들이 모인 지역이었기에 기본적인 식수 문제부터 주민들의 생활에 불편을 느낄만한 요소가 많았고 무엇보다 아이들을 교육할 수 있는 장소가 없다는 사실이 안타까웠다. 현지의 선교사님도 마땅한 예배당과 교육관이 없다는 사실을 매우 안타까워 하셨다.

"예배도 드리고 아이들을 가르칠 시설이 있으면 참 좋을 것 같은데…… 땅밖에 없으니 체계적으로 복음을 전하고 아이들을 교육하는 게 힘이 듭니다."

직접 가서 상황을 보고 듣는 와중에 자꾸만 관심이 커지며 궁금한 게 많아지기 시작했다.

"어느 정도 규모가 필요한가요?"

"그렇게 크지는 않아도 됩니다. 이곳 주민들과 아이들을 위한 시설로만 쓸 수 있으면 충분합니다."

이미 장소는 준비되어 있는데 건축비가 없어 잡초가 무성한 땅이었다. 마치 큰빛교회가 세워지기 전에 땅처럼… 그때 대화중에 갑자기 마음에 불같이 일어난 소원은 필리핀에 교회를 짓는 것이었다.

그곳의 열악한 환경에 조금이나마 변화를 주고 싶은 것, 그것이 하나님의 목적이라는 사실이 불현 듯 깨달아졌다. 그러나 아무리 확신이 들어도 목사 홀로 결정할 수 없는 일, 단기선교를 마치고 돌아온 뒤 바로 임원들을 모아 조심스레 의견을 내놓았다.

"여러분이 모두 성전 짓는 일을 원하고 있는 걸 알고 있습니다. 그런 말을 먼저 해주시니 목사로서 정말로 감사를 드립니다. 그러나 교회 짓는 일에 대해 기도를 드려도 자꾸 기다리라는 싸인이 옵니다. 그런데 이번에 필리핀 선교지를 다녀온 뒤로 마음에 소원이 일어났습니다. 우리는 지금 좁긴 하더라도 모여서 예배드릴 공간이 있잖아요. 그러나 필리핀엔 제대로 모일 공간도 없습니다. 교육도 받지 못하고 커가는 아이들을 볼 때면 너무 안타깝습니다. 우리가 이곳에서 성전을 짓는 대신 필리핀에 교회를 지어 드리는 게 어떻겠습니까?"

"그래도 목사님, 필리핀도 필리핀이지만 우리 교회도 좀 근사하게 꾸며지면 더 좋지 않겠습니까. 그래야 목사님도 목회하시는 보람도 있으실 테고 사람들도 더 찾아오죠."

한 성도가 아쉬운 듯 이야기를 했다.

"집사님, 우리에게 중요한 것은 하나님의 목적을 깨닫고 그 일에 헌신하는 겁니다. 겉으로 보이는 사역의 성공이 중요한 것이 아닙니다. 세상 사람들이 보기에 성공한 것처럼 보이는 큰 건물과 많은 성도 수, 그것이 사역의 전부가 아니라고 생각합니다. 저는 그저 저와 성도님들, 우리 교회가 하나님을 중심에 놓고 그 목적을 이루는 삶을 살아갔으면 합니다. 우리 함께 기도합시다. 그리고 성도님들에게 동일한 신호가 오면 필리핀을 위해서 건축헌금을 드립시다."

그제야 성도들도 목사의 뜻을 '아멘'으로 받아들였다.

그리곤 즉시 우리 교회가 가을마다 하는 특별 새벽기도회에서 선교지 교회의 건축헌금을 작정했다. 특별히 그 기간 새벽예배를 준비하며 성도들에게 자녀들을 위해 헌신을 할 것을 부탁했다. 필리핀에 교회당을 짓는 것은 복음이 더 효과적으로 전달되기 위함도 있지만, 그곳의 아이들이 교육의 장으로도 쓰이길 바라는 마음이 있었다. 그 아이들의 미래, 비전을 위해 우리가 함께 우리들의 자녀 이름으로 씨앗헌금을 드리며 기도하기 시작했다.

2006년 특별 새벽기도회에 모인 자녀 씨앗헌금이 그 당시에 수천만 원에 이르렀고 그 돈은 우리교회 건축 대신 필리핀 교회 건축을 위해 전달되었다. 이렇게 해서 필리핀 달락 지역에 큰빛교회가 시작된 것이다. 지금 그곳은 대단히 큰 국제학교로 성장하여 그 지역의 복음화와 교육을 주도하고 있다.

당시 이 일을 두고 한 일간지에서는 '소도시 지역의 개척교회가 해외 선교 불모지에 교회를 세워 사랑의 공동체를 실현하고 있다' 는 기사를 내기도 했다. 실제 우리 교회 성도님 중 몇 분은 필리핀 건축현장에 찾아가 헌신하실 정도로 앞장 서셨기에 교인 모두가 해외 선교를 했다는 사실에 자부심을 느끼고 있었다.

"목사님, 우리 같은 시골 교회에서도 이렇게 해외 선교를 할 수 있네요. 정말 뿌듯해요."

"우리 교회 먼저 지었다면 우리만 좋고 끝났겠지만, 교회가 필요한 곳에 먼저 교회를 지어주고 나니 정말 잘했다는 생각이 듭니다."

교인들 모두가 스스로 성취감을 느끼고 필요한 곳에 필요한 도움을 전했다는 마음에 뿌듯해하고 있었다. 그러나 이것은 단순히 무언가를 이루었다는 성취감에 비할 바가 아니었다. 그것은 나의 뜻이나 우리의 뜻이 아닌 하나님의 목적을 위해 헌신한 결과로 이루어진 것이기에 비할 수 없는 큰 기쁨이었다.

이 모든 것이 삼척이란 복음의 불모지에서 나타난 놀라운 하나님의 은혜였다. 역시 이 땅을 향한 하나님의 목적이 분명했다는 사실을 다시 한 번 느낄 수 있었다.

목적을 깨달았을 때 일어나는 일들

그렇게 5년이 지났을 무렵, 우리교회는 삼척의 중심지에 서서히 신앙의 뿌리를 내리고 있었다. 5년 만에 100배가 넘는 성장에 고무되기도 했던 나로서는 한편으론 이 정도면 되었다는 마음이 있었다. 그런데 그 당시쯤 다시 교회당을 건축하자는 성도들의 요구가 생겨나기 시작했다.

"목사님, 교회가 정말 비좁아요. 교회학교 아이들도 많이 오는데 이제는 진짜 우리 교회당을 건축해야 할 것 같습니다."

"맞아요. 필리핀에도 교회를 세웠으니 이제 우리도 때가 되었습니다."

이번에도 역시 성도들이 오히려 성전 건축 이야기를 꺼낼 정도로 건축에 대한 열망이 있었지만 어쩐지 흔쾌히 그러자는 말이 나오지 않았다.

사실 그때 개인적으로 영적인 슬럼프를 겪고 있었다. 그래서 조금 더 사역하기 편한 곳으로 옮길까 하는 생각도 했고, 실제로 다른 곳에서 청빙 요청도 있었으나 하나님의 대답은 확실히 'No'였다. 그래서 하나님의 목적이 아직 삼척에 있다는 것을 알고 나는 다시 진지하게 성도들이 요구하는 교회당 건축을 놓고 하나님의 뜻을 묻기 시작했다. 그런데 어느 날부터인가 기도할 때마다 "성전을 건축하라"는 음성이 마음에 들리기 시작했다.

그렇게 하나님의 목적을 분명히 알던 상태에서도 괜한 자존심에 주님과 실랑이를 하고 있다가 교단에서 열리는 목회자 세미나가 있어 참석했다.

잠시 마음도 추스르고 공부도 할 겸 참석한 세미나였는데 그곳에 있던 내내 '성전을 지으라'는 음성이 마음에서 떠나질 않았다.

강사님들의 설교나 강의가 전혀 건축과는 상관없는 내용이었음에도 성령님은 계속 건축에 대한 이야기만 마음에 주셨다. 그렇게 불편한 마음을 갖고 세미나가 끝나고 저녁 휴식시간에 산책을 하는데 선배 목사님을 만나게 되었다. 전혀 생각지도 않았던 분이었는데 그분이 대뜸 교회 건축에 대한 말을 하셨다.

"김 목사, 삼척에서 목회 잘하고 있다며? 얼른 예배당 지어. 그게 하나님의 뜻이야. 그래야 더 성장할 수 있어."

"네? 아… 아닙니다. 목사님. 그러려면 물질도 필요하고 괜히 지었다가 성도들만 부담이 되면 어쩌려구요… 그리고 교회가 크다고 사람들이 오는 것도 아니잖습니까? 그리고 또…"

이미 성도들은 마음의 준비를 하고 있는 상태였음에도 오히려 목사라는 내가 되지도 않는 변명거리들을 늘어놓았고, 나도 모르게 안 되는 이유를 계속 찾고 있었다. 그 목사님은 그럼에도 성전을 지으라며 귀에 못이 박히도록 충고를 해 주셨다.

삶을 주관하는 분의 목적은 다른 곳에 있었는데 괜히 내가 여러 달을 오해하고 있었다는 생각에 부끄러움이 앞섰다. 나는 그 깨달음 앞에 다른 곳으로 가게 해달라고 엄한 소리를 했던 것을 뉘우치고 바로 꿇어 기도했다.

'주님, 제가 잘못했습니다. 하나님의 목적을 따르는 것이 얼마나 중요한지 그동안 체험했으면서도 또 인간적인 생각만 하고 있었습니다. 이제는 주님 뜻에 따르겠습니다. 이곳을 떠나지 않겠습니다. 주님이 바라시는 대로 성전을 짓겠습니다.'

그렇게 기도를 하고 나니 마음이 편해지고 또 다시 예전과 같은, 아니 예전보다 더 큰 열정이 솟구쳤다. 'Yes'라는 주님의 신호에 'Yes'로 순종하는 순간, 교회를 처음 개척할 때와 같이 기가 막힌 만남들이 이어지기 시작했다.

"저.. 안녕하십니까? 저는 건축하는 사람입니다. 아시는 분이 목사님을 소개해 주셔서 찾아왔습니다."

하루는 어떤 분이 갑자기 교회로 찾아와 자신을 소개했다. 그분은 서울의 유명한 건축가로 서울의 몇몇 유명한 교회당들을 비롯해 아름답기로 소문난 건물들을 건축하신 것으로 많이 알려지신 분이었다. 내가 교회 건축을 고민하고 있다는 이야기를 듣고 아는 지인이 소개를 시켜주신 것인데, 안수집사님이셨던 그 분은 내 사연을 듣자마자 삼척의 무명 목사임에도 불구하고 성심성 껏 건축을 돕겠다고 나서서 먼저 찾아오셨다.

"목사님, 제가 지금까지 다른 어떤 건물을 짓는 것보다 성전을 짓는 과정에서 받은 은혜가 매우 컸습니다. 개인적인 체험도 있고요. 저희 기업이 성전을 건축하는 일을 통해 하나님의 큰 복을 받았기에 목사님 같이 열심히 목회하는 분들의 교회당을 짓는 것이

저로서도 회사로서도 큰 기쁨입니다."

"그렇습니까? 정말 감사합니다. 그런데 사장님, 저희가 물질이 이미 마련된 상태에서 건축을 시작하는 게 아니라서…… 당장 시작한다고 해도 앞으로 어떻게 될지는 잘 모르겠습니다."

처음 삼척의 땅을 살 때와 마찬가지로 우리가 가진 것은 거의 없었다.

그런데 당시 건축회사가 한 금융권에서 거래를 하고 있었는데 그 인연으로 건축의 종자돈을 마련할 수 있었다. 물론 하나님의 놀라운 섭리였다. 금융권의 사람들은 담보물이 시골교회라고 처음부터 나와 성도들을 우습게 여겼기에 대출이 쉽지는 않았다.

"지금의 우리 교회 모습을 보기보다 나와 우리 교회 성도들의 꿈을 사십시오. 저는 반드시 우리교회를 지역에서 최고로 성장하는 교회, 많은 사람들이 찾는 지역을 복음화 시키는 교회로 이끌 것입니다. 반드시 하나님이 그렇게 하시겠다고 약속하셨기에 저는 이 꿈을 품었습니다. 그러니 제 꿈을 담보로 하십시오."

결국 하나님의 강권하심으로 돈이 마련되었고, 성전 건축을 사모하는 150명의 성도들도 힘을 보탰다. 하나님의 은혜라고 밖에 표현할 수 없는 고마운 헌신들이 계속해서 이어졌다. 건축 설계 비용을 설계비의 10%만 받고 일해주신 건축회사 사장님, 성전 건축을 자신의 집 짓는 일보다 더 중요하게 여긴 성도들의 귀한 헌신들이 이어졌다.

목사님, 우리가 저 건물도 삽시다

 그런데, 그 때 하나님은 우리가 전혀 생각지 못한 놀라운 일을 계획하고 계셨다.

교회 바로 옆에 아파트 상가가 있었는데 그 상가는 원래 지하 1층, 지상 2층인 300평 단독상가였으나 경제 불황의 여파로 상가는 분양이 되지 않은 채 방치되어 있었다. 그런데 신기하게도 새벽기도가 끝나면 하나님께서 그 건물에 가게 하셨다. 관리도 안 되어 있고, 진입로도 가시덤불이었고, 유리창은 깨져 있는데다 문은 철사로 굳게 닫혀 있었다. 나는 아내와 함께 작은 창문을 통해 그 건물 안에 들어가 옥상에 올라가서 삼척 시내를 바라보며 두 손을 들고 "주님, 이 삼척을 내게 주시옵소서"라고 기도하였다.

그러던 어느 날 한 성도가 외치듯 말했다.

"목사님, 우리가 저 건물도 삽시다."

그때까지만 해도 눈앞에 있는 상가가 비어있어 임대는 해볼까 생각은 했지만 우리 교회가 살 생각을 전혀 하지 못하고 있었다. 그런데 나와 함께 교회의 건축 과정을 통해 이미 하나님의 놀라우신 섭리를 체험한 성도들은 오히려 나보다 더 담대히 선포했다.

기드온의 삼백 용사가 부럽지 않을 정도의 우리교회의 당시 150명의 성도들은 너무나도 귀히 헌신하고 섬겨주었는데 그 결과 지금의 큰빛비전센터가 생겨날 수 있었다.

이 상가를 구입하게 된 것도 실로 하나님의 은혜였다. 워낙 경기가 좋지 않았던 때라 당시 10억이나 되는 상가를 4억 원에 매입했으니 정말로 놀라운 일이 아닐 수 없었다. 상상하기 힘들 정도로 낮은 가격으로 상가를 구입하고 이로 인해 성전이 지어지는 과정을 고스란히 지켜본 우리 교회 성도들도 모두 은혜로 충만했다.

고작 4명이 초라하게 시작한 교회가 900석이 넘는 큰 교회당을 짓는다는 소식은 삼척 시민들에게 삽시간에 퍼지기 시작했다. 하나님은 이런 흔치 않은 건축의 과정을 나와 성도들뿐 아니라 지역 주민들에게도 가감 없이 보여주셨다. 이 과정은 복음의 불모지라 불리던 삼척 땅에 좋은 믿음의 볼거리를 제공하게 했고 믿지 않는 사람들이 교회에 대해서 다시 한 번 생각하는 계기가 되었다. 이 사실을 모르는 사람들도 길을 가다가 큰 공사를 하는 것을 보고 묻곤 했다.

"여기 뭐 짓는 거예요?"

"네, 교회를 짓고 있습니다."

"아니, 삼척에 이렇게 큰 교회가 생겨요?"

"전에 있었던 그 작은 조립식교회가 이번에 새로 태어납니다. 그러나 우리교회는 큰 교회만 되지 않고 좋은 교회가 될 겁니다. 시간되면 꼭 한 번 찾아오십시오."

조립식 건물을 철거하면서 임시로 예배처소를 상가로 옮겨 사용했는데 이런 모습들에 호기심을 가진 주민들이 계속해서 찾아왔다.

그러나 은혜의 과정 못지않게 어려운 순간들도 계속 찾아왔다.

어느 정도 자리를 잡았던 상황이었음에도 교회 건축은 또 다른 개척지를 찾아가는 과정처럼 험난했다. 그러나 오히려 그 과정을 통해 때를 따라 부어주시는 주님의 은혜를 다시 체험하게 되었고 우리 교회는 개척교회로서 삼척에서 가장 아름답고 큰 교회로 거듭났다.

교회를 건축할 때 제일 먼저 세운 십자가가 삼척 땅, 아니 세상을 비추는 빛으로 빛났고, 성전은 많은 이들의 헌신과 기도로 아름답게 꾸며졌다. 생각지도 못한 성도들의 헌신으로 성전 내부가 채워졌다. 성도들의 열정적인 헌신과 하나님의 도우심으로 마무리가 된 우리 교회의 건축은 목적과 과정과 결과라는 은혜가 삼박자를 이룬 하나님의 멋진 선물이었다.

일곱 가지 색깔의 빛이 나오는 십자가 밑의 교회 종탑 아래에 서서 이렇게 멋진 성전을 바라보면 오히려 두렵기도 했다. 언제 저 큰 성전이 성도들로 다 채워질까 걱정이 들었다.

그러나 그것은 믿음이 부족한 나의 괜한 기우였다. 이미 상가 건물로 임시 교회를 세웠을 때부터 150명이던 성도가 두 배 이상으로 늘어나 있었고, 새 성전이 지어지면서 주일마다 복음을 갈급해하는 심령들이 교회로 밀려들었다. 그렇게 새 성전에 입당을 한 뒤에 성도들은 어느새 1300명을 넘어섰다.

이렇게 새로 지어진 우리교회는 삼척의 랜드마크라는 말을 들을 정도로 성장했다. 지금도 삼척 아무 곳에서나 택시를 탄 뒤에

"큰빛교회 갑니다"하면 모르는 기사님들이 한 분도 없다.

혹시 이 글을 보고 단순히 교회 건축을 자랑하려고 한다고 오해하는 분도 있을지 모르겠다. 그러나 이 글은 단순히 교회 건축 과정을 소개하는 것이 아니라 시골에서 개척을 시작한 이름 없는 목사가 하나님이 주신 목적을 따라 살아갈 때 어떤 일이 일어났는지에 대한 과정을 적은 것으로 목적의 중요성을 말한것이다.

목적의 중요성을 깨달은 성도들은 누가 뭐라고 강요하지 않아도 알아서 신앙을 관리하고 믿음을 소중하게 여긴다. 또한 불신자의 경우에는 알아서 교회를 찾아온다. 게다가 목적의 중요성을 알게 되면 교회의 행사운영에도 도움이 된다. 많은 교회들이 믿지 않는 사람들을 위한 행사, 일반적인 문화행사, 그리고 교회에서 성도들을 위해 진행되는 프로그램들을 모호하게 구분한다. 그러나 목적에 따라 모든 행사의 진행과 내용들은 철저하게 구분되어져야 한다. 그래야 예산을 낭비하지 않고 좋은 효과를 볼 수 있다.

개인의 삶에 있어서도 마찬가지다. 하나님의 목적에 의해 살아간다는 것은 하나님의 목적을 따르지 못하게 하는 내 주변의 필요 없는 것들을 강하게 끊어버리고 결단하는 신앙으로 변하게 한다. 내가 목회자로 서게 된 것도, 아무것도 모르는 일개 전도사로 용화라는 지역에 내려와 교회를 섬긴 것도, 삼척으로 와서 개척교회를 세우게 된 것도 결단이 필요한 일이었다. 매순간 결정하기 쉬웠던 순간들은 한 번도 없었다. 그러나 지금와서 돌아보면 때마다 하나님은 주님이 나에게 주신 목적에 따라 결단하도록 환경을 만들어가셨다. 특히 어떤 연고도 없는 삼척으로 나를 인도하신 과정은 더욱 그랬다.

나는 늘 내가 교회를 개척한 이 과정을 통해 얻은 귀한 깨달음을 장년이든, 학생이든 가리지 않고 수도 없이 성도들에게 반복해서 말해줬고 적용시켜왔다. 설교 중에도 "하나님의 목적을 따라 살아야 한다"를 강조했다. 그러다보니 우리 교회 성도들도 하나님의 목적을 깨닫고 그에 맞게 살아야한다는 원리를 그대로 적용해 많은 은혜를 체험했다.

우리 교회에 승현이라는 청년이 있다. 승현이의 아버지는 교회를 거의 나오지 않는 분이었고, 어머니 혼자서 교회를 다니며 삼남매를 열심히 키우셨다.

승현이는 어린 나이 때부터 신앙생활을 열심히 했으며 또 한의사가 되겠다는 확고한 꿈도 있었다. 교회의 거의 모든 예배를 꼬박 참석하며 공부도 열심히 했으나 집안이 워낙 어려워서 학교 공부 외에 학원이라든가 과외 같은 혜택은 전혀 받지 못했고 상대적으로 저렴한 인터넷강의도 듣지 못할 정도여서 수험생 기간 동안 내가 개인적으로 지원을 해줬다. 그러나 그렇게 신앙생활을 열심히 했고, 노력을 했음에도 대학에 떨어졌다. 한의사가 되는 것이 확고한 꿈이었기에 재수를 했으나 그마저도 떨어졌다.

2차로 부산 해양대학에 합격했는데, 전혀 생각하고 있던 학교가 아니어서 크게 실망한 승현이에게 처음 내가 교회를 개척할 때 길을 잘못 들어서 삼척의 빈 땅을 보게 된 이야기를 해주었다.

"승현아, 나 역시도 지금 교회가 우뚝 서 있는 이곳 삼척이 처음에는 아무런 상관이 없는 곳이었단다. 그런데 지금은 어떠니? 그러니 하나님의 목적이 거기에 있을지도 모르니 너도 어떤 자리에 서든 순종을 하며 환경에 지지 말고 최선을 다해보렴."

승현이는 내 말을 받아들였고 대학에 가서 항상 상위권에 머무르며 하나님의 목적을 찾기 시작했다.

그러다 뉴욕의 한 대학에 교환학생 형식으로 갈 수 있는 기회가 생겨서 지원을 했는데 충분히 좋은 성적이었음에도 떨어지는 일이 또 일어났다. 승현이보다 성적이 훨씬 좋지 않은 학생이 선발됐는데, 이 일로 승현이는 다시 한 번 크게 상심했다.

이번엔 나도 해줄 말이 없어 그냥 가만히 기도로만 중보하고 있었는데, 선발 과정 막판에 뉴욕의 대학에서 "더 우수한 학생이 있는데 어째서 제외시켰느냐"는 문제를 제기했고 그 결과 전에 뽑힌 학생 대신 승현이가 최종 선발되었다. 승현이는 이 일을 통해 자기 생각을 넘어 목적을 이루는 하나님을 지금도 체험하고 있다. 하나님은 우리의 모든 것을 알고 계시며 가장 좋은 길로 인도해주신다.

게다가 공교롭게도 이와 같이 놀라운 경험을 한 아이들이 모두 학생부 회장단 출신으로 평소뿐 아니라 수험생 때에도 교회 생활을 열심히 했던 아이들이다. 요즘 부모님이 믿음이 좋은 분이라 하더라도 고등학생 때는 대충 신앙생활을 시키는 일반적인 교회 분위기와는 달리 우리 교회는 고학년이 될수록 더더욱 교회 생활을 열심히 하라고 부모님들이 독려하는 분위기다. 게다가 학생도 많지 않고 학구열도 높지 않아 좀처럼 명문대에 가는 일이 없는 삼척 시내에도 이런 소문이 퍼져 믿지 않는 부모님들조차 자녀들에게 교회생활을 권장할 정도로 교회와 신앙생활에 전반적으로 우호적인 분위기가 깔려 있다.

'환경이 되면 한다', '때가 되면 한다'는 말은 안하겠다는 말과 동의어라고 나는 생각한다. 그리스도인들은 세상의 방법이 아니라 하나님의 음성을 따라 살아야 한다. 하나님이 부르시는 대로 목적을 따라 사는 사람은 조건에 영향을 받지 않고, 오히려 주어진 환경을 바꾼다.

우리 교회 호정이라는 학생은 서울과 수도권에 있는 5개 대학에 합격해 삼척 사람들이 다 알정도로 유명해진 인물이다. 서울에 있는 대학만 합격해도 대단한 성과를 내는 이곳 삼척에서 명문대를 포함한 무려 5개의 대학에 합격을 했다는 것은 정말이지 큰 뉴스였다.

그렇다고 호정이가 명강사를 찾아다니며 비법을 전수받고 하루 종일 공부만 했던 것은 아니다. 오히려 수험생 때도 선교를 준비한다고 3개월 정도 교회를 제 집 드나들 듯이 했고, 봉사와 동아리 활동에도 열심을 냈다. 대입에 비중이 높아져 학원이 생길 정도로 중요해진 논술마저 그냥 알아서 준비했다.

그런데 대학의 심사관들이 천편일률적으로 대입을 목적으로 정해진 답만을 외운 다른 학생들보다 호정이의 자율적이고 능동적인 자세와 봉사활동에 큰 감명을 받아 오히려 더 큰 점수를 준 것이다. 이 일은 삼척 시내의 학교에서도 매우 화제가 되어 공교육을 담당하는 선생님들의 자세까지 바꿨다. 호정이가 다녔던 학교에서는 오히려 공부에 너무 목을 매지 말고 "호정이처럼 준비해라"는 말을 선생님들이 입에 달고 다닌다. 주변의 학교들도 이와 비슷한 방향으로 가고 있다.

"생각한 대로 살지 않으면 사는 대로 생각하게 된다"는 말이 있다.

나는 이 말을 '하나님의 목적대로 살지 않으면 세상 사람들처럼 생각하게 된다'는 말로 바꿔서 전하고 싶다. 그리스도인들은 주어진 환경대로 살면서 적응하는 존재가 아니라 하나님의 방법을 세상에 보여주고 증명하는 왕 같은 제사장이라는 사실을 늘 잊지 않길 바란다.

한 가지 더, 목적이 분명해지면 일과 행사를 진행하는 데에 지혜가 생긴다.

많은 교회들이 지역주민들을 섬기고 교회의 문턱을 낮추는 목적으로 여는 행사에 담대히 복음을 선포하지 못하고 새신자들의 눈치를 살핀다. 이 역시 애초부터 목적을 명확히 구분하지 않았기에 일어나는 일들이다.

우리교회는 성령의 체험을 중시하고 뜨거운 기도회도 자주 하지만, 지역 주민들을 위한 행사나 영화상영회에는 예배 순서를 넣지 않는다. 오히려 더 편하고 재밌게 영화를 볼 수 있게 팝콘과 먹을거리를 준비하고 영화 감상에 좋은 환경을 구축하기 위해서 애쓴다.

반면에 예배와 기도회 시간에는 새신자가 아무리 많아도 눈치를 보지 않고 담대히 말씀을 선포하고 더욱 뜨겁게 기도를 한다.

그렇기에 교회를 다니지 않아도 교회의 행사에는 부담 없이 찾아올 수 있고, 반대로 예배나 기도회에 참석을 했다면 쉽게 예배 분위기에 적응하고 부담 없이 교회에 등록하겠다는 말을 꺼낼 수 있다. 행사는 지역 주민을 섬기는 것이고 예배는 하나님을 찬양하고 함께 교제한다는 목적이 명확하게 나눠져 있기 때문이다. 이처럼 목적은 우리의 인생이 하나님의 섭리 안에 있음을 깨닫게 하는 가장 중요한 비결이자 하나님의 능력을 체험하는 삶의 첫 걸음이다. 우리의 삶, 개척, 부흥, 전도, 그 밖의 세상에서 일어나는 모든 일에 이 원리는 똑같이 적용이 된다.

나는 성도들에게 하나님의 목적을 발견하고 그에 맞게 살아야 한다고 강조한다. 그들은 하나님이 주신 목적을 위해 살려고 했고, 그로인해 하나님을 찬양하며 감사가 넘치는 삶이 되었으며, 복음의 열매가 주렁주렁 열리는 복된 삶을 살고 있다.

개척을 하고 부흥을 위해 고민하는 목사님이든, 전도가 어려워 고심하는 성도님이든 간에 하나님의 목적을 이루고자 하는 마음을 가지고 있는 성도라면 반드시 기억해야 하는 한 가지 사실이 있다. 고층 빌딩일수록 기초공사를 튼튼히 해야 하는 것처럼 하나님의 원대한 계획일수록 더더욱 어려움과 고난처럼 느껴지는 일들이 많다는 것이다.

우리가 오랜 인생을 거쳐 종착지인 천국으로 들어가게 되는 것처럼 중간에 아무리 어려움이 많더라도 하나님을 의지하고 할 수 있는 최선을 다해 노력한다면 지금까지 오게 하신 하나님이 앞으로도 인도하신다.

우리 교회 성도들은 힘들었던 개척 때부터 어느 정도 자리를 잡은 지금까지 한결같이, 때로는 부담이 되고 때로는 무리라고 여겨지는 교회의 일들까지 자발적으로 헌신하고 오히려 기대하는 마음을 갖는다. 바로 하나님의 목적을 따라가며 경험했던 여정이, 나와 성도들의 눈앞에서 목격된 광경이 우리교회가 세워지던 과정이며 분명한 사실이기 때문이다. 많은 사람들은 '되면 한다'고 말하지만 나와 우리교회 성도들의 생각은 조금 다르다. 되면 한다는 생각이 아니라 하나님이 하라고 하셨다면 그것이 무엇이든 '하면 된다'이다.

성도들에게 하나님의 목적을 깨닫게 하자!

> "내가 네게 명령한 것이 아니냐 강하고 담대하라 두려워하지 말며 놀라지 말라 네가 어디로 가든지 네 하나님 여호와가 너와 함께 하느니라 하시니라"(여호수아 1:9).

3년후인 지금 오늘도 큰빛교회는 교회 안에 들어온 이들에게 하나님의 목적이 '나'였음을 알려주는 곳이고, 그 사랑을 체험한 이들이 이제 하나님을 목적삼는 삶을 살아갈 수 있도록 돕는다.

삶의 목적이 하나님을 향하는 성도들의 가슴 벅찬 간증이 끝없이 이어지고 있으며, 이 삼척 땅이 하나님의 목적임을 선포하고 있다.

제2장

하나님의 넘치는 은혜를 상상했다

하나님께서 앞으로 내게 베풀어 주실 은혜를 기도중 상상하며, 구체적으로
적어보자.

●● 상상력은 하나님이 인간에게 주신 귀한 선물이다.

하나님이 주신 말씀들을

인생에 적용하기만 한다면

도저히 혼자서는 꿀 수 없는 꿈들이 생겨나기 시작한다.

하나님이 주신 울타리 안에서

가장 기쁘고 광대한 생각을 두려움 없이 상상하라.

어느새 하나님이 이루신 현실이 되어 있을 것이다.

IMAGINE

넘치는 은혜를 상상했다.

 1995년, 신학교를 졸업하고 처음으로 내가 목회자로서 사역을 시작한 곳은 용화라는 강원도 어촌의 작은 교회였다. 하나님의 소명을 받고 목회자가 되긴 했지만 나에겐 목회에 필요한 학연이나 지연, 혈연과 같은 것들이 아무 것도 없었다. 그래서 당시 신학대학원을 마치고 가야할 곳이 없어 막막하던 상황이었다.

당시 아내를 만나 결혼을 약속한 상태였지만 앞날은 아무것도 정해진 것이 없었다. 혼자 생각에 조금 더 신학을 공부하면서 임지를 찾아보는 것도 좋겠다 싶었다. 복잡한 심정으로 결혼을 준비하던 참에 처가에 인사를 드리러 갔다가 아내가 다니던 신성감리교회 김창수 목사님께 인사를 드리게 되었다.

"목사님, 저 김성태 전도사라고 합니다."

"그래요. 두 분이 결혼을 하신다구요. 그럼 이제 이금주 자매가 사모가 되는 건가? 허허.. 그래 좋은 부부가 되세요."

목사님은 아내를 사모라고 말하시며 친근하게 대해주셨다.

마침 그곳엔 거여중앙교회 전규현 목사님도 와 계셨다. 거여중앙교회는 내가 교육전도사로 봉사하던 곳 중 하나였다.

두 분은 우리를 향해 결혼에 대해 덕담과 기도를 해 주셨는데 아직 임지가 정해지지 않았다는 말에 서둘러 소개를 해 주셨다.

"김 전도사, 강원도 용화라는 곳에 임지가 났는데…… 생각있어요?"

"목사님, 저야 감사하지요. 갈 곳을 정하지 못해서 어쩌나 고민하고 있었습니다."

"그런데 용화교회가 워낙 시골에 있는데다 성도도 거의 없는 걸로 아는데 괜찮겠어요?"

"상관없습니다. 갈 데가 있다는 것만으로도 감사하죠."

그래서 처음 임지로 소개받은 곳은 강원도 용화라는 곳이었다.

이곳을 소개해주신 목사님은 사례도 변변치 않고, 성도도 거의 없는 교회를 소개해 준 것을 못내 미안해 하셨지만 나는 정말 아무런 상관이 없었다. 나같이 부족한 사람에게도 하나님이 사역지를 허락하셨다는 기쁨이 어쩌나 컸던지 사역의 조건 같은 것은 뒷전이었고 오직 감사한 마음뿐이었다.

그러는 동안 결혼식을 치르고 용화로 내려왔다.

용화는 워낙 작은 어촌마을이었다. 신혼여행이랄 것도 없이 교회에서 신혼이 시작되었다.

마을 사람들이 많지 않은 작은 마을 용화.

마을 어귀에 들어설 때부터 비릿한 바다 냄새가 풍겼다. 그리고 보이는 작은 교회 십자가! 용화교회는 그렇게 나를 맞아 주었다. 그리고 마을 사람들은 미신에 빠져 있어 교회에 대한 이미지가 전반적으로 좋지 않았고 그 중의 몇몇 분은 매우 적대적이었다.

그래도 벌써 내가 세 번째로 부임된 목회자였으니 규모를 떠나 교회의 역사는 그리 짧지만은 않았을 터, 교회를 살펴보니 구석구석 전임 사역자들의 손길이 많이 묻어 있음을 느낄 수 있었다.

교회 문을 열고 들어서니 한 사람도 없었다. 슬며시 교회로 들어가 무조건 엎드려 기도했다.

'주님, 제 임지가 시골이라고 해서 좌절하지 않겠습니다. 선배 목사님들은 3년간 이 교회에서 잘 있으면 서울의 교회 부목사로 부임할 수 있으니 잘 버티라고도 얘기합니다. 하지만 주님께서 허락하신 길이니 최선을 다하겠습니다……'

아무 경험도 없는 초짜 전도사로서 할 일은 내가 가진 최고의 무기인 젊음을 복음에 접목시키는 것 뿐 이었다.

그러나 사역지에 온 지 몇 시간 만에 무력감이 느껴졌다.

'내 힘으론 정말 아무것도 할 수 없겠구나' 는 생각만 머릿속에 가득했다. 눈앞이 깜깜했지만 그래도 기도 밖에 없다는 생각에 텅 빈 교회당에서 다시 무릎을 꿇고 간절히 기도했다.

'주님, 저는 아무 조건도 보지 않고, 아니 볼 필요도 없이 이곳에 왔습니다. 용화라는 곳이 어떤 곳인지, 이 교회가 얼마나 모이는지, 누가 오는지 하나도 아는바가 없으나 주님이 분명 이곳으로 오게 하신 목적이 있음을 압니다. 그 목적대로 이끌어 주옵소서.'

기도를 한 뒤에 마음은 조금 편해지긴 했으나 여전히 좋은 수는 떠오르지 않았다.

그러다 그날, 수요저녁예배 시간을 맞아 사역지에 온 뒤 첫 예배를 드리게 되었다.

모인 성도는 우리 부부와 성도 네 명이 전부였다. 그 중 두 분은 노령이었고, 한 분은 정신적인 연약함이 있는 분으로 교회에 나오는 것만으로도 다행인 분이었다.

그래도 첫 설교라 무척 떨리는 마음으로 강단에 섰다. 막상 강대상 앞에 서서 하나님의 말씀을 대언하다보니 덜컥 겁이 났다. 워낙 떨려 그 당시 무슨 말을 전했는지 지금도 기억이 나지 않는다. 그러나 하나님이 텅텅 빈자리에 믿음으로 성도들이 가득차 있는 상상을 하라는 마음을 주신 것은 생생히 기억난다. 그리고 나는 곧 하나님이 주신 감동을 통해 설교를 하며 그 모습을 상상하기 시작했다. 빈자리가 하나님의 은혜로 가득 들어차는 모습을 떠올렸고, 그 모든 성도들이 다시 모여 하나님이 주실 은혜를 상상하는 모습을 떠올렸다. 그러다 나도 모르게 설교의 말미에 이런 선포를 하고 말았다.

"지금 이 자리에 모인 성도 여러분! 우리 용화교회는 지금의 빈자리가 조금도 보이지 않게 부흥하고 성장할 것입니다. 지금부터 함께 그런 교회가 되리라고 상상해야 됩니다! 반드시 그렇게 될 줄로 이제부터 믿어야만 합니다!"

휑한 교회가 아닌 성도들로 꽉 들어찬 교회를 상상하기 시작했다.

부흥과 성장의 교회를 상상했다.

은혜가 풍성만 교회를 상상했다.

내 생각으로는 그 때 내 말의 의미를 제대로 이해한 분도 없었을 것이다. 분명 무의미한 외침이라고 생각될만한 상황이었다.

사실 용화교회에 부임하고 난 뒤 얼마간은 방황의 시간이었다.

주님께 호되게 야단을 맞기도 했고 그로 인해 더 낮은 믿음의 자세를 갖게 되었지만, 그 이후 주님은 커다란 선물을 마련하셨다.

4명으로 시작한 용화교회는 전도를 가로막는 공중 권세 잡은 영이 떠나감과 함께 부흥하기 시작했다. 아내와 함께 용화의 구석구석을 참 많이도 누비고 다니며 복음을 전했다.

매일 새벽 예배를 마치고 봉고차를 몰고 다니면서 밭에서 일하는 어르신이 보이면 얼른 내려 일손을 돕기도 하고, 삼거리 가게에 모여계신 분들께는 쌍화탕이나 박카스 같은 음료나 사탕을 대접하며 세상 돌아가는 얘기를 나누었다.

"할머니, 자녀들은 어디 사세요?"

"다들 외지에 나가 있지."

"그럼 혼자 사시는 거에요? 혼자 보내는 시간이 적적하지 않으세요? 저.. 요 앞에 용화교회 전도사인데 교회 한번 안 나오실래요?"

"아휴! 그런 소리 마. 용왕님 들으실라……."

그래도 상관없었다. 어차피 복음이란 전하는 자는 전하기만 하면 되고, 열매를 맺을지 아닐지는 주님이 하실 일이기 때문이다.

용화를 비롯한 이웃 지역을 다니며 전도를 할 때 이런 마음으로 다녔고 그로 인해 많은 분들과 좋은 관계를 맺을 수 있었다.

그리고 하나님은 부족한 종의 믿음을 보셨고, 내 마음에 주신 말씀을 실제로 용화교회에 이루셨다. 그리고 한 분씩 필요한 사람들의 마음을 돌이키셨고, 붙여주셨다.

당시 용화마을에는 지적장애를 가진 주민 한 분이 계셨다.

홀어머니 밑에서 외아들로 살고 계셨는데, 기본적인 자제력이 너무 약해 아무데서나 먹고 싸고 마을 사람들이 모두 바보 취급을 하며 가까이 하지 않았다. 그런데 그분이 우리가 전하는 복음을 단번에 받아들이셨다. 그분과 이루어진 대화는 딱 두 마디였다.

"아저씨. 예수님 믿으실거죠?"

"네. 저 예수님 믿겠습니다."

복음의 능력은 역시 대단했다. 신기하게도 그 아저씨는 복음을 받아들인 후 생활이 바뀌었다. 그토록 절제를 못하고 탐하던 음식도 딱 드실 만큼만 드시고, 더 이상 거리에서 용변을 보지 않고 항상 화장실에서 보는 등 사회성을 갖춘 사람으로 변화된 것이다.

거기서 끝이 아니라 새벽예배까지 나오기 시작했는데 스스로 교회의 전도사를 자처하며 때로는 예배시작 1, 2시간 전에 찾아와 자고 있는 나를 깨울 정도로 열성적이셨다.

이분의 변화를 보면서 마을 사람들이 교회에 대해서, 그리고 복음에 대해서 다시 생각하기 시작했다.

게다가 아직 글을 잘 모르는 고령의 할머니도 그즈음 복음을 받아들이셨는데, 문맹인 할머니는 하나님의 말씀인 성경을 읽는 일을 무척 사모하셨다.

"하이고, 전도사님이요. 나는 무식해서 성경책도 몬 읽고……언젠가 내 눈으로 성경책 읽는 것이 소원이라예."

할머니는 하나님 말씀 읽기를 사모하며 그렇게 되기를 늘 기도했는데, 정말 신기하게도 어느 날 갑자기 눈이 열리는 역사가 일어났다. 비늘이 벗겨지듯이 눈에서 뭔가 벗겨지는 것처럼 글씨가 선명히 들어오기 시작했다는 것이다.

"전도사님요, 내가 맘속으로 늘 성경책 읽는 걸 생각했더니 참말로 이 글씨가 읽혀집니더."

글을 모르던 분이 이제는 비록 더듬더듬 거렸지만 성경책을 읽는 모습은 우리 교회뿐만 아니라 동네 주민들에게도 큰 간증이 되었다.

어느 날인가 할머니께서 성경 읽으시는 것을 보다가 내가 깜짝 놀라 물었다. 그 할머니는 창세기부터 성경을 읽는 게 아니라 요한계시록부터 거꾸로 읽고 계셨던 것이다.

"아니 할머니, 계시록부터 성경을 읽으셨네. 성경은 이렇게 돌려 창세기부터 읽으시는 게 더 좋습니다."

"아! 전도사님 어쩐지, 노아방주 얘기가 안 나온다 싶어 이상하다 했어요. 하나님께서 이 땅에 벌을 주시려고 물로 심판하시면서 노아에게 방주를 만들게 하셨던 그 얘기가 참 좋은데…… 그게 창세기부터 읽어야 나온다는 거죠?"

깜짝 놀랐다. 하나님을 믿은 지 얼마 되지 않은 분이었는데 계시록부터 거꾸로 읽어도 창세기 말씀을 기억하신다는 것이 신기할 따름이었다. 속도는 느렸지만 그 분의 성경 이해는 여느 주석학자의 해석보다 감동을 주었다. 아마도 누구보다 깊은 연륜으로 하나님의 말씀을 사모하고 기도로 구하던 그대로 될 것을 상상했기에 그 믿음이 이런 기적을 만든 것이 아닌가 싶다. 그 분은 후에 권사님이 되셨고, 권사님은 결국 소원대로 성경을 전부 통독하셨다. 간절한 기도제목으로 남아있었던 술주정뱅이 남편의 구원과 노처녀 막내딸의 결혼까지 보고 천국에 가셨다.

그렇게 시작해서 마을 전체에 복음의 불길이 번져가기 시작했다. 복음으로 변화된 한 두 사람의 삶을 목격하기 시작한 마을 사람들은 교회를 찾아와 믿음을 갖고 하나님을 체험했고, 곧 이어 자신의 삶에도 넘치게 임하실 하나님의 은혜를 상상하게 됐다. 그렇게 성도들은 하나님이 주시는 복을 체험하며 삶의 형편도, 영적 형편도 점점 나아져 갔고, 그런 성도들이 모인 교회 역시 점점 부흥하며 반석위에 서기 시작했다.

4명이 시작했던 교회의 성도 수는 6년 만에 100여 명이 넘게 되면서 내가 처음 교회에 부임해서 선포했던 하나님의 말씀이 정말 이루어지는 놀라운 역사가 일어났다.

나는 이때의 경험을 통해 하나님이 주시는 말씀의 힘이 얼마나 대단한지, 그리고 그 말씀을 통해 일어나는 역사들이 얼마나 사람들의 거룩한 상상력을 자극하는지 깨닫게 되었다.

일의 결국은 하나님께 달려 있다.

아무리 불가능해 보이더라도 그것이 하나님이 주신 감동을 통해 나온 것이라면 하나님께서 책임지고 그것을 이루어주신다. 그래서 정말로 중요한 것이 말씀을 통해 하나님의 마음을 아는 것이고 기도를 통해 시시때때로 임하시는 성령님의 감동을 순간순간 잘 캐치하는 것이다.

이처럼 나는 첫 사역지에서 6년간 용화교회를 섬기며 경험한, 은혜를 상상하는 일의 힘을 깨닫게 되었고, 그 때의 경험으로 지금의 큰빛교회를 개척하고 목회하면서 단 한 번도 넘치는 하나님의 은혜를 상상하지 않았던 때가 없었다.

아무것도 없는 가운데도 채워질 것을 상상하고, 안될 것 같은 상황에서도 가능성을 상상하고, 절망에서 희망을 상상하기 시작했을 때 주님은 그 상상대로 채워주셨고 불가능해 보이는 일을 가능한 상황으로 바꾸어 놓으셨다. 우리가 볼 때는 불가능한 은혜지만 그것을 상상할 때 하나님은 그 이상의 것으로 채워주셨다.

그런데 이러한 상상의 열매가 믿음으로 이루어짐을 보게 된 성도들도 은혜를 상상하게 되었고, 그것을 믿음으로 이루는 체험을 했기에 그들의 신앙생활에도 활력이 넘쳤다.

거룩한 상상의 도화선

사람들은 막장 드라마를 욕을 하면서도 그 스토리가 궁금해서 결국 끝까지 본다. 그래서 막장이면 막장일수록 욕도 많이 먹지만 시청률도 높다.

믿지 않는 사람들을 교회로 초청하고 싶으면 똑같은 방법을 사용하면 된다고 생각했다.

다만 막장이 아니라 형통한 교회라야 한다.

교회를 다니는 사람마다 얼굴이 밝고 긍정적이면 사람들이 "도대체 저 교회는 뭐하는 곳이기에 다니는 사람마다 얼굴이 밝을까?"하고 궁금하게 생각한다. 그러다 마음이 지치고 영혼이 곤고할 때 혼자서 교회를 찾아오는 경우도 있다. 사람에겐 누구나 영적인 갈급함을 느끼는 순간이 있다.

평소에 사랑을 실천하고 웃는 낯으로 좋은 인상을 주면 사람들은 그런 순간이 찾아올 때 알아서 교회를 찾아오는 것을 보았다. 그래서 나는 교회를 개척하던 그때나 지금이나 절대로 교회 문을 잠가두지 않는다. 도난 등의 이유로 엄격하게 관리하는 곳도 있지만 나와 우리교회 성도들에게는 영혼을 위로하는 일이 더욱 중요하기 때문이다. 은촛대를 훔쳐간 장발장이 있어도……. 그 영혼이 구원받는다면 그만한 가치는 있다고 생각한다.

예전에는 교회가 세상을 걱정하고 성도들이 세상을 위해 기도

했다. 그러나 요즘은 세상이 교회를 걱정한다는 말이 있다. 하나님의 말씀대로 사랑을 실천함으로 사회에 지대한 영향력을 미치고 역사를 바꿔놓았던 교회와 성도들의 힘이 지금은 약해진 것 같다.

그것은 비록 당장은 눈에 보이지 않음에도 바랄 수 있던 믿음이 상실되었기 때문이고 죽은 자도 살리시는 하나님 말씀의 능력을 가슴으로 믿지 않기 때문이라고 생각한다.

우리 모두는 교회가 변화하고 부흥되기 위해서 해야 할 일들을 알고 있다. 그러나 그 일을 직접 실천하는 교회와 성도들은 지극히 적다.

'일을 할 성도들이 얼마 되지 않아서요.'

'교회가 작아서요.'

'우리교회는 시스템이 없어요.'

'요즘 사람들은 전도가 안 돼요.'

'저는 능력이 없어요.'

'먹고 살기도 바빠서요.' ……등

그 밖의 모두 나름의 이유가 있겠지만 하나님이 보시기에는 그 어떤 이유든지 단지 핑계일 뿐이다.

오병이어의 기적이 어떻게 일어났는가?

오천 명을 먹이기에 턱 없이 부족한 물고기 두 마리와 보리떡 다섯 개를 믿음으로 자신 있게 주님 앞에 내어놓은 한 아이의 믿음 때문이었다. 사도 바울 한 사람이 사명을 다 하는 헌신 역시 기독교가 지금처럼 전 세계에 퍼질 수 있게 된 원동력이 되었다.

바울은 누구보다 먼 길을 돌아다니며 전도를 했으나 길이 멀다고 불평하지 않았고, 죽을 만큼의 매를 몇 번이나 맞았지만 몸이 아프다고 불평하지 않았고, 셀 수도 없이 많은 사람들에게 복음을 전했지만 그들이 회심을 하지 않는다고 불평하지 않았다.

"믿음의 주요, 온전케 하시는 이인 예수를 바라보라"(히브리서 12:2)는 성경 말씀대로의 거룩한 상상력이 현대교회와 교회를 이루는 본질인 성도들에게 필요하다.

이제 그만 불평을 멈추고 성경이 말하는 초대교회의 밑그림을 우리교회의 밑바탕으로 삼아보자. 그리고 하나님이 기뻐하시고 지역 사람들에게 덕이 될 만한 우리교회를 목회자와 성도들이 합심해서 은혜와 사랑으로 그려나가자.

제 아무리 현실이 녹록치 않아 보일지라도 하나님은 말씀을 따라 믿음으로 교회를 그려나가는 자신의 자녀들의 부르짖음에 반드시 응답하신다. 나는 전국에서 가장 열악하다고 할 수 있는 두 사역지에서의 경험을 통해 이 사실을 분명하게 깨달았다.

삼척에 새로 이사를 와서 신앙생활을 하려고 교회를 찾던 한 가정이 있었다.

하루는 그 남편 성도가 길을 가다가 차를 세우고 교통경찰에게 이 근처에 좋은 교회를 좀 추천해달라고 했단다. 경찰은 자기는 교회를 다니지 않지만 저 반대편에 있는 큰빛교회에 가보라고 했다고 한다. 그래서 "근처에 교회 표지판도 많은데 교회도 안다니면서 왜 하필 멀리 있는 그 교회를 추천합니까?"라고 물었더니

"그 교회에서 나오는 사람들은 얼굴빛이 다 좋고, 신호위반도 안 합니다."라고 대답했다고 한다.

믿지 않는 사람이 추천해주는 교회, 이 이야기는 나의 사역에 있어서 가장 보람된 열매 중 하나이다.

지금 왜 세상 사람들이 교회 욕을 하고 점점 성도들이 전도하기가 힘겨워지는가?

그것은 기독교인들이 기본적인 것을 지키지 않고 세상에 제대로 본을 보여주지 못하기 때문이라고도 생각한다. 열매를 보고 그 나무를 안다는 예수님 말씀처럼 지금 우리의 모습이 세상 사람들에게 좋은 생각을 상상하게 만들고 있지 못한가 보다.

이처럼 사람들에게 좋은 상상력을 줄 수 있는 믿음의 본이 전도와 부흥에 있어서 가장 중요하다고 생각했다. 이런 사람들이 교회에 몇 명만 있어도 엄청난 파급효과를 미친다.

다시 말하지만 우리교회는 전도를 하고 건축을 하기에는 한국에서 가장 열악한 환경 중 하나라고 해도 될 정도로 모든 여건이 좋지 않았다. IT강국으로 21세기에 우뚝 선 나라에서 아직도 탄광촌으로 기억되고 있고 경제적으로 여유가 있는 지역도 아닌데다 오랜 무속신앙의 여파로 기독교에 대해서 마음 문이 굳게 닫혀 있었다. 그러나 이런 악재에도 믿지 않는 사람들이 알아서 교회를 찾아올 정도로 긍정적인 상상력을 자극하는 일은 가능하다. 이 일들은 큰빛교회를 개척하고 지금에 이르기까지 나와 우리 성도들이 모두 하나같이 체험한 일들이기 때문이다.

상상으로 변화된 성도들

 "목사님, 저희가 생활이 어려워 이곳에 오게 됐는데요. 먼저 저부터 교회에 나오게 됐습니다. 앞으로 남편도 등록해서 함께 다닐 거예요."

교회의 성도로부터 전도가 되어 나온 한 여성도는 자녀까지 교회학교에 등록시키며 신앙생활을 잘 하고 계셨다. 그리고 얼마 뒤 남편까지 새신자로 등록하게 되면서 그들 가족은 우리교회 식구가 되었다.

그 가정은 어려운 가운데에서도 하나님을 잘 섬겼다. 아직 신앙이 잘 자라지 않았는데도 순종이 최고의 미덕임을 실제로 실천했다. 어느 날 남편 성도가 이런 말을 했다.

"목사님, 저도 이번에 기도원에 가보고 싶습니다. 어떤 곳인지 알고 싶으니 데려가 주세요."

그렇게 남편 분은 흰돌산 기도원으로 전 성도가 가는데 새신자로서 참여했고 큰 은혜를 체험했다. 그 뒤로 더욱 열심히 예배에 참여하고 헌신하더니 어느 날 이런 선포를 했다.

"목사님, 제가 새벽기도로 1천 번제를 드리겠습니다. 지금 우리 가정이 어려운 상황이라서 많은 물질은 드릴 수 없지만 하나님께서 큰 복 주실것을 상상하면서 예배와 기도로 번제를 드리고 싶어요."

그 고백은 어느 신앙의 연수가 깊은 분보다 훌륭한 신앙고백이었다.

그날 이후 남편 성도는 1천 번제를 시작했다. 새벽기도회에 참석하여 1천 번제를 쌓는 일은 그리 쉬운 일이 아니었음을 잘 알고 있기에 솔직히 조마조마한 마음도 있었지만 얼마쯤 지나고 난 뒤 평안함이 왔다. 새벽 찬바람을 맞고 교회 나오는 표정이 누구보다 밝았고, 비록 그 당시 컨테이너박스 하나 놓고 사업을 시작하는 열악한 상황이었지만 그 마음에는 늘 기쁨이 있었다. 하나님께 순종하고 순결하게 예배를 드리는 그들 가정의 신앙이 성숙해가는 모습을 지켜보는 일은 큰 기쁨이었다. 우리는 계속 그 가정을 격려하며 기도했다.

그러자 점점 하나님의 큰 복이 부어지는 모습을 지켜볼 수 있었다. 열악하게 시작했던 사업이 조금씩 힘을 얻기 시작하더니 점점 번창해갔다. 그들 부부의 신앙의 깊이도 더욱 깊어졌다. 그 부부는 2008년 우리교회가 새성전을 지어 입당하게 되었을 때, 교인들 아무도 모르게 물질을 내놓으며 이런 고백을 했다.

"목사님, 저희가 하나님을 믿게 된 것만으로도 정말 감사드려요. 남편의 형제들이 그렇게 많고 다들 예수 믿고 잘 됐는데 우리만 끝까지 복음을 받아들이지 않았거든요. 그런데 이곳에 와서 예수님 믿고 이렇게 은혜를 누리게 된 게 얼마나 감사한지 모르겠어요. 그 은혜로 치자면 더 많은 것으로 드리고 싶지만 아직은 형편이 이 정도밖에 안 됩니다. 너무 죄송스럽네요."

"아닙니다. 성도님, 그 형편과 사정을 제가 잘 아는데요…… 그 어느 물질보다 더 값지고 감사합니다. 어려우실텐데 이렇게 옥합을 깨뜨려 물질을 내놓으시고, 분명히 하나님께서 성도님 사업의 지경을 넓혀주실 겁니다."

그 가정의 물질은 새성전의 한 부분을 꾸미는 데 쓰여졌다. 그리고 난 뒤 집사님의 사업은 불이 일듯이 일어나기 시작했다.

컨테이너박스에서 조그맣게 시작한 사업은 작은 사무실로, 더 큰 사무실로 옮겨가며 삼척 시내에서 내로라하는 사업으로 발전하게 되었다. 처음에 이곳에 올때는 거의 쫓겨오게 된 분들이 이젠 삼척 뿐 아니라 강원도 지역까지 넓혀가며 하나님의 사랑을 전하는 사업가가 된 것이다.

어느 날 성도님의 큰 형님에게서 연락이 왔다. 그분은 중국 청도에서 큰 사업을 하고 있었다. 그토록 복음을 전하고자 했던 막내 동생 가정이 복음을 받아들였다는 사실에 감격하여 우리 교회에도 넘치는 헌신을 했다. 그리고 우리 교회학교 비전트립을 위해 섬겨주기도 했다.

이 이야기를 전해들은 지역사람들은 과연 우리 교회와 그 성도가 믿는 하나님에 대해서 어떤 상상을 하게 될까? 그는 지금 우리 교회 권사로 주님을 충성스럽게 섬기고 있다. 이처럼 한 사람의 거룩한 상상과 열심은 그 과정만으로도 믿지 않는 사람들의 마음에 복음의 씨앗을 뿌리게 된다.

한 집사님에게는 유학을 보낸 두 명의 자녀가 있었는데, 당시 국내 경기가 좋지 않아서 한 아이는 한국으로 돌아오게 됐다. 유학생활 중에 다시 돌아온 아이는 적응하기 힘들어 했고, 설상가상으로 하나님으로부터 멀어지기 시작했다. 그래도 이미 거룩한 은혜를 체험했던 집사님은 아이를 윽박지르거나 체벌하지 않고 잠잠히 신앙생활을 열심히 하며 아이의 삶이 잘 되기를 기도했다.

그러자 어느새 아이의 인생이 달라지기 시작했다.

그렇게 말썽을 피우던 아이는 어느 새 마음을 다잡고 공부를 하기 시작했고, 신앙생활도 나아지기 시작했다. 그리고 서울의 명문대에 입학했다. 아직 유학 중이던 딸은 좋은 신랑을 만나 결혼을 했고, 그로 인해 힘이 부치던 집사님의 사정도 부담을 덜게 되는 동시에 오히려 큰 도움을 받게 됐다.

사람들이 도대체 어찌된 일이냐고 물을 때마다 집사님은 너털웃음을 지으며 늘 같은 대답을 하신다.

"허허허, 글쎄요. 저는 정말로 한 게 아무것도 없는데요……."

사람이 아무리 땀을 빼며 용을 써봤자 그것은 그냥 사람의 노력이다. 그러나 우리가 기도하면 하나님께서 일을 하신다.

어떤 일에도 신앙이 흔들리지 않고 주님께 모든 것을 맡기면 된다. 그리고 말씀을 근거로 주님께서 주시는 선한 마음을 가지고 최대한 펼칠 수 있을 만큼 거룩한 상상의 나래를 펼치면 생각 이상의 놀라운 은혜를 더하시는 주님의 손길을 반드시 체험하게 될 것이며 살아계신 주님을 세상에 증거하게 된다.

일이 잘 안 풀려서 삼척으로 거의 도망치다시피 온 한 자매가 있었다. 그 자매는 강원도 산골로 자신이 밀려났다는 생각에 큰

자괴감에 빠져 깊은 우울증에 걸려 있었다. 그러다 어떻게 우리교회에 나오게 되어 삶의 소망을 찾았고, 다시 비전을 가지고 열심히 삶을 살아가기 시작했다. 그 아버지는 교회를 매우 안 좋은 곳으로 생각하는 분이었는데 자기 딸의 인생이 변한 것을 보고 생각을 조금씩 바꾸기 시작했다. 물론 지금도 교회는 안 나가시지만 종종 올라오는 딸의 소식과 사진을 보기 위해서 우리교회 홈페이지를 매일 찾는 열혈방문자가 되셨다. 나는 그 딸과 우리교회 공동체가 보여주는 하나님의 사랑을 통해서 언젠가는 그분도 반드시 주님의 품으로 돌아오게 되리라고 확신한다.

믿음으로 교회를 그렸다

 주님께서 삼척에 목적을 두고 나를 부르셨을 때 실은 막막했다.

부지를 마련하는 것부터 교회를 짓는 것, 성도가 채워지는 과정 모두 아무런 기반이 없었다.

'주님, 저 아무것도 가진 것이 없습니다. 대신 주님은 이 세상을 통치하고 계시니 그 풍성한 손을 믿습니다.'

내가 할 수 있는 건 기도하며 빈손 가득 채워지는 상상을 하는 것이었다.

베드로가 밤이 맞도록 그물을 쳤으나 허탕을 쳤다. 그때 예수님께서 그에게 찾아와 깊은 곳에 가서 그물을 치라는 명령을 내리시고 그대로 행했더니 그물이 찢어지도록 채워지는 은혜를 부어주셨다. 나 역시 그 그물이 채워지는 상상을 하며 나아갔다.

교회가 거의 지어질 무렵, 몇 되지도 않는 성도들의 헌신으로 만만카드를 써서 건축헌금을 드리는 등 근근이 교회의 골격을 세우게 되었을 때였다. 우여곡절 끝에 예배당은 지었는데 안을 채우는 것이 문제였다.

'주님…… 겉은 어떻게 마무리 됐는데 안을 채워야할텐데요. 어쩌지요?'

가득 채워지는 상상만을 하며 기도 중에 있는데, 어느날 어떤 분이 나를 찾아왔다.

아이의 손을 잡고 있었는데, 그 아이의 낯이 익었다. 누구지 싶어 기억을 더듬다가 기억해냈다.

"어! 그래, 우리 부흥회에서 봤지? 그래 잘 지냈니?"

"예."

여자 아이는 어린이 부흥회에서 만난 어린이 성도였다. 당시 나는 교회 건축을 하면서 어린이 부흥집회를 다녔다. 용화교회 때부터 어린이사역, 교회학교 사역을 중요하게 생각하고 있었던터라 삼척에 와서도 어린이 부흥집회를 하고 다녔다.

그때도 한 교회에서 집회를 인도했는데 초등학교 5-6학년쯤 된 여자아이가 부흥회에서 은혜를 받아 회심을 하게 된 것이다. 눈물을 흘리고 죄를 회개하는 등 아이는 뜨겁게 은혜를 받았고 그 아이를 위해 간절히 기도했었다.

아이의 엄마는 집회를 인도하던 교회를 섬기던 집사님이셨고 아버지는 치기공계 기술직으로 일하시다가 갑작스럽게 세상을 떠나게 되셨단다.

"목사님, 남편이 갑자기 세상을 떠나서 무척 슬픕니다. 그런데 아이랑 함께 아빠를 위해 기도하는데 자꾸 목사님 얼굴이 떠오르는 겁니다. 제가 이상하다고 하니 우리 애가 목사님이 인도하시던 어린이 부흥집회에서 변화를 받았다고 얘기하더라구요. 이건 분명히 하나님의 뜻이 목사님을 향해 있나보다 싶어서 찾아왔습니다."

"아~네~~"

"목사님, 와보니 한창 교회 건축 중이네요. 예배당에 아무것도 없는데 준비는 되셨나요?"

"아, 그게 아직 안은 못 채우고 있습니다. 기도중입니다."

"목사님, 제 수중에 남편 보상금이 천만 원 있습니다. 저를 이곳까지 오게 하신 하나님의 뜻이 여기에 있는 것 같네요. 제가 예배당에 필요한 의자를 채우겠습니다."

"아휴 아닙니다. 집사님도 아이랑 살아가셔야죠."

"아뇨 목사님, 기도 중에 목사님 얼굴이 떠오른 것도 하나님이 보내신 거라고 생각해요. 이 돈은 남편의 핏 값이나 다름없습니다. 무조건 교회를 위해 사용해 주세요."

그리고는 눈물의 돈을 꺼내놓으셨다. 우리 셋은 그 자리에 주저앉아 눈물을 흘리며 기도했다. 말할 수 없는 은혜와 감동, 안타까움과 감사함이 뒤섞인 기도가 나왔고 하나님께서 이토록 안타까운 물질까지도 채우고 계시다는 것을 깨닫게 되니 열심을 낼 수밖에 없었다.

　또 얼마 뒤엔 용화에서 알게 된 할머니 집사님의 조카가 찾아왔다. 그 집사님은 예수를 믿었지만 교회 분란으로 인해 잠시 신앙생활을 쉬고 있는 상황이었다. 내가 삼척으로 가게 되었다는 인사를 전했을 때 누구보다 아쉬워하시던 할머니는 당신의 조카가 삼척에 살고 있으니 그 교회로 다니게 했으면 좋겠단 말씀을 하셨다. 그리고 진짜 조카로부터 연락이 왔다.

　노총각이었던 조카와 만나 이야기를 나누었다.

　그는 지금 짓고 있는 교회로 나오고 싶다는 의사를 밝혔다.

　"정말 고마운 일입니다. 그런데 너무 급하게 결정하지 마세요. 현재 신앙생활도 하고 계신 분이신데 큰 교회로 가셔서 신앙생활 하셔도 되니 일주일동안 생각하시고 연락 주십시오."

　지금도 나는 무조건 우리 교회만을 고집하는 전도는 지양하는 편이다. 교회의 비전과 성도간의 비전이 맞을 때 서로가 빛을 발하는 것이기 때문이다.

　일주일 뒤 다시 그분으로부터 연락이 왔다.

　"목사님, 저 큰빛교회로 다녔으면 좋겠습니다. 그리고 제가 교회를 위해 뭔가 해드렸으면 좋겠는데, 뭐가 좋겠습니까?"

　마침 그땐 음향관련시설이 전무한 상황이라 무척이나 필요한 상황이었다. 그 빈 바구니를 주님은 김○○집사님을 통해 채워주셨다. 그 분은 자신의 결혼비용으로 모아둔 물질을 음향설치 비용으로 헌신했다. 이제 새로 시작하는 큰빛교회에 필요한 것이 거의 모두가 갖춰진 셈이었다.

그 후 하나님은 그 형제에게 귀한 믿음의 자매를 허락해 주셨고, 지금은 세 자녀의 아버지로 믿음의 가정을 세워가고 있다.

처음엔 아무것도 없는 빈손이었다.

그러나 우리 눈에만 그것이 빈 바구니로 보였을 뿐, 주님은 이미 계획하고 계셨다. 그러므로 우리는 아무것도 가진 것이 없다고 생각할 때 가득 채워지는 상상을 해야 한다.

베드로는 예수님 명령 한마디에 그물이 찢어질 정도로 물고기가 잡힐 것을 상상했을 것이고, 요셉은 주님 주신 꿈으로 높임을 받아 크게 될 것을 상상했을 것이며, 아브라함은 자손이 번성케 될 것을 하늘의 뭇별처럼 빛나게 될 거란 말씀에 따라 상상했을 것이다.

지금도 하나님은 우리의 부족함을 가득 채워주시겠다고 약속하신다. 말씀을 통해 그 약속은 수천 년간 변하지 않고 있으니 우리는 채워지는 상상만 하면 된다.

우리 대부분은 상상의 힘을 너무 무시한다. 아니, 그보다는 현실의 벽에 막혀 그 너머에 분명히 존재하는 꿈을 바라보지 못한다는 말이 더 맞을 것 같다. 나 역시 삼척을 개척지로 삼고 부지를 구입하는 등 일련의 어려운 과정을 거칠 때 천 번도 넘게 흔들리는 연약한 목회자였다. 개척을 향한 뜻은 분명했지만 과연 교회가 세워지면 성도들이 찾아올 것인가 막막했다. 완성이 되어가는 교회당을 바라보며 주님께 수도 없이 두려운 마음을 고백했다.

'주님, 교회당 짓는 것도 문제지만 이 교회가 잘 될 수 있을까요?'

주님은 이번에도 해답을 주셨다.

역시 사람들의 상상력을 자극하라는 것이 하나님이 주신 응답이었다.

나는 지금까지 복음을 통해 변화되는 사람들이 하나님을 상상하게 되는 과정에 대해서 이야기해 왔다. 그리고 이제 말하고자 하는 것은 제 아무리 작고 사소해 보이는 일이라 할지라도 하나님이 주신 상상력을 발휘하면 그것 역시 강력한 효과가 있다는 사실이다.

작은 아이디어의 중요성

 교회당이 거의 완공되어질 즈음에 하나님이 주신 말씀대로 나는 사람들의 상상력을 자극할 수 있는 방법을 하루 종일 강구하기 시작했다. 그러던 중 현수막이라는 방법이 떠올랐다. 단지 몇 만원만 투자하면 누구나 할 수 있는 일이고 거리에 흔하게 깔려 있어 그다지 눈길이 가는 홍보물도 아니었지만 나는 거기에 믿음으로 번득이는 아이디어로 사람들의 호기심을 자극할 수 있는 톡톡 튀

는 문장을 적어 넣었다.

'이제부터 큰빛교회가 시작합니다!'

사람들의 궁금증과 상상력을 유발하기 위해서 딱 한 문장만 큼지막하게 적었다. 그러나 한 문장이라도 현수막에 써서 붙여놓으니 오가는 이들에게는 굉장히 훌륭한 홍보물이 되었다. 우연히 교회 근처를 지나가는 사람들도 현수막을 보고는 다가와 물었다.

"여기 세워지는 게 교회예요?"

"네. 맞습니다. 혹시 예수 믿으십니까?"

"에이 예수는 무슨…… 전 그냥 이것 저것 믿어요. 근데 아저씨는 뭐하시는 분이세요?"

"네, 전 이 교회 목사입니다. 큰빛교회로 한번 나오십시오. 예수님 믿으면 세상이 달라집니다."

"아… 네… 그냥 지나다니다가 현수막을 보니 궁금하더라고요. 도대체 어떤 교회일지 궁금한 생각이 들어서요."

"네, 감사합니다. 그리고 다 지어지면 꼭 한번 찾아주세요. 그런데 어떤 교회가 되기를 바라십니까?"

게다가 주변에 들어선 아파트 때문인지 특별히 자녀를 둔 많은 엄마들이 현수막을 보고 관심을 갖기 시작했고, 그 중에는 호기심을 가진 아이손에 이끌려 교회로 찾아온 가정도 몇몇있었다.

한번은 어떤 분이 지나가다가 궁금하셨는지 나를 붙들고 물었다.

"저, 이 교회가 어떤 교회길래 현수막을 붙여놓고 공사를 해요?"

"네, 큰빛교회이구요 새로 개척하는 교회입니다."

"근데 이 교회는 언제쯤 다 지어지나요? 얼른 지어져야 사람들이 올 거 아니에요?"

"지금은 가정집에서 교회를 시작했습니다. 다 지어지면 이리로 들어올 거구요. 혹시 예수님 믿으시나요?"

"그건 아닌데요 지나다니다 이 교회가 어떤 교회가 될지 궁금하더라구요. 계속 궁금해진다고 할까… 멋진 교회 될거죠?"

"계속 그렇게 상상해 주세요. 그리고 다 지어질 때 꼭 한번 와 주세요."

그날 꼬치꼬치 캐묻던 분은 교회의 성도가 되었다.

자신이 상상하던 모습 보다 더 예쁜 교회라면서, 또한 큰빛교회가 어떤 교회로 되고 싶은지 이야기를 들은 뒤 자신도 그렇게 되고 싶다며 지금도 열심히 주님을 섬기고 있다.

현수막에 쓰인 "이제 큰빛교회가 시작합니다"는 지나가는 이들로 하여금 이 교회가 어떤 교회로 세워질 것인지 마음속으로 상상하게 했다. 그리고 내 자신에게도 목회를 이미지화하는 계기가 되었다. 이런 경험들을 통해 나는 상상의 힘이 얼마나 큰지 알게 되었다. 상상의 힘은 곧 믿음의 힘과도 상통한다. 하나님이 그려주신 비전은 미래를 향한 상상이다. 하나님의 뜻을 믿고 따른다면 반드시 믿음의 생각이 떠오른다.

교회를 짓는 가운데, 끊임없이 살아 움직이는 교회, 성장하지 못하고 점점 침체되고 있는 교회와는 차별화가 되는 교회를 상상했다. 하나님은 안정을 꿈꾸며 고여 있는 신앙이 아니라 날마다 말씀을 체험하며 기도하길 힘쓰며 지역과 함께 발전하는 교회를 상상하게 하셨다.

그 결과 '역동적인 교회', '살아있는 교회', '지역을 살리는 교회'라는 구체적인 목표를 세우게 되었고 이렇게 세워진 교회 목표에 내가 어린 시절 교회를 다니며 느꼈던 따스한 사랑, 그리고 성경에 나오는 초대교회의 이미지를 상상하며 나아갔는데, 그 목표대로 조금씩 이루어가게 되었다.

초대교회를 그렸다

나의 중학교 3학년 시절, 나와 짝꿍이자 공부를 참 못하던 친구와의 이야기이다.

"야, 성태야. 내가 진짜 너한테 부탁 하나가 있는데 들어줄래?"

친구의 얘기인즉 자신이 다니는 교회에 꼭 나를 데려가고 싶다는 것이었다.

당시, 나는 교회라는 곳이 있는지조차 모를 정도로 신앙과는 동떨어진 생활을 하고 있었다. 나름 사춘기를 겪고 삐뚤어질 뻔도 했지만 그래도 부모님의 기대에 어긋나면 안 된다는 생각에 마음잡고 있을 시기였다. 그런데 친구가 1년간 내 옆에 앉아 교회 노래를 부르고 있었다.

"성태야, 교회 한번만 가자. 응?"

"난 싫어. 세상에 믿을 신이 얼마나 많은데 하필 교회냐?"

"그래도 한번 가자. 내 소원이다. 짝꿍 소원도 못 들어주냐?"

이상한 일이었다. 성적은 한참 뒤떨어져 나에게 매일 물어보느라 정신이 없으면서 교회 얘기만 나오면 그토록 적극적이었다.

1년간 매달린 그 정성이 갸륵하여 결국 겨울이 되어서야 소원을 들어주기로 했다.

"그래 알았다 알았어. 내 한번 갈게."

"고맙다 성태야. 그래, 너같이 공부도 잘하고 반듯한 애들이 교회에 와야지."

결국 친구를 따라 교회에 가게 되었다.

16살 때, 처음으로 가게 된 교회, 나는 교회라는 곳이 무척 어색했다. 그나마 다행인건 마침 교회가 문학의 밤 행사였기에 나처럼 새 친구가 가기에 편했다. 심호흡 한번 하고 교회 안으로 들어섰다.

그런데 이상한 일이었다. 어색해서 죽을지도 모를 것 같던 교회가 무척 평온하게 느껴졌다. 마치 우리 집에 들어가는 기분처럼 편안하고 따뜻했다.

"어서 와라. 네가 성태구나."

"네."

"얘기 들었다. 환영한다. 그리고 기다렸다."

이야기를 건넨 분은 학생부 교사셨던 오용주 선생님이셨다. 선생님은 친구가 1년 동안 기도하고 있었던 나를 이미 알고 계셨다. 그래선지 더욱 반갑게 맞아주셨고 챙겨주시느라 바빴다. 이윽고 성탄절을 앞두고 열린 문학의 밤 행사가 시작되었고 나는 자리에 앉아 중고등부 학생들이 꾸미는 문학의 밤을 끝까지 보았다.

어린 시절, 교회 문턱도 넘지 않았던 그 시절 나는 교회에 오면 큰일이 나는 줄로만 알았다.

그런데 아니었다. 교회는 따뜻한 곳이었고 사람이 모이는 곳이었고 사랑이 넘치는 곳이었다. 그날 내 마음 속엔 큰 변화가 일어났다. 친구를 위해 딱 한번만 가주겠다던 교회에서, 앞으로 나가고 싶은 교회로 바뀐 것이다. 왠지 모를 따뜻함과 친근함, 누구보다 자녀처럼 나를 챙겨주신 오용주 선생님이 마음을 사로잡았다.

"성태야. 주일에 교회에 올 수 있지?"

"네. 올게요."

이 대답에 친구 녀석이 더 놀라워했다. 그러면서 1년 만에 하나님이 기도에 응답해 주셨다며 무지 기뻐했다.

그렇게 나의 교회생활이 시작되었다. 대단한 성령을 체험한 것은 아니었지만 교회에 가면 따뜻하고 편안하고 자식처럼 여기며 살펴주시는 오용주 선생님이 계셨고 친구들과 신앙 안에서 생활하는 것도 불뚝거리는 청소년 시절의 혈기를 가라앉게 해 주었다. 주일마다 교회에 나가 친구들을 만나고 교회에서 하루 종일 지내며 먹고 예배드리다 예수님을 구세주와 주님으로 영접했다.

지금 생각하면 그 때 우리 교회는 초대교회를 많이 닮았던 것 같다. 예수님께서 부활하시고 천국으로 가신 뒤 모인 초대교회, 성도들이 가족처럼 교제하고 떡을 떼고 나누며 물건을 통용하던 초대교회의 모습, 그 모습을 나는 교회에서 경험했다. 특히 오용주 선생님의 영혼에 대한 사랑은 무척 컸기에 그 사랑을 만나러 교회를 갔다.

〈어린왕자〉에 보면 어린 왕자가 사막여우와 대화를 나눈다.

오후 4시에 자신을 만나러 온다고 할 때 오후 3시부터 기분이 좋아질 거라는 말, 사랑이 있기에 사랑을 원하기에 만남을 고대하는 것이다. 교회에 가면서도 그런 기분이었던 것 같다.

교회란 모름지기 사랑이 있어야 한다. 초대교회의 사랑 넘침과 공동체 의식, 그것은 내가 청소년 시절 교회 마당을 처음 밟았을 때 기쁨과 행복을 경험했기에 마음 속에 초대교회의 이미지가 박혀있다.

시간이 지나 주님의 종이 되어 교회를 개척했을 때 나는 교회의 성장을 위해 기도도 했지만 그와 더불어 우리 교회가 마치 초대교회와 같은 모습이 되길 기도했다. 비록 성인 넷이 모인 교회였지만 충분히 사랑할 수 있었고 나눌 수 있었다.

성경에는 초대교회에 대한 다음과 같은 말씀이 나온다.
"사도의 가르침을 받아 서로 교제하고 떡을 떼며 오로지 기도하기를 힘쓰느니라. 사람마다 두려워하는데 사도들로 말미암아 기사와 표적이 많이 나타나니 믿는 사람이 다 함께 있어 모든 물건을 서로 통용하고 또 재산과 소유를 팔아 각 사람의 필요를 따라 나눠주며 날마다 마음을 같이하여 성전에 모이기를 힘쓰고 집에서 떡을 떼며 기쁨과 순전한 마음으로 떡을 먹고 하나님을 찬미하며 또 온 백성에게 칭송을 받으니 주께서 구원받는 사람을 날마다 더하게 하시니라."(사도행전 2:42-47)

이 말씀을 토대로 우리교회는 초대교회의 이미지를 상상하며 활동했다.

교회를 찾아오는 이들은 대부분 사랑을 원하는 사람들이다. 이렇게 갈급해서 찾아온 영혼들에게 사랑을 넘치도록 부어주어야 하는 것은 교회의 당연한 의무이자 기능이다.

사랑은 함께 떡을 떼는 것이며, 합심하여 기도하는 것이다. 즉, 생활과 마음을 함께 나누는 것이다.

나는 교회를 처음 나갔던 중학교 시절에 이런 사랑을 느꼈다. 그래서 잘은 모르지만 교회에 나가는 것이 즐거웠고 행복했다. 그리고 그 경험으로 사춘기 시절의 갈급했던 심령을 위로받았고, 지금 목회의 길까지 걸어오게 되었다. 그만큼 교회에서 사랑과 관심은 매우 중요한 요소이다. 그래서 나는 교회를 찾는 사람들에게 모두 이렇게 인사했다.

"성도님, 어서 오세요. 정말 보고 싶었어요. 사랑합니다."

사랑한다는 말을 어색해하던 시골사람들이었지만 차츰 익숙해졌고 곧 그들의 입술을 통해서도 사랑한다는 말이 자연스럽게 흘러 나왔다.

특히 우리교회는 공동체 의식으로 똘똘 뭉쳤다. 공동체 의식은 특별한 게 아니라 교회에서 만난 모든 이들은 한 가족이란 생각으로 묶는 것이다. 실제로도 성도간의 연락처를 교환하게 해서 사소한 것도 나눌 수 있는 네트워크를 구축했다. 그리고 이 네트워크를 통해 대소사를 함께 공유했다.

"저희 아이가 어젯밤 열이 났어요. 기도해 주세요."

성도들 중에 누군가 이런 연락을 해오면 우리교회 성도들은 각자 있는 자리에서 멈춰 서서 그 아이를 위해 기도한다. 아마도 초대교회에서 나눈 사랑이 이런 것 아니었을까? 자신의 일이 바빠도 잠시 짬을 내어 이웃을 위해 믿음의 기도를 드리는 것, 이웃의 아이를 자신의 아이로 여기며 함께 가슴 아파하며 사랑으로 기도해주는 것과 같은 모습이 초대교회에도 분명히 있었을 것이다.

그러다보니 우리교회 성도들은 각자의 형편과 사정을 다 알게 되었고 어려움을 고백하고 기도를 부탁하는 일을 부끄러워하지 않았으며 기쁜 일은 나누어 몇 배가 되게 만들었다. 이런 일들은 꼭 교회가 아니더라도 성도들이 서 있고 일하는 그곳을 기쁨을 전하는 복음의 장소로 바꾸어갔다. 초대교회에 날마다 구원을 더하셨던 것처럼 당연히 우리교회에도 날마다 사람을 더하시는 은혜로 채워주셨다.

상상은 큰 위력을 지니고 있다.

까까머리 중학생이 처음 접했던 따뜻한 교회, 그 교회의 영적인 분위기는 개척자로 섰을 때 상상의 바탕이 되었다.

내가 그리던 교회의 분위기, 주일이 기다려지고 교회 가는 날이 기다려지는 따뜻한 교회, 가진 것이 적어도 이웃과 함께 기꺼이 떡을 나누는 교회, 함께 웃고 울며 기도할 일이 있을 때는 잠시라도 일을 멈추고 기도해주는 배려가 있는 그 초대교회를 상상하며 나아갔더니, 실제 삼척에 세운 우리교회 안에 평안과 기쁨과 위로를 느끼는 성도들이 가득차기 시작했다.

　보이지 않는 저 너머의 꿈을 꾸고 그리고 있는 모습을 상상하는 것, 그것은 개척자를 지치지 않게 이끄는 힘이다. 주님은 그 상상의 연습을 통해 교회를 만들어가셨다. 그리고 이것은 오늘날의 교회에도 반드시 필요한 일이라고 생각한다.

　또한 나는 '현수막 한 장이 사람들에게 큰 영향력을 미칠 수 있다면 잘 만들어진 주보는 얼마나 영향을 끼칠까? 또한 지역 주민들을 아우를 수 있는 행사는 더욱 효과적이지 않을까?'라는 생각을 하면서 주보 하나에도 신경을 썼다. 가장 최근의 트렌드를 반영하여 디자인하고, 작은 전단지 하나를 만들 때도 기존의 전단지와는 다르게 생각하며 꾸몄다.

　특히 교회 안에서 기획하는 행사는 더욱 신경을 기울였다. 물론 이쪽 방면에 전문가도 아닌 내가 하기에 쉬운 일은 아니었다. 그러나 간절히 구할 때마다 그때그때 하나님이 지혜를 주셨다.

　내가 목사로서 중요하게 여기는 것 중 하나는 교회가 세상의 문화를 이끌고 나가야 한다는 것이다. 불과 수십 년 전만 해도 교회가 지역에 끼친 문화적 영향력이 상당했다. 교회 안에서 유행하는 프로그램이 바깥으로 파급되는 등 교회가 문화의 선구자적인 역할을 감당했는데 어느 순간부터 너무 닫힌 생각만 하다 보니 이제는 오히려 세상의 문화를 좇아가기도 바쁜 형국이 된 것이다.

실제 내가 처음 교회를 갔던 중학교 3학년 때 교회에서 열린 '문학의 밤'은 무척 재밌고 흥미로웠다. 지금도 기억이 난다. 학교에서 보는 공연보다 훨씬 드라마틱했고 화려했던 문학의 밤 행사를 보면서 교회 문화라는 것이 참 앞서가고 있다는 걸 느꼈다.

이런 영광스런 일을 우리교회에서 재현하고 싶었다.

세상은 너무 바쁘게 돌아가고 빠르게 바뀌고 있었지만 그럼에도 그 속도를 좇아가면서 교회 문화를 창출해낼 방법은 있다고 생각했다. 그래서 지금도 문화와 관련된 행사는 되도록 격의 없이 다양한 장르의 예술가와 팀들을 초청해서 자리를 마련한다. 교회라는 형식에 갇히지 않고, 믿는 사람이라는 틀을 탈피해 말 그대로 지역에 문화적인 영향력을 끼치기 위한 자리를 만들어 지역 주민들을 초대했고, 그것이 전도의 기회가 됐다.

수련회를 해도 그저 교회 내에서 하는 일반적인 수련회에서 탈피했다. 교회를 다녀야만 참석할 수 있다는 틀을 깨고 지역 주민들이 함께 할 수 있는 수련회를 기획했다. 수련회를 이렇게 열린 방식으로 구성한다는 것은 단순한 행사나 전단지와는 차원이 다른 어려운 일이었다. 그러나 오랜 고민 끝에 묘안이 떠올랐다. 바로 삼척의 주민이라면 조건에 관계없이 어우러져 체험할 수 있는 영어캠프였다.

"믿지 않는 자녀들도 수련회에 참여시킬 방법이 뭘까요?"

"여긴 지역적인 특성이 있으니 아이들이나 부모들이 교육적 혜택을 많이 받지 못합니다. 그 점을 잘 생각해보면 되지 않을까요?"

"아. 맞아요. 그렇다면 영어캠프 같은 걸 기획해서 우리교회 학생들 뿐 아니라 지역의 학생들도 참여할 수 있도록 합시다."

이런 식으로 하나님을 믿지 않는 주민들에게도 유익이 되고 또 부담 없이 참여할 수 있는 행사들을 기획했다.

처음엔 교회에서 추진하는 영어캠프라 영어를 미끼로 교회 홍보를 하는 것이 아닌가하고 의심어린 눈으로 쳐다보는 이들도 많았으나 정말 주민들의 교육적인 어려움을 돕기 위해 하는 행사라는 것을 적극적으로 홍보했다. 교회학교 학생들이 각 학교의 홍보요원이 되었고 그들의 반듯한 생활이 본이 되어 저절로 아이들이 몰려들었다.

사실 이런 시도들을 좋지 않게 보는 시각도 있었다.

교회가 세상적인 문화를 따라간다느니 구별되지 못한다는 이야기도 있었다. 또 말씀만 분명하면 부흥이 되기 때문에 쓸데없는 노력이라는 말도 있었다. 하지만 시대의 문화를 교회가 선도해 나가려면 지금의 문화적 트렌드를 잘 읽어야 하고 그 트렌드에 발을 맞추는 것이 선행되어야 한다. 그리고서 그 안에서 구분되는 복음이라는 주제를 접목시켜 주도권을 잡아야 한다. 그러나 우리는 주위의 이러한 견제마저 좋게 생각하기로 했다.

"좋은 충고를 들은 것이라 생각하십시오. 원래 격려만 있으면 발전이 없습니다. 견제도 적당히 있어야 사람이 긴장도 하고 발전하려고 노력하니까요."

우리는 이런 행사에 우리교회 성도와 아닌 사람을 가리지 않고, 또 믿는 사람과 믿지 않는 사람을 따로 구분하지 않는다. 이런 노력과 작은 것에도 세심하게 신경 쓰려는 노력 덕분인지 우리교회는 여전히 다른 교회와 믿지 않는 사람들에게도 평판이 좋다. 교회의 좋은 이미지는 믿지 않는 사람들을 잠재적으로 끌어들일 힘이 된다고 생각하기에 이런 부분은 우리교회가 가진 강력한 장점이자 매력이라고 생각한다.

영어 격언을 보면 'Think out of the box'라는 말이 있다. 상자 밖으로 나와서 생각하라는 이 말은 고정관념을 탈피하여, 아니 현실에 주저앉고 싶은 마음을 누르고 과감히 바깥으로 나와 다르게 생각하라고 강조한다. 목회에서도 상자 밖에서 생각하는 게 필요하다.

이처럼 교회를 개척하는 사람들이나 부흥을 원하는 사람들은 생각의 전환이 반드시 필요하다고 생각한다. 하나님의 역사하심을 세상에 드러내 세상 사람들이 은혜를 상상하게 만드는 것 못지않게 하나님이 주신 상상력을 활용해 일을 효과적으로 하는 것도 중요하다.

첫 번째 상상력이 사람들의 마음으로 회심으로 향하게 하는 다리 역할을 한다면, 두 번째 상상력은 바로 이 첫 번째 상상력으로 안내하는 표지판 역할을 하기 때문이다.

예수 믿는 사람들은 이래야 한다, 교회가 이래야 한다는 고정관념이 있을 수 있고 때로는 필요하기도 하지만 때때로 '그 고정관념이 뭔가 하려는 의지를 가로막고 있는 것은 아닌가?', '하나님이 주신 상상력을 가로막고 있는 것이 아닌가?'라는 질문을 가지고 한 번씩 나를 돌아봤다. 언제나 조금 다른 관점에서 바라보는 생각의 전환이 필요하다.

복음은 진리며 그 진리는 변하지 않지만, 그 진리를 돋보이게 하는 데에는 지혜가 필요하고 생각의 전환이 필요하다. 알맹이는 변치 않지만 그것을 포장하는 방법은 얼마든지 달라질 수 있다. "새 술은 새 부대에 담으라"고 예수님도 말씀하셨다. 작은 현수막 하나로도 영혼을 구원할 수 있듯이 작은 아이디어, 디자인 하나도 중요한 시대가 되었다. 그러므로 사람들의 상상력을 자극하기 위해서는 하나님이 주신 지혜로 열린 사고를 가지고 상상해야 한다.

이스라엘 백성이 가나안 땅에 도착 했을 때 대부분의 사람들은 가나안 땅을 지키는 강대한 아낙 족속을 바라봤다. 그러나 여호수아와 갈렙은 그 땅을 주시겠다는 언약을 주신 하나님을 바라봤으며 그 언약을 마음에 그렸다. 갈렙은 여든다섯살이 넘어서까지도 하나님이 주실 약속을 상상하며 비전을 키웠다.

지금 우리에게도 여러 영역에서 여러 가지 문제가 마치 여리고의 성벽처럼 존재하고 있을 것이다. 그러나 그보다 더 강력한 것이 하나님의 말씀임을 잊지 말고 하나님을 온전히 바라보고 주님이 주시는 거룩한 생각들을 마음에 품고 마음껏 상상의 나래를 펼치자. 당장은 아무것도 변하지 않는다 할지라도 하나님이 주신 말씀의 능력을 통해 펼치게 된 놀라운 상상력은 결코 하나도 헛되이 떨어지지 않고 모두 이루어진다. 이것이 바라봄의 법칙이다.

나는 모든 성도들이 놀라운 생각을 주시고 또 반드시 이루시는 하나님을 믿고 알았으면 좋겠다. 이런 믿음의 상상을 펼치는 사람들이 하나 둘씩 늘어나기 시작할 때 그 사람들이 속한 교회가 바뀌고, 가정이 바뀌고, 직장이 바뀔 것이다. 그리고 믿지 않는 사람들이 궁금해서라도 찾아오는 복된 교회들이 곳곳에 생겨나게 될 것이다. 이로 인해 모든 민족이 구원을 받기를 원하시는 하나님의 뜻을 따라 속한 지역에, 또 만방에 복음의 씨앗을 뿌리는 성도들, 그리고 교회들이 여기저기에 불쑥불쑥 생겼으면 좋겠다.

내가 섬겼던 용화교회도 그렇고 큰빛교회도 그렇고 결과만 보면 나름 성공한 개척교회로 평가받지만 그 시작은 정말로 미약했다. 그러나 모인 한두 명의 적은 사람이라도 각자가 주님의 제자로서 살아가길 진심으로 바라고 애썼다. 교회를 바로 세우기 위해 일꾼을 자처했고 목사 혼자 바쁜 교회가 아니라 모두가 동역자로 참여하는 교회가 되었다. 그렇게 우리교회 성도들은 나와 함께 교회가 성장하는 비전을 꿈꿨다. 수 명이 모인 성도 앞에서 100명이 넘는 교회로 키우자는 비전을 선포했을 때 다들 그 비전을 꿈꾸었고, 그 이후 수백 명, 수천 명의 성도가 모두 예수님의 제자로서 바로 서는 비전을 세운 뒤 지금 이루어가고 있다.

한국의 대부분의 교회들은 당시 내가 처한 상황보다 훨씬 좋은 여건을 가지고 있을 것이다. 시골의 개척교회에서 이런 일이 일어날 수 있다면 그 모든 교회들에서도 같은 일이 일어날 수 있다. 우리교회 성도들에게 이런 일이 일어날 수 있다면 지금 어떤 성도들에게도 같은 일이 일어날 수 있다.

목회자는 성도들에게 비전을 제시하고 말씀을 심어주고, 성도들도 두려움 없이 화답하며 하나님이 주신 비전에 한 마음이 되어 순종할 때 상상도 할 수 없던 놀라운 효과가 난다. 그리고 하나님은 처음에 부족했던 우리의 비전을 무한히 확장시키시고 그로 인해 더 큰 목표와 비전을 상상하게 하신다.

우리는 나를 위한, 교회를 위한, 지역을 위한, 세계의 선교를 위한 비전을 마음에 품고 그리고 상상해야 한다. 믿음은 바라는 것의 실상이라는 말씀은 바로 이 비전을 향한 하나님의 도전이다. 그 도전을 믿고 따를 때 우리는 상상 그 이상의 것을 얻을 수 있다.

하나님이 그리시는 아름다운 그림

 2000년, 하나님께서 삼척 땅을 밟게 하셨을 때 나는 세 가지 면에서 놀랐다.

먼저 삼척 내의 복음화율이 전체 인구의 3%밖에 되지 않는다는 점에 놀랐고, 두 번째는 교회가 있기는 하지만 복음 증거에 열심을 내지 않는것 같다는 점이었고, 세 번째는 이단의 포교가 무척 적극적이란 점이다. 그만큼 삼척에 목회의 뿌리를 내릴 때 해결해야 할 숙제들이 많았다.

"김 목사, 삼척에서 목회하려면 힘들거야. 그 지역 자체가 미신과 우상 숭배가 대단하거든. 그러니 너무 욕심내지 말고 목회해."

때론 이런 이야기를 듣기도 했다.

그러나 나는 동의할 수 없었다. 나와 아내가 말씀을 묵상하며 기도하면서 주신 하나님의 말씀과 비전은 너무 분명했고 가슴이 뛰었기 때문이다.

'주님, 이곳 복음률이 3%밖에 안 되지만, 그것은 사람들이 생각하는 기준일 뿐입니다. 주님은 무엇이든 할 수 있고 복음이 증거되는 것을 원하신다는 것을 저는 압니다. 이제부터 저는 삼척이란 지역 뿐 아니라 주변의 강원도 일대에 복음이 불길처럼 일어날 것을 상상합니다. 그 꿈을 꾸겠습니다. 그리하여 3%밖에 되지 않는 복음률이 3% 부족한 100%가 되도록 하고 끝내 승리할 수 있게 하여 주옵소서.'

비록 성도 한명도 없는, 아직 예배당을 짓지도 않은 교회의 목사였지만 이미 마음속에서는 이 지역의 100% 복음화를 상상하고 있었다.

아내는 삼척을 자신의 선교지로 생각하고 있었다.

주님을 영접하고 난 뒤 선교사로 나갈 준비를 했지만 나와 만나게 된 뒤 결혼하여 사모가 된 것은, 주님으로부터 '나가는 선교사'가 아닌 '보내는 선교사'가 되라는 응답을 받았기 때문이다. 그러니 목사 사모로서 어디든 무엇이든 하겠다는 각오가 서 있었을 것이다. 삼척을 선교지로 생각하며 기도하는 아내를 곁에 둔 것은 참으로 든든한 일이었다.

100% 복음화를 꿈꾸면서 우리가 해야 할 일은 단 하나였다. 오직 복음을 전하는 일이었다. 교회를 짓는 일도 중요했지만 하나님을 모르는 이들에게 그분을 전하는 것이 우선되어야 했다. 이 지역에 아무 연고가 없던 나는 어디든 찾아갔다.

"안녕하십니까. 예수님 믿으세요."

"어? 어디서 나오셨는데요?"

"네. 저쪽 시내에 있는 큰빛교회입니다. 아직 지어지지는 않았지만 얼마 뒤에 완성될 겁니다. 예수 믿고 구원받으세요."

어떤 날은 이름 없는 동네를 돌아다니며 삼삼오오 모여 있는 주민들에게 전도지를 나눠주며 이야기를 나누었다. 또 어떤 날은 시내 미용실, 부동산 사무실 등 주민들을 만날 수 있는 곳이면 어느 곳이든 다녔다. 큰빛교회라는 이름이 새긴 띠를 두르고 전도지를 나눠주며 어떤 날은 차를 대접하기도 하고, 직접 찾아가 인사를 나누는 등 적극적으로 복음을 전했다.

조립식 건물로 교회가 지어진 후에는 더욱 복음의 빚진 자로서 꿈을 꾸었다.

장년 4명이 첫 예배를 드리는 것으로 시작한 큰빛교회였지만 꿈꾸는 비전만큼은 삼척, 아니 강원도 최고 복음의 교회였다.

"여러분, 삼척의 복음화가 3% 밖에 안된다고 합니다. 97%가 복음을 모른다는 것이죠. 그 말을 거꾸로 뒤집어 생각하면 뭡니까. 97%의 사람들이 전도대상이란 말이 됩니다. 우리 교회가 그 복음의 텃밭을 일궈나가는 상상을 하십시다. 복음을 모르는 삼척과 영동지역 주민들이 복된 소식을 듣고 변화되는 모습을 상상합시다."

시간이 날 때면 나가서 전도에 힘썼다. 그 노력 자체가 지역 주민들에게 신선한 자극이 되었던 것 같았다. 대체 어떤 교회이길래 그토록 열심히 복음을 증거 하는지, 그렇게 자랑하는 예수가 누군지 만나러 왔다가 성도가 되는 등 주님은 내가 상상하던대로 행하셨다.

복음화와 함께 하나님이 또 그리게 하셨던 비전은 사람을 세우는 교회가 되는 것이었다. 큰빛교회의 성도가 되는 이들을 모두 복음의 불모지를 개척하는 개척자로 세우는 것이 주님이 주신 비전이었고 그 비전에 따라 상상했다.

"하나님이 큰빛교회에 주신 비전은 목사 혼자 성도들을 양육하는 것이 아닙니다. 불신자는 전도하지만 신자가 신자들을 양육해서 주님의 제자가 되게 하는 것이 큰빛교회의 비전입니다. 여러분은 저의 동역자로서 예수님의 제자로서 그리스도의 몸된 교회를 세워가야 합니다. 훈련받은 제자로서 주신 은사대로 사역하되 성경적인 교회를 재생산하는 비전을 꿈꿉시다!"

비록 적은 인원이 모인 교회였지만 비전만은 내려놓지 않았기에 성도들 각자가 주님의 제자로서 살아가길 애썼다. 교회를 바로 세우기 위해 일꾼을 자처했고 목사 혼자 바쁜 교회가 아니라 동역자로 참여했다.

한번은 삼척에 1미터 가량 눈이 내린 때가 있었다.

세상의 허물을 덮어주는 흰 눈이 소복하게 내린 풍광은 보기에 좋았지만 막상 치우려는 사람에겐 큰 곤욕이었다. 지붕에 눈이 어찌나 소복이 쌓여있는지 내심 걱정스러웠다. 이미 이 건물을 짓기 전 쌓인 눈 때문에 지붕이 무너질뻔한 아찔한 경험을 했던터라 서둘러 교회로 나갔더니 성도들이 이미 나와 눈을 치우고 있었다. 우스갯소리로 집 앞에 눈은 그대로 쌓아두고 교회부터 달려 나왔다는 성도, 눈을 치우는 교인들이 있을 거란 생각에 차를 끓여온 성도 등등 그들은 교회가 자신의 몸이었고 동역자로서 본을 보여준 것이다.

온 세상이 하얗게 변하고 차들도 꼼짝 못하고 사람들도 거북이로 변했지만 큰빛교회는 그 속에서 아름다운 공동체의 모습을 세상에 보이고 있었다. 아주 사소한 일이었지만 그 모습을 지켜본 사람들의 반응은 달랐다. 어떤 교회이길래 사람들이 꼭두새벽부터 나와 교회를 돌보는지 궁금해 했다. 이런 일을 통해 때론 전도가 거저 되는 때도 있다.

우리교회 성도들은 나와 함께 교회가 성장하는 비전을 꿈꾸며 상상한다.

수십 명 모인 성도 앞에서 100명이 넘는 비전을 선포했을 때 다들 그 비전을 꿈꾸었고, 그 이후 수백 명, 수천 명의 성도가 모두 예수님의 제자로서 바로서는 비전을 함께 꿈꾸며 살아가고 있으니 요셉과 같이 꿈꾸는 자가 바로 우리 성도들이 아닐까 싶다.

우리가 결코 포기하지 않아야 할 것은 미래에 대한 비전이다. 비전은 곧 미래를 향한 그림이요, 나아가야 할 목적지이며 가야할 방향을 비춰주는 등대다. 비전은 그 생각을 품고 있을 때 말할 수 없는 떨림과 열정에 휩싸이는 것이다. 또한 진정한 비전은 나를 위한 것이라기 보다는 나를 비롯한 우리가 함께 성장하고 유익을 주는 목적이다.

복음의 빚을 지고 있는 개척자들이라면 비전을 구해야 하고 주님이 주신 비전을 마음에 품고 그리고 상상해야 한다.

믿음은 바라는 것의 실상이라는 말씀은 바로 이 비전을 향한 하나님의 말씀이다. 그 말씀을 믿고 따를 때 우리는 상상 그 이상의 것을 얻을 수 있다.

나를 비롯한 우리 성도들 모두 이 삼척의 복음화율이 지금은 3%라는 숫자가 비복음화의 3%가 되기를 상상하며 날마다 삶으로 예배로 하나님의 크신 계획의 밑그림을 그려가고 있다. 그리고 이 과정을 통해 체험한 하나님의 놀라운 은혜가 이제 전국의 교회들로 퍼져나갔으면 좋겠다.

성도들에게 주님의 넘치는 은혜를 상상하게 하자!

> "보라 내가 새 일을 행하리니 이제 나타낼 것이라 너희가 그것을 알지 못하겠느냐 반드시 내가 광야에 길을 사막에 강을 내리니 장차 들짐승 곧 승냥이와 타조도 나를 존경할 것은 내가 광야에 물을, 사막에 강들을 내어 내 백성, 내가 택한 자에게 마시게 할 것임이라 이 백성은 내가 나를 위하여 지었나니 나를 찬송하게 하려 함이니라"(이사야 43:19-21).

3년후인 지금

선포되어지는 말씀들과 비전들에 그저 그러려니 반응하던 초창기 성도들 눈앞에서 현실로 이루어지는 걸 경험하며 교회도, 성도들의 신앙도 함께 자랐다. 그리고 이제는 그것이 큰빛 교회의 문화가 되었다.

어떤 상황에서도 내 능력 안에서가 아니라 하나님의 능하심 안에서 이루어 질 것들을 꿈꾸고 기대하는 것은 일상이 되고, 나중에 교회에 정착하는 이들에겐 희망의 메시지와 격려가 되고 있다.

제3장

하나님께 순종하게 했다

하나님께서 나를 통해 이루고자하시는 일에 대해 순종이 잘 되지 않는 부분이 무엇인지 적어보자.

● ● 하나님께 순종하는 사람은
하나님의 능력을 체험하는 삶을 산다.
베드로는 순종함으로 물위를 걸었고,
그물이 찢어질 정도로 고기를 잡았다.
또 아브라함은 순종함으로 복의 근원이 되었다.
순종하는 사람은 하나님이 주시는 천국의 기쁨을 누린다.

그러나 하나님이 기뻐하시는 순종은
말씀을 바탕으로 이루어지는 순종이다.
억지와 부담감으로 하는 것이 아니라
감격과 기쁨으로 하는 순종이다.
순종의 목적은 기적의 체험과 기복이 아니기에
순종의 방향은 언제나 하나님께로 향해 있어야 한다.

순종은 하나님의 사람이 되게 한다.

나는 어촌에서 나고 자랐다.

바다 일을 하시던 아버지였지만 장남인 나의 교육을 위해 기꺼이 나를 수레에 싣고 읍내로 나와 학교를 다니게 하는 등 교육열이 높으셨다. 아버지를 도와 일을 하시며 가정을 돌보시던 어머니도 자녀들을 무척 신뢰하셨다. 넉넉지 않은 살림이었는데도 자식들의 학업을 위해서는 무리해서라도 과외선생님을 붙여 공부하게 하시는 등 많은 노력을 기울이셨다. 그런데도 나는 남들 다 노는데 혼자 과외 공부를 해야 하는 현실이 싫어 산으로 들로 도망치며 놀던 기억이 난다.

중학교에 갈 즈음, 부모님은 수산업을 접고 철물점을 열었다. 하루종일 가게일에 매달리게 되자 자연스럽게 내가 동생들을 살펴야 했다.

겉으로는 순종적이고 책임감도 컸지만 나름대로 속상한 점도 있었다. 하루 종일 부모님의 관심 밖에 산다는 것은 자유롭기보다 부족감을 느끼는 일이 더 많았다. 어린 시절부터 개구쟁이 기질이 있었지만 그 모든 것은 사랑과 관심을 더 받고자 원했던 마음의 표현이었다. 그러다보니 굵직한(?) 사건을 일으켜 부모님의 관심을 받기도 했다.

한 번은 친구들과 야구를 하던 중 배트를 잘못 휘둘러 큰일이 날 뻔하기도 했다. 친구들과 어울려 야구를 하고 있는데 마침 곁을 지나가는 할머니가 계셨나보다. 미처 보지 못했던 나는 공만 보고 야구 배트를 휘둘렀는데 '아악~'하는 외마디 소리가 들렸다. 놀라서 돌아보니 한 할머니께서 얼굴 반쪽이 피투성이가 된 채 쓰러졌다.

"할머니…… 할머니 괜찮으세요?"

유혈이 낭자한 광경을 보게 된 나와 친구들은 그 자리에서 얼어붙었고 소식을 들은 어머니께서 뛰어와 사건의 뒷마무리를 하셨다. 아무리 실수였다지만 사람의 목숨이 왔다갔다 하는 위험한 상황이었기에 어머니께서 수습하시느라 위해 많은 애를 쓰셨다.

어느 날인가 안방을 들어가 보니 어머니께서 패물들을 챙기고 계셨다. 살림도 그리 넉넉한 편이 아니셨기에 얼마 안 되는 패물을 처분하여 치료비와 보상을 해 주시려는 모양이었다. 어린 마음에도 그 모습을 지켜보는데 어찌나 어머니의 뒷모습이 쓸쓸해 보이던지 한참을 어머니 곁에서 서성였던 기억이 난다.

"와? 성태야 왜?"

"어머니, 괜히 저 때문에 죄송해요."

"아이다. 애들이 놀다보면 그럴 수도 있지. 그래도 조심해라."

"네, 그런데 어머니 그 패물 다 파시면 남는 게 없을 텐데.."

"괜찮다. 우리 성태가 나중에 커서 더 번쩍거리는 걸로 다시 해 주면 되잖냐."

그때 얼마나 죄송했는지 모른다. 부모님의 사랑에 대한 부족감을 느끼면서도 어머니의 희생에 무척 송구스러워한 기억이 난다. 또한 나의 간담을 서늘하게 만든 야구배트 사건과 유혈이 낭자했던 사건 현장은 훗날 트라우마가 되었던 것 같기도 하다.

어디 그 뿐인가, 친구들과 어울려 노는 걸 좋아했던 나였기에 사건 사고의 주인공이 될 일이 그 후로도 더 있었다. 덕분에 여기저기 다치는 일이 많았는데 훗날 군 입대를 앞두고 이발을 하러 갔을 때 머리카락을 미시던 이발사가 머리속에 있는 땜통자국을 보시더니 이런 사건 사고의 흔적이 많은 사람은 처음이라며 놀라워하기도 했다.

개구쟁이 트러블메이커로 살던 내가 그러한 성향을 자중할 수 있었던 것은 교회의 원인이 컸다. 부모님이 운영하시던 철물점은 아주 번성한 상태였지만 고등학교에 진학할 때 다시 손을 댄 수산업 선박업이 잘 운영되지 않게 되면서 가정형편은 급격히 기울었다. 사람만 좋으셨던 아버지는 사업 수완이 그리 좋지 않으셨는지 배를 소유하고 있음에도 손해 보는 일이 더 많았다.

직접적으로 관여하진 않았어도 집안 형편이 어느 정도로 어려워지고 있는지 짐작했기에 나는 위태롭게 청소년기를 보내고 있었고 뒤늦게 갖게 된 신앙이 간신히 버텨주고 있었다. 힘든 순간에도 그런 순종 덕분에 하나님은 믿음이 깊어지는 선물을 주셨다.

고등학교 2학년이 되었을 때 교회 학생부의 회장을 맡게 되었다. 그 때 교회라는 공간은 피난처였고 안식처였고 놀이터였다. 교회에 나가게 된 후 학교 선도부장을 맡았던 나의 영향으로 교회로 인도된 친구 후배들이 많았기에 교회는 더욱 가고 싶은 곳이 되었다. 고등부 학생회장일 때 우리 중고등부는 처음 3-40명이었던 때와 비교해서 4배나 성장했으니 하나님이 주신 선물이라고 생각한다. 무엇보다 따뜻했던 교회였기에 가능한 일이었다.

그러는 사이 고3이 되었다.

그 당시 집안 형편은 더 어려워진 상태였고 장남인 내가 도울 길도 없었기에 답답한 상황이었다. 한편으론 성큼 다가온 입시도 무척 신경이 쓰였다.

학력고사를 보고 한의학과에 진학했지만 높은 점수에 비해 합격은 되지 못했다. 여간 실망이 크지 않았다. 무너진 자존심도 회복하지 못한 체 재수를 마음먹고 있는데 하루는 담임목사이신 김종수 목사님께서 나를 부르셨다.

"어서 와라 성태야. 학생회 잘 이끌어주고 있어 고맙게 생각하고 있다. 그런데 성태야, 재수를 준비한다고 들었다. 혹시 앞으로 되고 싶은 목표가 분명하게 있는거니?"

"아뇨, 목사님, 그건 아니구요. 다만 성적이 잘 나왔는데도 떨어진 것이 아쉬워서 일 년 더 준비하면 붙을 수 있을 것 같아서요. 한의사가 되면 집안에 도움도 많이 될 것 같고요."

"그래? 근데 성태야, 내가 그동안 널 쭉 지켜보면서 생각했던 건데, 하나님께서 널 주님의 종으로 세우시길 원하는 것 같다. 넌 어떻게 생각하니?"

"네? 저는 한 번도 목사님이 되겠다는 생각을 해 본적이 없습니다. 근데, 목사님, 주님의 종은 아무나 되는 게 아니잖아요. 저도 될 수 있습니까?"

"물론 하나님의 선택하심이 있어야지. 그러나 내가 지금까지 보아온 너는 충분히 잘할 수 있을 것 같고, 하나님도 너를 원하고 계실 것 같다는 생각이 들었는데, 쉽게 결정할 수 있는 일이 아니니 기도하며 곰곰이 생각해봐라."

뜻밖의 제안이었다. 장남인 나는 빨리 학교를 마치고 우리 집안을 돕는 일을 해야겠다고 생각하고 있었다. 그런데 단 한 번도 생각해 본적이 없는 목사가 되라고 권유하시다니……

'목사님이 되려면 어떻게 해야 하나?'

나는 주님의 종이 되기 위해 어떻게 해야 하는지, 신학교가 무엇을 배우는 곳인지도 몰랐다. 그러나 그때부터 주님의 종이 된다는 것에 대해 생각하고 기도하기 시작했다. 아직 어린 나이였지만 그래도 기도해야 한다는 건 알고 있었다.

나는 나름대로 하나님의 뜻을 알기 위해 노력했다. 신학대학교를 다니면서 목사가 될 만한 환경이 열릴 수가 있을지 없을지 모르지만 하나님의 뜻이 어디 계신지 도전해 보고 싶은 마음도 있었다. 주변에 아는 목사님이라고는 다니던 교회 담임 목사님이 전부였고, 신학대학교에 대한 정보는 더더욱 없었으며 목회가 무엇인지 알려주는 이는 전무했기에 모든 것이 불확실했다. 그런데 차즘 그 과정 속에서 나는 내가 주님의 종이 되는 것이 하나님의 뜻일 수도 있다는 생각이 점점 강해지기 시작했다.

나에게 주님의 종의 길을 권한 목사님은 우리 아버지를 만나 나의 진로를 의논하셨다. 어느 조건을 보나 신학교를 갈 만한 상황이 안 되었다. 그러나 나는 하나님의 뜻을 믿고 신학교에 가기로 결심을 했다. 그런 불확실성, 애매모호한 상태에서 마음 한 구석에 자리잡고 있던 하나님의 뜻 앞에 순종하고자 하는 믿음, 하나님은 순종을 더 좋아하신다는 말씀에 힘입어 그저 '하나님 말씀에 순종하자, 목사님 말씀에도 순종하자'는 마음으로 미래를 주님께 맡겼던 것 같다.

내가 개인적으로 순종을 통한 은혜를 체험하게 된 것은 고3인 이때 목사님의 권유를 받고 기도하고 신학교를 들어가게 되면서부터이다.

당시 교회를 다니지 않던 아버지도 나의 신학교 진학을 허락을 하셨다. 아들이 대학에 떨어진 것을 가슴 아파 하신 상태에서 신학대학교를 갈 수 있다는 말만 듣고 허락하셨다. 신학대학교도 대학교이니 그래도 면을 세울 수 있겠다는 마음이셨는지도 모른다. 내심 '내 아들이 목사가 될 리가 없다.'고 믿으셨을지도 모른다.

그렇게 부푼 가슴을 안고 신학교에 가게 되었다.

신학교에 가기로 결심했을 때보다 신학교에 간 뒤에 나는 더 큰 벽을 느꼈다. 공부할 게 너무나도 많았고, 배경, 연줄, 후원 등 신학교를 다니는 다른 학생들은 당연하게 한두 가지 쯤은 가지고 있는 것들이 나에게는 하나도 없었다.

대학을 다닐 때는 1987년 이후였는데, 그 당시 한창 학원민주화 등을 외치며 학교가 안팎으로 시끄러울 때였다. 아직 모난 그릇밖에 되지 않던 나는 말씀으로 다듬어지기도 전에 사회를 바라보는 눈을 먼저 떴다. 사실 잘 알지도 못하면서 성급하게 나섰던 것도 맞다.

학교 안팎에서는 사학재단의 비리 척결을 비롯한 학내 문제를 학외 투쟁과 연관 지어 데모가 일어났고 그 속에 항상 내가 있었다.

동아리 연합회장이 되었을 때는 더욱 목소리를 높였던 것 같다. 데모가 있을 땐 늘 맨 앞에서 주도했는데, 대단한 사명감을 안고 나섰다기보다 책임감 때문이라고 하는게 더 맞을 것이다.

대학시절 동안 데모를 하며 보냈는데 군대를 가면서 멈추었다. 조금은 천방지축 지내던 때와는 달리 군대를 가게 되면서 정리가 되었던 것 같다. 군생활은 아무탈 없이 잘 했다. 과도한 책임감이 오히려 군에서 빛이 날 정도로 상관들에게 사랑과 인정을 받고 군생활을 이어갔고 그렇게 제대를 했다.

2년 만에 다시 돌아온 신학대학교는 많이 달라졌다.

외형으로 달라진 것은 없었다. 다만 그 뜰을 밟고 있는 내가 달라졌다. 그동안 생각을 많이 했던 것 같다.

'과연 하나님께서 나를 부르셨을까, 목사님을 통해 대신 당신의 뜻을 전하셨지만 그것이 과연 진정한 뜻일까, 그렇다면 나는 주님의 종이 되기 위해 어떤 노력을 했는가? 주의 종이 되는 것에 대해 심각하게 고민했던 때가 있었는가?' 등등 그런 생각은 내가 말할 수 없이 부족한 인간이란 사실만 깨닫게 해 주었다.

내가 할 수 있는 것은 아무것도 없었다.

아는 사람조차 없었기에 나는 하나님께 매달릴 수밖에 없었다. 내가 목회를 하는 것이 하나님의 뜻이라면 무조건 순종을 할 테니 길을 열어달라고 기도를 수없이 했다. 마음에 의심이 들어 믿음이 약해질 때마다 하나님께 기도했고, 학업을 비롯한 모든 어려움이 생겨날 때마다 하나님께 매달리기 시작했다. 그리고 하나님은 그 때마다 위기를 극복할 수 있는 길을 한 가지씩 허락하셨다.

그때부터 변화가 조금씩 생겨났다. 사실 처음엔 태생적 한계가 있다는 괴로움이 있었다. 세상에 나올 때부터 하나님을 알게 된 사람들에 대한 부러움, 신학적 깊이를 이미 갖춘 이들에 대한 질투, 신학적으로 이끌어 줄 환경을 갖추지 못하고 있다는 불안감이 나를 짓눌렀다. 그러나 그것이 태생적 한계가 아니고 하나님의 절대적 기준도 아니란 사실을 깨닫게 되면서 오로지 매달릴 분은 주님 밖에 없음을 알 수 있었다.

말씀에 대해, 기도에 대해 모르고 있다는 것을 실감할 때면 주님께 매달렸다. 대학시절 내내 강당은 나의 좋은 기도 장소였다. 의외로 강당이 비어있는 날이 많았기에 답답한 마음이 들거나, 나의 부족함을 깨달을때면 강당을 찾아가 목이 터져라 외치며 기도했다.

'주님, 저를 부르셨으니 제게 기회를 주시옵소서. 주님, 제가 잘 돼야 하나님을 높일 수 있사오니 제게 기회를 주옵소서.'

모르긴 해도 나만큼 학교 강당을 기도실로 제대로 이용한 사람도 드물 것이다. 조용한 기도실이 있는 것도 아니고 기도원을 아는 것도 아니었기에 하나님은 크고 넓고 방음도 철저히 된 강당을 내게 허락해 주셨다. 남부러울 것 없는 환경이었던 셈이다.

주님은 철저히 나를 낮아지도록 하셨다.

성경 말씀 중 "순종이 제사보다 낫다"(사무엘상 15:22)는 구절이 있다.

하나님은 제사 받으시는 것을 좋아하시는 분인데 왜 순종이 더 낫다고 하셨을까. 그만큼 사람들이 자신의 의지로 하나님의 뜻을 좌지우지하려 하기 때문이다. 순종은 '이 길이 아닌 것 같지만 가라고 하셨으니 가자'며 무작정 따라나서는 믿음이다. 다른 사람 보기에 바보스럽기도 하고 손해 보는 길인 것 같지만 그 길의 끝에는 하나님의 기뻐하심이 기다리고 있다.

그리고 그 순종 가운데 주님은 이미 생각지도 못한 선물을 준비하고 계신다. 기회를 달라고 목이 터져라 드린 기도가 헛되지 않게 만날 만한 사람을 만나게 하셨고, 기도하는 장소를 주심으로 기도로 단련할 수 있도록 하셨으며 무엇보다 인격적으로 다듬어지게 하셨으니 이보다 큰 선물이 어디있겠는가.

주님은 신학교를 무사히 마쳐 졸업을 하게 하셨고, 교육전도사로 일할 수 있는 곳을 허락하셨고, 시골 어촌 용화교회를 첫 사역지로 이끌어주셨지만, 어느 것 하나 결코 좋은 조건의 환경은 아니었다. 얼마든지 거부하고 더 좋은 환경을 기다릴 수 있었으며, 신학을 중단하고 다시 다른 길을 알아볼 수도 있었다.

실제로 나는 교육전도사 시절 다른 사업을 병행하며 꽤나 크게 성공을 한 적도 있었다.

신학대학교를 졸업하고 신학대학원에 입학하게 되면서 나는 일명 3Job을 뛰었다. 낮에는 신학대학원에서 신학을 공부하는 학생으로, 주말엔 교육전도사로, 학교 수업이 없을 때에는 티셔츠, 가방, 보험판매 대리점을 열어 사업가로 일했다. 실적도 좋았다.

대학시절, 숱하게 데모를 하면서 청계천 노동시장의 현실을 알게 되었고 그들의 궁핍하고 차별받는 생활상을 알게 된 후 고민이 있었다. 가난한 신학생이긴 했지만 돈이 절대적으로 필요했던 건 아니었다. 그런데도 사업을 하게 된 것은 서로에게 도움을 주고자 하는 마음 때문이었다. 지금 목회하면서 이 경험은 성도들의 삶의 현장을 이해하는데 큰 도움이 되었다. 교회 밖에서의 삶은 치열한 전쟁터이며 성도들이 드리는 헌금은 그들의 핏방울이다.

세상일을 하면서도 주님의 종의 길을 걷는 것에 대해 흔들린 적은 없었다. 하나님의 종은 하나님이 원하시는 길로 가야 한다는 생각 하나 때문에 나는 무조건 순종하며 부족하지만 내가 할 수 있는 최선을 다해 섬겼다.

그러나 지금 와서 돌아보면 고3때 주님의 종이 되기로 결심한 순간부터 하나님께서는 언제나 나에게 가장 맞는 방법, 그리고 가장 옳은 방법으로 인도하셨고 그 인도함에 순종함으로 하나님을 더욱 깊이 체험하며 많은 은혜를 경험할 수 있었다.

지금까지의 사역에서 하나님께 가장 감사드리는 부분은 첫 사역지인 용화에서의 부흥도, 첫 개척지인 척박한 삼척에서 많은 성도들을 불러주심도 아니요, 삼척의 랜드마크가 된 우리교회 건물도 아니다. 다만 아무리 부족해도 순종하면 하나님이 책임지신다는 깨달음을 주셨다는 것이다.

이 깨달음을 얻은 뒤로 나는 성도들에게도 순종의 위력에 대해 가르치기 위해서 많은 노력을 기울였다. 또한 나에게 일어나는 아무리 사소한 일들이라도 '혹시 하나님의 뜻이 아닐까?'라는 생각을 갖고 한 번 더 곱씹어 보았다.

순종•1 주는 •열매

한 예로 예전에 섬겼던 서울의 한 교회에서 추수감사절 행사를 하고 단에 올린 과일을 교역자들에게 나눠주기 위해 정리하고 있었는데 그 모습을 보던 교회의 한 꼬마아이가 이런 말을 했다.

"어? 이상하다. 우리는 과일을 하나님께 드린 건데 왜 목사님이랑 선생님이 다 가져가지?"

그냥 웃고 넘길 수도 있거나 약간의 설명을 해줄 수도 있는 일이었지만 나에게는 그 아이의 말이 하나님의 말씀처럼 들렸다.

게다가 아이뿐 아니라 다른 성도들도 비슷한 생각을 하고 있을 수도 있다는 생각이 들었다. 그래서 추수감사절에 성도들이 하나님께 드린 과일들로 어떻게 하나님을 나타낼 수 있을지 고민하기 시작했다. 한 꼬마아이가 한 말이 하나님의 말씀이라 생각되어 순종한 것이다.

그리고 다음부터는 추수감사절이나 비슷한 절기에 들어온 과일과 음식들은 모두 소방서와 경찰서, 보건소 등의 관공서로 나눠서 보낸다. 지역에서 가장 힘들게 봉사하시면서도 딱히 대접을 받지 못하는 분들이기 때문이다.

그분들의 반응은 정말 뜨거웠다. 지금까지 이런 교회는 본적이 없다며 가는 곳마다 즐거워하며 반겨주셨다.

이렇게 하나님의 말씀에 순종을 하자 성도들도 반응하기 시작했다. 더 즐거운 마음으로 하나님께 드리기 시작했고, 추수감사절 과일을 상자로 가져오는 성도들도 있었다. 그러면 나는 그걸 또 들어온 그대로 관공서를 비롯한 여러 곳에 그대로 전달했다.

이렇게 매년 반복이 되자 관공서에서 일하시는 분들은 하나같이 우리교회에 대한 좋은 이미지를 갖기 시작했다. 그리고 때로는 나서서 도와주는 일도 생겼다.

어느분은 건물 내의 회의실을 성경공부 장소로 빌려주셨고, 인근 대학교에서도 강의실에서 예배를 드리고 성경을 공부할 수 있도록 도움을 주셨다.

목적과 상상처럼 순종 역시 강력한 은혜의 도화선이 된다.

나는 이 일을 계기로 굳이 추수감사절이 아니더라도 가끔씩 관공서에 피자와 같은 배달음식을 보낸다. 일 년에 두세 번으로 자주는 아니고 또 직접 찾아 가지는 못하고 이름만 써서 보내지만 그래도 가장 일이 고되고 힘들 때라 여겨지는 주간에 넉넉히 드실수 있도록 풍성하게 준비했다. 그러다보니 삼척의 관공서에는 교회를 싫어하는 사람은 있어도 우리교회를 싫어하는 사람은 한 분도 없다.

일 년 전체로 보면 정말로 작은 헌신과 순종이지만 그 헌신 때문에 교회의 문턱이 낮아지고 이미지가 좋아지는 놀라운 효과가 따라온 것이다.

추수감사절에 들어온 과일을 처리하는 작은 문제도 중요하게 생각하고 하나님의 뜻에 순종했더니 성도들의 헌신이 따라왔고, 지역 사회에 교회의 이미지가 좋아지는 일까지 따라왔다. 이런 경험을 통해서 우리교회 성도들은 정말 작은 법규 하나도 어기지 않고 실천하려고 한다. 작은 일에 순종하는 것이 얼마나 큰 결과를 이끌어내는지 모두 목격했기 때문이다.

그래서 우리교회의 주차장에서 차를 뺄 때 신호위반을 하기 정말 딱 좋은 위치가 있는데 아무리 바빠도 신호를 어기고 가는 성도는 한 명도 없고 조금 멀게 돌아가더라도 항상 법규를 지킨다. 우리는 아무도 보는 사람은 없지만 하나님께서 보고 계시기에 이

신호를 지켜야 한다고 생각했다. 그런데 사실은 교회 근처에서 근무하는 교통경찰들은 이런 모습을 모두 보고 있었다. 그래서 우리 교회는 교통경찰들 에게도 이미지가 좋다.

　이런 작은 순종의 결과를 직접 체험하는 성도들과 그렇지 않은 성도들 간에는 분명한 차이가 있다. 우리교회 성도들은 아무리 엄청난 일이라도 하나님의 뜻이라는 확신만 들면 조금도 위축되지 않고 아멘으로 화답한다.

　'되면 한다'가 아니라 '하나님이 하시면 된다'라는 것을 이미 알고 있고, 하나님의 사역에 시동을 거는 가장 강력한 힘이 순종이라는 사실을 알고 있기 때문이다. 한 마디로 철저하게 하나님께 의지하는 법을 순종을 통해 배워나가고 있다.

　개척 초기 때 내가 강단에서 "하나님이 하시면 영동지역에도 지하철이 들어옵니다"라는 말을 한 적이 있다. 그때 이 말을 들은 많은 사람이 그냥 웃었다. 그러나 정말로 춘천까지 지하철이 들어왔다. 그리고 이제 평창 동계 올림픽이 있는 2018년이 되면 서울에서 강릉까지 KTX가 오고 그 차고지가 우리교회에서 멀지 않은 곳에 세워진다.

　이런 경험들로 인해 이제 성도들은 나를 통해서, 또 스스로를 통해서 어떤 하나님의 말씀이 선포될지 매우 기대하고 있다. 순종할 기회를 찾기 위해 노력하고 있으며, 이것이 성도들에게는 순종의 훈련이 되고 있다

그래서 나는 강단에서 말씀을 선포하다가도 성령님이 감동을 주시면 주시는 대로 그 자리에서 선포한다. 성도들이 어떻게 생각할지, 부담을 갖지는 않을지 더 이상 생각하지 않는다. 그리고 그 선포를 들은 성도들은 우레와 같은 아멘으로 화답한다. 오히려 옆에서 지켜보는 아내가 이런 모습을 보고 가슴이 철렁할 정도라고 한다. 그러나 순종하면 된다. 하나님이 하시는 일들은 순종만 하면 정말로 된다.

순종은 사람들을 모여들게 한다

하나님은 때때로 성령님을 통해 마음을 감동시킴으로 말씀을 주실 때가 있다. 그리고 많은 사람들이 이 음성에 따르는 것이 진정한 순종이라고 생각한다. 그러나 순종은 하나님의 말씀에 믿음으로 응답하는 것이다. 그리고 하나님이 주신 가장 확실한 말씀은 바로 성경이다. 따라서 하나님이 우리에게 직접 말씀을 하거나 성령님께서 감동을 주지 않아도 '성경 말씀'에 순종하는 모습이 성도들의 삶의 부분이 되어야 한다. 초자연적인 경험이나 원대한 선포가 아니더라도 하나님이 주신 말씀에 순종하는 것은 모든 불가능한 환경을 극복해낼 힘이 있다. 특히 복음화율이 낮은 삼척에서 나는 이런 순종을 통해 많은 영혼들이 하나님께로 돌아오는 것을 경험했다.

내가 삼척에 와서 가장 크게 놀랐던 것 중 하나는 성탄절 문화가 전혀 없다는 사실이었다. 보통 서울이나 다른 대도시에서는 성탄절의 의미를 모를지언정 캐롤이라든가 분위기를 즐기는 사람들이 많았는데, 삼척에는 아예 그런 문화가 없었다.

성경은 분명 성탄절의 주인공이 예수님임을 말씀하고 있고 이 기쁜 소식을 만방에 전해야 한다고 말씀하고 있다.

나는 이 말씀에 순종하고자 마음을 먹었다. 그래서 성탄절을 일단 예수님과 교회를 생각할 수 있는 분위기로 만들고 싶어서 할 수 있는 방법을 강구하기 시작했다.

당시에는 개척을 시작한 초창기 때라 무언가를 하고 싶어도 할 수 있는 여건이 마련되지 않았기에 그냥 몸으로 때우기로 결심을 했다.

해마다 성탄절 시즌이 되면 나는 산타 복장을 자녀들도 알아보지 못할 정도로 완벽하게 한 뒤에 삼척 시내를 돌아다니면서 사람들에게 작은 선물을 나눠줬다. 물론 성탄의 주인은 예수님이시지만 예수님 복장을 하고 돌아다닐 수는 없어서 그나마 사람들에게 가장 친근하게 다가갈 수 있는 산타 복장을 선택했고, 대신에 나눠주는 선물에 성탄의 메시지를 적었다. 그리고 문화적 영향을 가장 크게 받는 아이들에게 성탄을 알리기 위해서 삼척 시내에 있는 모든 어린이집을 한군데도 빼놓지 않고 찾아다녔다. 그리고 마찬가지로 작은 선물과 함께 성탄의 메시지가 적힌 카드를 함께 나눠주었다.

이런 일을 하자 일단 아이들이 너무나 좋아했다. 텔레비전이나 책에서나 보던 산타가 눈앞에 나타나서 선물을 나눠줬으니 어린 마음에 엄청 신기했을 것이다. 다음으로 좋아하던 분들은 어린이집 원장님과 선생님들이었다.

수도권에서는 보통 성탄절이 되면 큰돈을 주고 산타를 고용해서 이벤트를 하는 어린이집들도 많이 있다. 그러나 환경이나 문화적 여건이 되지 않은 삼척의 어린이집에서는 이벤트를 열 수 없었는데, 낯선 목사가 난데없이 산타복장을 하고 찾아와 이 문제를 해결해 준 것이다.

그렇게 한 3년간 산타 복장을 하고 같은 일을 반복하자 삼척의 모든 어린이집의 선생님들이 '큰빛교회는 아이들을 위해서 헌신하는 교회'라는 이미지를 갖게 되었다. 그러니 어린이집에 다니는 아이들의 부모님에게도 자연스레 우리교회를 좋게 이야기하게 되었고 이로 인해 나는 뜻하지 않은 엄청난 홍보효과를 보게 되었다. 그리고 3년이 지날 때쯤부터는 더 이상은 산타 복장을 하지 않아도, 약간이나마 시내에 성탄절 분위기가 나기 시작했으며 교회에 나오지 않아도 이날만큼은 자녀들과 함께 교회를 찾는 부모님들이 생겨나기 시작했다.

성경에는 "지극히 작은 소자에게 한 것이 나에게 한 것이라"(마태복음 25:40)는 말씀이 있다. 냉수 한 그릇만 대접해도 하나님은 결코 잊지 않으시고 상을 주신다고 말씀하셨다.

나는 특히나 무신론자들이 많은 삼척에서 하나님의 사랑을 전하기 위해서 이 말씀만큼은 습관처럼 지켜야겠다는 생각을 했다. 그래서 우리는 우리교회를 찾아오는 분들, 심지어 지나가는 분들까지도 절대로 그냥 보내지 않고 작은 것이라도 대접을 한다. 교회 길 앞을 청소하시는 청소부 아저씨, 우편물을 가져다주는 집배원 아저씨, 주차관리 아줌마 등등 모든 분들에게 정중하게 인사를 건네며 음료수라도 하나 가져다 드린다. 이제는 습관이 되어 사람들을 보면 몸이 거의 반사적으로 움직인다.

그런데 정말로 하나님의 말씀은 일점일획의 거짓이 없다. 나는 그저 교회를 오며가며 만나는 분들에게 작은 대접을 했을 뿐인데, 이 일로 인해 오히려 삼척 어디를 가든 큰 대접을 받는다.

삼척의 여러 곳을 가장 두루 다니시는 분들에게 잘 보이다 보니 이 분들이 어딜 가도 나와 우리교회 이야기를 하며 칭찬을 해주셨던 것이다. 특히 아줌마들의 경우는 정말 빠르고 강력하게 입소문이 퍼진다. 그러나 이런 효과보다 더욱 기뻤던 것은 이런 모습을 보고 성도들도 같은 순종의 자세를 갖게 되었다는 점이다.

우리교회에는 내가 교회에서 손님들을 섬기는 것처럼 자기들의 직장과 사업체에서 만나는 분들을 섬기는 성도들이 정말로 많다. 내 아들 영찬이도 어렸을 때부터 나와 성도들의 이런 모습을 오랫동안 보아와서 말도 잘 못하는 어린 나이 때 교회를 찾아온 분에게 먹던 우유를 드린 적도 있었다. 굉장히 실례되는 일이었지만 교회에 누군가 찾아오면 뭐라도 드려야 한다는 것을 자기 수준에 맞게 실천을 했던 것이라 생각되어 나는 손님께 정중히 사과를 하면서도 마음은 정말 기뻤다. 조금 더 커서는 계란을 한 판 삶아다가 만나는 친구들마다 죄다 나누어 준 적도 있다. 이로 인해 나는 본을 보이는 것이 왜 가장 큰 교육이라고 말하는지 알게 되었다.

그러나 여기서 한 가지 주의할 점이 있다. 무조건 남을 돕고 잘해주는 것이 순종이 아니라는 것이다. 때때로 측은지심이 들더라도 참아야 할 때가 있다. 하나님은 다른 사람을 통해 돕게 하실 때도 있지만 때로는 하나님만 의지하는 사람으로 만들기 위해서 고난을 주시는 경우가 있다. 그런데 이런 구분이 없이 무조건 돕기만 하면 사람에게도 덕이 되지 않고 하나님께서도 기뻐하시지 않으신다.

용화교회에서 사역을 하던 때에 도박벽이 있어서 큰 빚을 지고 시골로 도망치다시피 쫓겨 온 부부가 있었다. 우리교회에 다니던 부부는 당장 400만원이 필요하다고 제발 돈을 빌려달라고 했다. 지금도 400만원은 작은 돈이 아니지만 그때가 20여 년 전이었으니 훨씬 더 큰 금액이었다. 말을 들어보니 사정이 너무 딱한 것 같아서 우리도 없는 살림에 조금씩 모아놓았던 돈을 모두 빌려주었다.

그런데 돈을 빌려준 뒤에도 종종 찾아와 "전기세를 낼 돈이 없다.", "당장 쌀이 떨어졌다."며 하소연을 했다. 그때마다 있는 돈이라도 얼마씩 도와줬는데 정작 부부는 옷을 사 입거나 외식을 하는 식으로 돈을 모두 낭비했다. 한 마디로 주변에서 도와준다고 해결될 일이 애초에 아니었던 것이다. 그렇게 1년 뒤에 갚겠다는 돈은 결국 한 푼도 받지 못했다. 그리고 그 부부는 다시 다른 지역 어디론가 이사를 갔다.

또 종종 아는 기업가들에게 취업을 부탁하기도 했다.

워낙 사역을 시골에서만 하다 보니 여러 어려운 사정이 있어서 온 사람들이 많은데, 그래도 밥은 먹고 살아야 하지 않겠나 싶어서 개인의 인맥으로 자리를 마련해 주는 일이 종종 있었다. 그러나 막상 그렇게 소개해준 사람들이 일을 너무 못하거나 성실하지 못해서 결국 해고도 당하고 괜히 소개시켜 준 나까지 관계가 나빠지는 경우도 있었다. 이 때 사람과 돈을 잃었다는 아쉬움도 있었지만 그보다 더 컸던 것은 영혼을 잃었다는 슬픔이었다.

상황을 파악하고 조금만 생각하면 오히려 돕지 않는 것이 그 사람을 위한 것이라는 결론을 내릴 수가 있었는데, 사정이 딱하다는 이유 하나만으로 멋대로 도와주다가 나도 손해를 보고 하나님도 손해를 본 것이다.

그 당시에는 기도를 할 때마다 하나님께서 책망하시는 것 같아 마음이 무거웠는데 주님은 말씀을 통해서 나에게 순종에 관한 또 다른 가르침을 주셨다.

"나는 마음이 온유하고 겸손하니 나의 멍에를 메고 내게 배우라 그리하면 너희 마음이 쉼을 얻으리니"(마태복음 11:29)

주님은 각 사람에게 감당해야 할 멍에를 주신다. 그 멍에는 매우 무겁고 고된 것처럼 보이지만 주님을 깨닫게 해주는 가볍고 쉬운 짐이다. 그런데 단순히 인간적인 마음으로 나는 하나님께 순종한다는 명목 아래 나의 의를 행하고 만 것이다.

근본적인 문제가 있는 사람에게는 수박겉핥기식으로 도와줘봤자 결국 실망을 하게 되고, 때로는 시험에 들게 되고, 때로는 하나님의 역사를 막을 수도 있게 된다. 항상 순종에 대해서 생각을 할 때는 지금 내가 자기 의를 세우려는 것이 아닌지, 지금 도와주는 것이 하나님의 뜻에 합당한 일인지, 내가 필요 이상의 멍에를 지려고 하는 것은 아닌지 곰곰이 생각하며 기도해봐야 한다.

한 가지 안타까운 것은 지금 한국 교회에 여러 가지 봉사라는 이름으로 자기 의를 세우는 모습이 많이 보인다는 것이다. 복음이 목적이 되지 못하고, 사회에 드러내기 위해서만 하는 봉사나 행사는 아무리 성대하게 치러지고 많은 사람에게 행해진다 하더라도 별 의미가 없다. 진정한 순종은 사람들을 복음에 관심을 갖게 하고 최종적으로는 신앙의 홀로서기를 돕는 모습이어야 한다.

나 역시 개척 초기에 다른 분들의 도움을 과하게 받았다면 황무지를 개척하시는 하나님의 역사를 체험하지를 못했을 것이고 더욱 하나님을 의지하는 순종의 원리를 깨닫지 못했을 것이다.

한 번은 우리교회가 자리를 잡고 나서 내가 알고 있던 교역자가 개척을 한 적이 있었다. 그런데 개척을 한 뒤에 찾아와 너무나 당당하게 무이자로 꽤 큰돈을 빌려달라고 요구를 했다. 자기들은 미자립 교회이고, 큰빛교회는 꽤나 자리를 잡았으니 당연히 지역의 복음화를 위해서 도와줘야 한다는 말이었다. 어찌 보면 맞는 말

같기도 하고 또 예전 같았으면 무조건 알았다며 도와줬을 지도 모른다. 그러나 당시에는 개인적으로 모아둔 돈도 전혀 없었고, 또 헌금은 성도들이 하나님께 소중히 바친 것인데 그걸 내 개인의 뜻으로 빌려준다고 하는 것은 분명 좋지 않은 일이었다. 무엇보다도 기도 중에 마음이 전혀 움직이지도 않았기 때문에 교회 책임있는 몇 분과 간단하게 얘기를 나눈 후에 거절의 의사를 밝혔다.

순종에는 여러 가지 방법과 여러 가지 종류가 있다.

때로는 있는 힘을 다해 남을 도와야 할 때가 있으며, 때로는 아무리 사정이 딱해 보여도 한 걸음 참아야 할 때가 있다. 또한 큰 액수를 하나님께 매달 드리는 헌신의 모습도 있으며, 매주 화장실을 청소하는 아름다운 모습의 헌신도 있다. 그러나 그 크기와 종류가 어떻든 간에 하나님께 진심으로 드리는 마음으로 이루어진다면 하나님은 그 일을 통해 여러 좋은 일을 이루시고 또한 많은 영혼들을 구원하신다. 하나님이 기뻐하시는 순종은 크고 많은 순종이 아니라 작더라도 진심으로 기쁘게 하는 순종이다. 사람들의 영혼이 하나님을 깨닫게 하는 올바른 목적을 가진 순종이다.

순종은 '이 길이 아닌 것 같지만 하나님 명령이니 가자!'는 마음으로 무작정 따라나서는 믿음이다. 다른 사람 보기에 바보스럽기도 하고 손해 보는 길인 것 같지만 그 길의 끝엔 하나님이 준비하신 영광의 선물이 기다리고 있다. 믿음도, 신앙도, 사람됨도 부족할 지라도 주님은 순종하는 사람을 통해 모든 것을 이루신다.

그러므로 하나님은 "순종이 제사보다 낫다"고 말씀하신다.

사람들이 우리교회의 가장 장점에 대해서 물을 때마다 나는 일초의 망설임도 없이 '순종'이라고 대답한다. 우리교회 성도들은 파헤치고 계산하기보다는 하나님의 말씀인지 아닌지를 중요하게 생각한다. 일상의 작은 순종도 놓치지 않고 삶 속에서 실천한다. 성도들의 이런 말씀에 순종하는 자세야말로 무엇과도 바꿀 수 없는 우리교회의 저력이며 하나님의 사랑을 이 지역에 전하는 가장 확실한 방법이다. 전도가 힘들수록, 교회가 어려워질수록 성도들은 하나님의 말씀을 제대로 깨닫는 일과 그 말씀에 순종하는 모습에서 답을 찾아야만 한다.

구약과 신약을 막론하고 성경에 나오는 위대한 인물들에게는 대부분 '낮고 약한 사람'이라는 공통점이 있다. 물론 그 중에는 다니엘이나 에스라 같이 학식이 뛰어난 인물도 있었고, 바울과 욥과 같이 높은 사회적 지위와 많은 재산을 가진 사람들도 있었다. 그러나 하나님께 쓰임을 받은 사람들의 면면을 살펴보면 대부분은 낮고 약한 위치에 있었으며 또는 철저한 낮아짐의 과정을 거친 경우가 많다.

그 이유가 무엇일까?

바로 낮고 약한 사람일수록 하나님을 의지하고 그 말씀에 순종하기 때문이다. 하나님은 순종하는 사람을 사랑하시고, 순종하는 사람의 삶을 그 어떤 제사보다 기쁘게 받아주신다. 순종하는 사람은 그 과정을 통해 천국의 기쁨을 맛보게 되며 이것이 세상의 그 무엇과도 바꿀 수 없는 성도들이 누리는 복이 된다.

이처럼 크리스천에게 순종은 중요하다. 크리스천이 된다는 것 자체가 이제 자신만을 위해 사는 삶을 내려놓고 하나님께 순종한다는 의미이기 때문에 순종을 바르게 이해하는 것, 순종을 바르게 실천하는 일은 결코 등한시되어서는 안 된다. 순종을 통해 하나님의 능력을 체험하는 성도들만이 더 이상 세상을 두려워 않고 당당히 그 안에 들어가 하나님의 사랑을 전하는 삶을 살 수 있다.

우리교회의 힘은 바로 하나님께 순종하는 목회자와 성도들이 있다는 것이다.

우리교회 성도들은 어떤 일을 추진할 때 그것이 우리 힘으로 가능한지 생각하지 않고 하나님이 주신 말씀인지를 먼저 생각한다. 하나님이 주신 말씀이라면 우리는 그 뜻에 순종하기만 하면 된다. 우리교회는 변변한 배경도 없는 목회자가 전국에서 가장 척박하고 경제적으로 어려운 지역에 개척한 교회다. 그리고 그곳에 모인 성도들이지만 우리는 하나님의 말씀에 순종할 때 어떤 일들이 일어나는지 교회적으로, 성도들 개인적으로 수도 없이 많은 체험을 했다. 그래서 우리교회는 때때로 불가능해 보이는 일도 조금의 의심도 없이 믿고 추진하며, 때로는 너무나 쉽게 할 수 있을 것 같은 일도 지지부진하다 보류한다. 하나님의 응답이 오기 때문에 혹은 오지 않기 때문이다.

오늘 날의 교회에는 잘못된 순종의 모습들이 너무나도 많은 것 같다. 때로는 목사님이 하나님처럼 군림하며 그 말에 무조건 순종해야 한다는 교회가 있는가 하면, 때로는 모든 것을 민주적으로 처리해 하나님이 아닌 사람들이 모여 운영하는 교회가 있기도 하다.

그러나 정말로 중요한 것은 하나님의 뜻인지 아닌지가 중요한 것이지 그 말을 하는 사람이 누구인지는 중요하지 않다. 하나님은 때때로 성도들의 입을 통해 말씀하시기도 한다. 주변 사람들이나 환경을 통해 말씀하시기도 한다.

영어로 된 아이들의 기도문 중 어린 여자아이 수리(Soo Lee)의 기도 내용을 소개한다.

"하나님 내가 뭘 원하는지 다 아시는데 왜 기도해야 하나요? 그래도 하나님이 좋아하신다면 알았어요. 기도할게요."

어린 아이의 기도가 재미있기도 하고 순수하기도 하지만 기도하겠다는 순종의 태도가 참 아름답고 귀하다는 생각을 한다.

주님은 철저한 순종을 기대하신다. 신앙의 선순환이 일어나기 위해서는 순종이 반드시 필요하다. 순종을 하기 위해서는 하나님의 말씀을 듣기 위한 경건 생활을 열심히 해야 한다. 그리고 들리는 하나님의 음성에 순종하기 위해서는 나보다 하나님을 더 의지해야 한다. 나보다 하나님을 더 의지할 때 놀라운 하나님의 역사하심을 체험하게 되면서 간증거리들이 생겨나게 되고 바로 이 과정을 통해 예수님과 더 가까워지며 믿음이 성장한다. 그리고 주변에서 이 모습을 지켜본 다른 사람들도 복음을 받아들이기 수월한 상태가 된다.

성도들에게 순종의 삶을 강조했더니, 성도들은 하나님께 순종하려 애썼고, 그 열매는 그들의 삶을 하나님께 바치게 했다.

성도들이 하나님께 순종하게 하자!

"주께서 이르시되 너희에게 겨자씨 한 알만한 믿음이 있었더라면 이 뽕나무더러 뿌리가 뽑혀 바다에 심기어라 하였을 것이요 그것이 너희에게 순종하였으리라"(누가복음 17:6)

3년후인 지금 큰빛교회는 여전히 큐티하는 교회다. 하나님의 뜻을 알기위하여 말씀을 듣는 훈련이 계속되어지고 있다.

담임목사도! 주일학교 어린 아이도! 새가족이 된 성도님도! 푸른 속 어르신들까지!! 말씀묵상을 통하여 말씀이 임하면 그 말씀이 내게 주시는 말씀인줄 알고 순종한다.

주님께서 담임목사를 통해 교회에게 주시는 말씀이나 개인적인 큐티를 통해 각자에게 주시는 말씀에 집중하고 순종할 때마다 주님께서 이루신 일에 대한 간증과 고백들 또한 이어지고 있다.

제4장

사랑의 공동체로 양육했다

하나님께서 내게 함께하게 하신 형제 자매들과 비전을 나누며, 교제하며, 목표를 향해 함께가는 일에 부족한 점이 무엇인지 적어보자.

●● 복음의 본질은 하나님의 사랑이며,

교회의 본질은 하나님을 믿는 사람들의 연합이다.

하나님의 사랑을 깨닫는 건강한 공동체가 될 때

교회는 하나님의 사랑을 깨닫게 하는 거룩한 성소가 되며,

세상에 대해서는 하나님의 사랑을 전하는 복음의 전초기지가 된다.

사랑으로 양육하는 공동체에는 분란과 텃세가 없고,

모든 성도들이 하나님이 주시는 같은 꿈을 꾸며 축복을 누린다.

공동체 의식과 사랑의 양육은 교회를 교회답게 하는 비결이다.

NUTURE

천하보다 귀한 한 영혼

 처음 용화교회에서 사역을 하고 있었을 때 마을에는 아흔이 넘은 홀어머니를 모시고 살던 아저씨 한 분이 계셨다. 함께 살던 부인과도 사별하고 정말 혼자서 노모를 모시고 계셨기에 아저씨는 외로움을 이겨내려 술로 보내는 날이 많았다. 어머니에 대한 효심은 깊어 효자 소리는 들었지만 신앙이 좋은 노모의 청에도 불구하고 단 한 가지 복음만은 받아들이지 않았다.

"아저씨, 어머니도 나오시는데 교회 한 번 오시죠?"

"아, 아닙니다. 지는 예수인지 뭔지 안 믿습니다."

"그러지 말고 한 번 나와라도 보세요. 어머님도 아드님을 위해서 매일 기도하고 계십니다."

"목사님, 저는 지은 죄가 많아서 안 됩니다. 그냥 이렇게 살다 죽게 놔두세요."

복음은 고사하고 교회로 한 번 모시는 일도 힘들었다. 그나마 술에 취해 인사불성이 된 날이 너무 많아 평소에는 복음조차 전할 수 없었지만 가끔씩 제정신일 때 이렇게 말이나마 붙이는 게 전부였다. 아흔이 넘은 노모는 이런 아들을 걱정하며 매일 새벽마다 예배당에 나와 기도하셨다.

그렇게 한참이 지나고 어느 겨울날이었다.

한파가 매섭게 불어 닥치던 날에 우리 부부는 예수원에 며칠 다녀와야 해서 짐을 챙기고 있었다. 그런데 교회 문이 덜컥 열리더니 갑자기 어떤 사람이 들어왔다. 바로 그 아저씨였다. 참으로 놀라운 일이었다. 이때까지 복음을 전했지만 교회 앞마당도 밟지 않던 분이었다. 그토록 복음을 외면했던 분이 교회에 제 발로 걸어왔다는 것은 정말이지 대단한 사건이었다.

"아니, 아저씨 어쩐 일이세요?"

그러자 어깨에 메고 온 커다란 짐을 바닥에 내려놓았는데, 자세히 보니 무우였다.

"웬 무우를 이렇게 많이 들고 오셨어요?"

"목사님, 여기 오는 애들 밥해서 먹이시잖아요. 이번에 무우를 좀 심었는데, 이걸로 애들 반찬이라도 해주시라고요."

"아휴… 그렇군요, 정말 감사합니다."

그 무거운 무우를 칠순이 넘은 분이 한 자루나 메고 추운 겨울날 찾아오신 걸 생각하면 얼른 안으로 모셔 차라도 한 잔 대접하는 것이 당연한 일이었건만 그날따라 버스 시간에 맞춰 가야 한다는 생각에 마음이 급했다. 그리고 아저씨가 먼저 그런 기색을 눈치 채셨다.

"근데, 목사님 어디 나가시나 봐요?"

"네. 실은 저희가 지금 어딜 다녀와야 해서요."

말을 하며 시계를 살짝 보니 남은 시간이 별로 없었다. 점점 마음이 급해졌다. 워낙 시골이라 한번 버스 시간을 놓치면 한참을 기다려야했기에 나도 모르게 말이 빨라지며 만남을 마무리 지었다.

"아저씨, 죄송하지만 이제 저희가 나가야합니다. 좋은 선물 주셔서 감사드리고 다녀와서 찾아뵐게요."

"네… "

당시 나에게 조금만 더 여유가 있었다면, 아니 나가면서 한 번이라도 뒤를 돌아봤더라면 그날 교회를 찾아온 아저씨의 외로움을 눈치 챘을 것이다.

상식적으로 그렇게 교회를 싫어하던 분이 먼저 찾아왔다면 무슨 문제가 있을 것이라고 생각하는 게 당연했다. 그러나 눈앞의 일에 급급한 나머지 미처 그분의 눈에 서려있는 외로움을 미처 발견하지 못했다. 아저씨를 돌려보낸 뒤 우린 겨우 버스 시간에 맞춰 갔고 예수원에서 2박 3일간 일정을 보낸 뒤 교회로 돌아왔다. 그런데 오는 길에서 만난 교회학교 아이로부터 충격적인 소식을 들었다.

"목사님, 그 아저씨요, 할머니랑 사시는 아저씨 있잖아요. 그 아저씨가 돌아가셨어요."

너무 놀라 무슨 말인지 이해가 잘 되지 않아 아이에게 다시 물었다.

"할머니랑 같이 살면서 만날 술 드시는 아저씨 있잖아요. 어젠가 그제인가 술 마시고 동네 냇가에서 쓰러져 주무시다가 돌아가셨대요."

"……"

억장이 무너졌다.

하늘이 무너져 내린다는 기분이 이런 느낌인가 싶었다.

아내와 나는 한동안 그 자리에서 한 발짝도 움직일 수가 없었다. 아저씨가 돌아가신 날을 되짚어 보니 우리교회에 무를 메고 찾아온 바로 그 날이었다.

그 날, 우리가 일정을 취소하고라도 아저씨를 서둘러 돌려보내지 않고 교회로 들였다면, 따스한 식사를 대접하며 이야기를 나눴더라면 과연 그런 일이 벌어졌을까라는 생각이 자꾸 내 탓으로 들면서 죄책감에 후회가 밀려왔다.

나중에 다시 이야기를 들어보니 아저씨는 교회에서 나가신 뒤 밤새도록 술을 드셨고 추운 겨울밤 길거리에 쓰러진 채 동사하신 것이었다.

우리 부부는 그대로 주저앉아 회개했다.

가슴을 치며 주님 앞에 무릎을 꿇었지만 그래도 하염없는 슬픔은 어쩔 수가 없었다. 사역자로써 한 영혼을 바로 눈앞에서 놓쳐버린 일은 정말로 너무나 가슴 아픈 일이었다.

'주님, 용서하여 주옵소서. 저희가 잘못했습니다. 교회까지 찾아온 그 영혼을 맞아줬어야 하는데 아무것도 아닌 사소한 계획 때문에 그 영혼을 돌보지 못했습니다. 주님이시여! 그 영혼을 불

쌍히 여겨 주옵소서. 그리고 저를 용서하옵소서. 다시는 이런 일
이 일어나지 않게 더욱 더 영혼을 사랑하는 뜨거운 마음을 주옵
소서.'

그저 울며 회개할 수밖에 없었다. 그리고는 아들을 잃은 슬픔에
잠겨 있을 어머니 집사님이 생각났다. 곧바로 채비를 하고 서둘러
장례식장으로 향했다. 안으로 들어가니 며칠 사이 더욱 초췌해진
집사님의 모습이 보였다.

"목사님…"

집사님은 우리를 보자마자 달려와 흐느껴 우셨다. 안타까운 마
음에 안아드리며 함께 눈물을 흘리고 있는데 주변에 계신 분들은
놀란 표정을 지었다.

나중에 들어보니 아들이 객사한 슬픔을 가누지 못한 집사님은
큰 충격에 말을 못하고 계셨는데 우리 부부를 본 뒤 말문이 트였
다는 것이다. 그 말씀을 듣는데 얼마나 죄송하고 송구스러웠는지
모른다.

그렇게 아저씨는 끝내 주님을 영접하지 못한 채 죽음을 맞이했
다. 장례식이 끝나고 시간이 많이 흘렀지만 아무리 생각해도 나의
잘못인 것 같아 한동안 무척 괴로웠다. 며칠을 가슴을 쥐며 회개
했고 주님은 큰 깨달음으로 위로를 주셨다. 믿는 자들, 예수님의
죽음과 부활로 인해 은혜에 빚진 우리가 최우선으로 해야 할 일
은 복음을 전하는 것이라는 사실이다. 천하보다 귀하게 여기는 마
음으로 사랑을 베풀어야 한다는 사실이었다. 어느 상황에서든 복

음을 외치라는 주님의 지엄한 명령을 깨달은 것이다.

예수님을 믿고 구원을 받은 사람들은 영혼의 소중함을 알아야한다. 한 영혼 한 영혼이 천하보다 귀하다는 주님의 말씀의 깊은 의미를 깨닫기 위해 노력해야 한다.

주님이 표현하신 귀하다는 것은 그저 소중하다는 의미만이 아니다. 주님이 영혼을 귀하게 여기신다는 것은 자신의 목숨처럼, 더 나아가 목숨과도 바꿀 만큼 아끼고 있다는 표현이다. 주님이 그토록 아끼고 귀히 여기는 영혼인데 복음의 빚진 우리가 시간이 바쁘다는 이유로, 다른 계획이 있다는 이유로, 그가 마음에 들지 않는다는 이유로 거부할 수는 없다.

벌써 20여년이 지났지만 지금도 가슴에 상처로 남아 지워지지 않고 있다. 그리고 그 상처가 생각날 때마다 더욱 더 사랑으로 양육하고 열심히 섬기라는 신호로 여기고 나를 채찍질을 하고 있다. 어찌 보면 목회자로서 참으로 부끄러운 치부를 드러내는 것은 그만큼 한 영혼이 소중하다는 사실을 한 분이라도 더 깨달았으면 하는 마음 때문이다.

새신자 등록을 미루는 교회

내가 신학생 시절, 교육전도사로 섬기던 교회의 청년부 회장이었던 신 집사님은 나와는 참 긴 인연을 가지고 있다. 임지로 내려오면서

헤어지게 되었는데, 그 분이 강원도 울진원자력 발전소로 발령을 받아 내려오게 되면서 우리 용화교회로 출석하게 되었다.

용화교회에서도 열정적으로 신앙생활을 하셨는데, 집이 멀었던 터라 토요일엔 우리 사택에 와서 주무셨다가 주일 예배를 참석한 열성적인 성도였다. 감사하게도 용화교회를 다니던 자매와 결혼하여 가정을 꾸리게 된 용화교회 내 1호 커플이기도 했다. 그 부부는 삼척시내에 터전을 잡으면서 외로운 큰빛교회 개척시기에 동역자가 되어주었다.

개척예배는 신 집사님 가정에서 시작되었다. 비록 숫자도 적었고 미래에 대한 불안함도 있었지만 풍성했고 은혜로웠다. 바깥에서는 한창 건축이 진행되고 있었고, 물질이 부족하여 목사인 내가 현장감독까지 맡아 물품주문부터 공사 현장 지휘까지 도맡아 했다. 그럼에도 주님께서 엘리야에게 적절한 타이밍에 까마귀를 보내 먹을 것을 주셨던 것같이 우리교회 개척 현장에도 필요한 것을 주심을 체험하며 믿고 나아갔다.

그러는 사이 교회가 지어졌고 정말 감사함으로 헌당예배를 드렸다. 교회 건축 현장을 보고 제 발로 찾아온 성도도 있었는데, 용화에서 만난 할머니 성도가 소개해 준 조카가 개척멤버로 들어와 음향시설까지 헌신해주는 등 보이지 않는 헌신들이 이어졌다.

이제부터 목사로서 해야 할 일이 분명해졌다. 예전에 섬기던 교회에서 목회의 방향을 정했던 것처럼 큰빛교회 역시 목회의 방향이 정해졌다.

큰빛교회를 개척하면서 나는 먼저 목사로서 우리교회가 어떤 교회를 지향하고 있는지 방향을 정해야 한다고 생각했다. 교회 이름을 큰빛교회라고 지은 것도 두가지 묵상 가운데에서 였다.

하나는, 목회 첫 임지였던 용화교회에서 사역할 때, 용화라는 작은 어촌마을도 낯설뿐더러 경험도 없는 전도사였기에 사역은 사역대로 서툴고 요령도 부족했다. 그래도 그나마 내가 할 수 있는 일은 작은 성전이었지만 열심히 쓸고 닦는 것이었다.

그런데 쓸고 닦아도 문제가 있었는데 오래된 곳이다보니 각종 벌레들이 어둠 속을 헤집고 다니는 것이었다. 손으로 때려잡아 보기도 하고 파리채를 곁에 두고 보이는 족족 잡기도 했지만 어둠의 세력들은 참으로 잘 자랐다. 몇 되지도 않는 성도들에게 그런 성전의 모습을 보일까봐 마음 졸였는데 참 신기하게도 성전에 불을 켜는 순간 어둠의 벌레들은 스르륵 몸을 숨기는 것이었다. 벌레는 빛을 싫어했다. 그 모습을 지켜보며 무릎을 치며 깨달은 바가 있었다.

'어둠을 쫓을 수 있는 것은 빛 뿐이다.'

그때 빛으로 오신 예수님에 대한 감사가 넘쳤고, 우리는 세상의 빛으로 살아가야 한다며 마음의 끈을 조였다.

교회에 대한 염려가 끊이지 않는 지금, 그 염려와 근심을 쫓아버리기 위해서는 빛이 필요하다는 생각이 들었다. 우리는 모두 예수라는 빛을 쫓아 살아가고 있기에 근본적인 빛은 가지고 있지만 주변을 빛나게 하는 빛이 더욱 필요했다.

그리고 또 하나는 내게 레마로 다가온 말씀에 의해서였다.

사도행전 22장 6절에 "다메섹에 가까이 갔을 때에 오정쯤 되어 홀연히 하늘로부터 큰 빛이 나를 둘러 비치매…"라는 구절에서 가슴이 뜨거워짐을 느꼈고 이 말씀이 삼척을 향한 하나님의 뜻이라는 감동이 왔다.

삼척이 바로 사도 바울이 회심을 한 다메섹이었고 사도 바울이 만났던 큰 빛으로 하나님이 삼척을 둘러 비추게 하실 것이라는 믿음이 생겼다. 우리교회가 나아갈 방향은 지역을 복음화 시키는 것은 물론이고 교회의 뜰을 밟는 성도들이라면 한 명도 빠짐없이 주님의 일꾼들로 양육하는 것이었다. 모든 성도들이 최종으로 지향해야 할 목적인 땅끝까지 복음을 증거하는 일을 감당하는 일꾼이 태어나는 전진기지가 우리교회의 목적이었다.

"선교하며 일꾼 기르는 교회"

교회를 시작하면서 우리는 비전을 이렇게 정했다. 그러기 위해서는 일꾼이 필요했다. 그리고 그 일꾼들은 정말로 끈끈히 뭉치는 공동체가 되어야 했다. 일꾼은 많으면 많을수록 좋은 것이기에 먼저는 조금 더 많은 성도들이 나오는 교회가 될 수 있도록 전도에 집중했다.

전도를 시작하기에 앞서서 나는 먼저 세부적인 전략을 세웠다. 기독교에 배타적인 이곳 사람들의 특성과 지역색 때문에 적극적인 전도는 오히려 역효과가 난다고 생각하는 교회들도 있었다. 나 역시 비슷한 생각을 갖고 있었으나 그 어려움이 전도의 포기가 아니라 전도의 세분화로 이어져야 한다는 다른 결론에 도달하게 되었다.

일단 당시 삼척은 2000년대로 들어서면서 시내주변에 신도시가 건설되며 인구가 유입되는 상황이었고 우리교회가 세워지는 곳 주변으로는 교회가 없었기에 환경적으로는 문제가 없었다. 그래서 먼저는 교회 주변을 다니며 근처 주민들에게 복음을 전하기 시작했다.

예배시간 외에는 매일 전도에 매달렸던 것 같다.

어느 정도 교회가 자리 잡고 난 뒤엔 대학교를 다니며 캠퍼스 전도를 시도했다.

열정이 끓는 청년들이 교회에 와야 부흥하고 성장할 수 있었다.

"청년 여러분, 여러분이 이 시대 진정한 복음의 일꾼입니다. 하나님은 열정적인 일꾼을 원하십니다. 지금 큰빛교회로 오세요. 그곳에서 비전을 발견하시고 꿈을 세우십시오."

젊은이들에겐 직설적인 방법으로 복음을 전하며 접근했고, 그들을 위한 청년 프로그램을 기획하면서 청년들이 가진 에너지를 말이 아니라 행동하는 일에 사용할 수 있도록 정비해나갔다.

전도하는 시간 외에는 아내와 함께 매일 전도와 부흥에 관한 책을 읽으며 지식을 쌓았고 목회의 방향을 하나님께 여쭙는 기도를 드렸다.

'주님, 이 교회를 통해 어떤 목회를 원하십니까. 지금 우리가 계

획하고 세우는 것들이 주님의 영광을 위한 일이 맞습니까?'

본래 목회라는 것이 그 교회의 목회자의 스타일에 좌우되기가 쉽기 때문에 더욱 조심스러웠고 겸손해야 했다. 혹시라도 인간적인 욕심이 들어있는 건 아닌지, 그래서 사람의 영광을 드러내는 일이 되지 않길 기도했다.

이런 과정을 거쳐 우리교회가 선택한 목회 방향은 양육과 아동부였다.

목회라는 것이 전 성도를 아우르는 교육과 양육이 이루어져야 하지만 특히 인력이 부족한 개척 초기엔 선택과 집중이 필요하다.

우리교회 역시 모든 것을 다 할 수 없었기에 잘할 수 있는 분야, 꼭 필요하다고 생각되는 분야부터 집중하기로 했다. 그리고 내가 가장 자신 있는 분야는 아동부였다.

교육전도사 시절부터 섬기는 교회마다 교회학교가 부흥되었던 것은 내가 그나마 이쪽에 약간의 은사와 경험이 있었기 때문이었을 것이다. 내가 어린 시절 느꼈던 사랑의 부족함으로 아이들에게 교회가 얼마나 큰 영향을 미치는지 알고 있었기에 아동부에 대한 관심 또한 남달랐다.

개척을 준비하면서도 전국 각지의 어린이 부흥회를 인도하고 다녔던 터라 아동부 사역은 나와 아내 모두 주력해야 할 부분이라 여겼다. 삼척과 같은 지역은 어린 아이들이 귀하고 상대적으로 문화적 박탈감을 느끼기 쉽기에 교회에서 그런 부분을 보완해줄 필요가 있었다고 생각해 어려운 상황이었지만 이쪽으로도 많은 신경을 썼다. 그리고 노력을 한 만큼 열매가 점점 맺히기 시작했다. 지역의 특성을 잘 연구한 결과와 영혼들을 향한 뜨거운 열정이 시너지 효과를 냈던 것이다. 그렇게 나는 먼저 삼척을 위해 함께 헌신할 일꾼들을 전도를 통해 교회에 모아나가기 시작했다.

여기서 잠깐 전도에 대한 경험을 한 가지 더 이야기 하고 싶다.

나의 목회경력은 결코 길지 않지만 아내와 나는 사역지의 특수성으로 인해 정말로 사역 기간 내내 수많은 전도를 할 수밖에 없었다. 그 결과 지금까지의 경험을 통해 나름 깨달은 노하우, 특징이 있다.

첫째는, 구체적인 숫자를 정해 명확한 목표를 세웠다.

전도를 하기 전에 먼저 어느 기간 안에 어느 정도까지 전도를 할 것인지 목표를 분명히 세워야 한다. 처음에 모인 성도가 몇 명인지는 중요하지 않고, 목표가 반드시 클 필요는 없다. 다만 목회자부터 발로 뛰며 성도들과 함께 목표한 성도 수를 채우기 위해서 노력해야 한다. 그 과정에서 얻어지는 은혜가 정말 매우 크며, 또 생각보다 의외로 복음을 쉽게 받아들이는 사람들이 많다는 걸 알게 된다.

둘째는, 목표 대상을 선정했다.

교회는 지역과 목회자라는 특수성이 있기 때문에 어디에 세워졌고 누가 사역하고 있느냐에 따라서 조금씩 전도목표대상자의 순위가 달라질 수 있다. 큰빛교회에서는 근처 주민, 대학생, 아동부 순으로 전략을 세웠지만, 용화교회에 있을 때에는 먼저 지역에서 가장 오래 거주했던 분들을 일차 전도 대상으로 삼았다. 이런 분들은 대부분 지역 미신을 숭배하는 고령의 분들이 많아서 전도에 대한 이야기는 들어보지도 않고 배척하는 경우가 대부분이었다.

그러나 타지로 나간 자녀들을 두고, 외롭게 지내는 분들이 많았기에 복음을 전하는 일에 앞서서 말동무도 되어 주고, 일도 도와주고 하면서 마음을 달래주는 방법을 통해 복음을 효과적으로 전할 수 있었다.

그 다음은 타지에서 넘어온 사람들을 대상으로 삼았다.

그들은 아무 연고가 없었기에 대부분 의지할 곳이 필요했고 그로 인해 교회라는 공동체에 호의적이어서 복음 증거가 훨씬 수월했다. 장기전이 필요한 지역의 토박이로 사시는 분들과는 다르게 시작부터 조금 더 친근하게 전도가 가능했기에 2순위이면서도 가장 주력하는 부분이었다. 특히 이분들을 제대로 전도할 때 빠른 교회 성장이 가능하게 된다.

셋째는, 진짜 예수님의 제자로 양육하려고 노력했다.

교회에는 두 종류의 성도들이 있다.

왔다가 그냥 가는 성도, 작은 흔적이라도 분명히 남기는 성도.

두 번째 성도가 많은 교회가 진짜 힘이 있는 교회다. 우리는 모든 성도가 교회의 일원으로서 주님의 일꾼이 되길 원했기에 그들을 양육해 나갈 계획을 세웠다. 감사하게도 주님은 내게 가르치는 은사를 주셨기에 목회자가 나밖에 없었던 개척 초기부터 성도들과 말씀을 공부하고 한 사람 한 사람 양육하며 신앙을 성장시키는 일을 해 나갈 수 있었다.

목회자 곁에는 반드시 동역자가 필요하다. 혼자 모든 일을 할 수 없기 때문이다. 동역자가 많을수록 일은 분산되어지고 그들이 바로 세워질 때 일을 확장시켜 나갈 수 있다. 처음부터 모든 것, 많은 것을 할 수는 없다. 일의 최우선 순위를 차지하는 중요하면서도 급한 일을 먼저 해야 한다.

이 과정을 통해 교회의 성도가 된 분들은 대부분 따로 말을 하지 않아도 이미 우리교회의 공동체의 일원이 된다. 이분들은 우리교회가 가장 중요하게 여기는 것이 무엇인지, 또 사역의 방향이 무엇인지 분명히 알고 있으며 스스로 교회의 일원이 되어 그 사역의 중심에 참여한다.

그러나 정작 문제가 되는 것은 교회가 커지면서 들어오는 일반 교인들이다. 물론 이분들은 기존의 신앙생활을 하셨던 분들이 대부분이고 또한 나름의 직분까지 가지고 계시는 분들이 많다. 그러나 우리 교회 공동체의 일원은 아니다. 나는 사람이 많이 모이는 교회가 아니라 삼척에 큰빛을 비추고자 하는 진정한 제자들이 모이는 공동체인 교회가 되어야 한다고 생각했기에 교회를 처음 나오는 분들에 비해서 이런 분들에게 오히려 더욱 엄한 잣대를 적용했다. 그래서 교회에 등록을 하고 싶다고 찾아오는 분이 있어도 분명하게 선을 그었다.

"목사님, 우리교회에 오고 싶어 하는 분이 계세요. 다른 교회에 다니시면서 직분도 받으셨는데 시험에 들어서 옮기셨다네요."

"그래요? 그러나 집사님, 일단은 먼저 생각을 좀 해 봅시다."

"왜요? 먼저 오시겠다는데 오히려 좋은 것 아닌가요?"

"그 분이 우리교회에 오셔서 잘 적응을 못하실 수도 있을 것 같아서요."

"그래도 거기서 봉사도 많이 하셨고 신앙도 좋아 보이시던데요."

"집사님, 생각이 정 그러시면 일단 모시고 와 보세요. 그렇지만 우리교회에 다니고 말고는 스스로 결정하도록 하십시다."

다음 주 집사님이 그 성도를 모시고 왔다.

간단히 인사를 나눈 뒤 나는 그분과 잠시 이야기를 나누었다. 역시 오랜 신앙생활을 하셨기 때문인지 믿음이 있으셨고 구원의 확신은 분명했다. 그리고 나는 전의 교회에서의 신앙생활에 대해 물었다.

"집사님, 이전 교회에서 시험을 당하셨다고 하셨는데 지금은 마음이 어떠신가요?"

"아직도 섭섭한 게 많지요. 정말 우리교회가 저한테 그럴 줄은 몰랐어요."

"네, 그렇군요. 집사님, 그런데 저희 교회에 오시게 되면 새신자가 교회에 등록하는 것과 똑같은 절차를 거치셔야 합니다. 하실 수 있으시겠어요?"

"네에? 아니 제가 신앙생활을 얼마나 오래 했는데 새신자라니요?"

"오랫동안 신앙생활 하신 건 잘 아는데요. 그렇지만 우리교회의 성도가 되는 데에는 일종의 절차가 있습니다."

"어머 목사님, 그럼 생각을 좀 해봐야겠어요."

그렇게 그 분은 쌩하니 교회를 나가셨고 이후 다른 교회를 한 차례 거쳐 결국 본인이 원래 출석하던 교회로 가셨다고 한다.

삼척 지역이 좁다보니 교인들이 교회를 옮겨 다니는 일이 종종 있다.

가령 옆 동네에 있는 교회를 다니다가 무슨 일이 있어서 바로 옆 교회로 옮기는 등의 일이 흔하다. 말하자면 성도가 돌고 도는 형태였다.

우리교회 역시 그런 성도들이 때때로 들어왔는데 개인적으로 좋은 현상은 아니라고 생각했다. 내가 외지에서 들어온 목사인데다 지역 내에서 목회하시는 선배 목회자들이 보기에 열정이 앞서는 것처럼 보였는지, 달갑게 보질 않는 분들도 몇 분 계셨다. 게다가 건축과 전도활동 등 교회를 위해 해야 할 일이 많았기에 지역 교회들과 지방회의 목회자들과 유대관계를 제대로 못하고 있었기 때문에 우리교회에 대한 오해가 있었는데, 그런 오해가 더욱 깊어질 여지가 생길 수도 있었다. 또 다른 교회의 성도가 약간의 문제로 방황을 한다고 우리교회에 나오라고 하는 일은 도의상 맞지 않은 일이라 여겼다.

그리고 가장 중요한 이유가 따로 있었다.

우리교회는 우리교회에 맞는 성도가 들어와야 했다. 이 말은 곧 우리교회가 가진 공동체 비전을 자신의 비전과 동일시할 수 있는 성도가 필요하다는 말이다. 공동체의 비전을 공유할 수 있는 성도여야 하는데, 다른 교회에서 오래 신앙생활을 하고, 시험까지 당한 상처가 걸림돌이 될 수 있었기 때문이다. 실제 그런 경험도 있었다.

지역 내 다른 교회를 다니다가 분란에 휘말려 우리교회로 옮긴 분이 있었다.

그때는 그런 성도라도 귀히 여긴 나머지 받아들였고 게다가 신앙의 연차가 있다는 이유로 교회에 중요한 사역을 맡겼다.

그런데 시간이 조금 흐르자 그분과 사역을 하는 성도들 사이에서 분란이 생기고 있다는 이야기가 들려왔다. 나도 처음엔 눈치채지 못했는데 자세히 보니 예전의 화합과 신앙의 간증을 자랑하던 영적인 분위기가 나오지 않고 있었다. 목사인 내가 다가가 격려를 하거나 관심을 보여도 그 사랑과 관심을 온전히 받아들이지 않고 있다는 느낌도 받았다.

나중에 알고 보니 새롭게 사역의 리더를 맡겼던 그분의 미성숙함이 문제였다. 예전의 교회에서 분란을 일으키고 나왔던 것도 그 교회의 목회자를 비판하고 자기 기준에서 단죄했기 때문이었다. 그런데 다른 교회로 와서도 그 성품을 버리지 못한 것이다. 역시 많은 영혼들을 양육해야 하는 리더가 지닌 영향력이 얼마나 큰지 알 수 있는 일이었다.

목회자로서 매우 골치가 아픈 일이었지만 그 와중에도 고마웠던 것은 나를 향한 우리 성도들의 굽히지 않은 신뢰의 마음이었다. 그가 슬쩍 목회자를 비난할 때도 "우리는 하나님 영광을 위해 일하는 일꾼들입니다. 우리 목사님은 그 명령을 행하시는 종입니다. 그러니 믿고 따르는 게 당연합니다"라며 반박했고, 더욱 성도들 간에 결속하며 하나로 뭉쳤다고 한다. 결국 당을 짓고 분란을 일으키고자 하던 그 사람이 오히려 견디지 못하고 소리 소문 없이 떠났다.

성도로부터 그 이야기를 전해 듣는데 나도 모르게 눈물이 흘렀다. 어느새 장성한 성도들의 믿음에 큰 감동이 밀려왔다.

개척을 한지 어느덧 13년이 지났지만 지금도 우리교회는 초창기 때와 마찬가지로 교회 공동체가 갖는 비전을 공유할 일꾼들을 찾고 있다. 신앙이 아무리 오래됐어도, 아무리 열매를 많이 맺었다고 생각할지라도 우리교회의 비전을 공유할 생각이 없는 사람들은 기꺼이 자신과 비전이 맞는 다른 교회를 찾아가도록 인도한다.

사람이 가장 행복하고 자존감을 느끼는 순간은 자신이 속한 공동체의 비전과 자신의 비전이 일치할 때라고 한다. 지속적으로 노력할 수 있고 노력해야 할 지향점이 있기 때문이다. 힘들게 개척한 교회임에도 일단 수적인 부흥보다도 더 중요하게 생각한 부분은 우리교회에 주신 하나님의 비전을 공유하는 건강한 성도를 양육하는 것이었다. 그래서 섣불리 성도들을 교회에 등록시키지 않았다.

한국교회의 문제 중 하나는 무턱대고 성도수를 늘리는 데 있다고 생각해 처음부터 숫자적인 증가는 무의미하다고 여겼기 때문이다. 성도가 이곳저곳을 기웃거리다 돌고 돌면서 교회의 등록 숫자만 늘리는 건 하나님께도 영광스런 일이 결코 아니다. 주님의 몸이신 교회는 양적인 증가보다 질적인 성장이 중요하다. 그렇게 하면 결국 양적인 증가로 돌아온다.

우리교회가 원했던 것은 나약한 성도만 가득한 교회가 아닌 주님의 몸된 교회를 사랑하고 동일한 비전을 품은 성도도 많고 영성도 깊은 교회였다. 그러려면 성도로 등록을 인정하는 것부터 신중해야 했고, 성도로 성장하는 과정을 세심하게 신경을 써야 했다. 그리고 그런 과정을 돕기 위해서 이미 우리교회에서 신앙생활을 하며 잘 정착하고 계신 분들과 함께 교회를 세우는데 동역하기 시작했다.

이른바 바나바 사역이었다.

바나바는 바울의 동역자였다. 바울을 안디옥 교회로 초빙하여 함께 사역을 하도록 한 사람으로 그의 이름은 '분명히 바르게 권면한다(파라클레시스)'는 뜻이었다. 성경에 나오는 바나바는 매우 친절하고 동정심이 많으며 구제에도 앞장섰으며 부성애적인 성향의 바울과는 달리 모성애적인 감성이 뛰어난 인물이었다.

우리교회 공동체의 일원으로 새신자를 정착시키기 위해서는 이런 바나바와 같은 인물이 필요했다. 그래서 새로운 성도가 교회에 등록을 하게 되면 곁에 붙어 예수님의 마음으로 권면하고 모성애로 감싸줄 신실한 바나바들을 내가 직접 세우고 붙여주었다.

바나바가 될 이들을 가장 잘 아는 사람이 담임목사이기에 교회를 사랑하고 담임목사의 목회철학을 아는 건강한 성도 중에 선별하여 세웠다. 바나바 사역은 우리교회의 성장에 있어서 중요한 양육 프로그램이 되고 있는데, 이 바나바로 세워질 분들은 특별한 은사가 필요하다. 긍휼히 여길 줄 아는 마음과 따뜻함과 모성애(또는 부성애)가 풍성해야 했기에 아무리 교회를 위해 애쓰는 재직이라도 바나바로 세워지지 않을 수도 있다. 그만큼 중요하고 특별한 직분이기에, 바나바를 세우는 일은 지금껏 담임목사인 내가 직접 세우고 양육하고 있다.

이렇게 새신자에게 바나바가 붙여지면 3주간 바나바가 그들을 도맡아 돌보고 양육을 한다. 이 양육은 신앙생활의 아주 기초적인 부분으로 제일 먼저 복음이 무엇인지 알려주고 교회 공동체의 비전을 공유할 수 있도록 교회와 성도들을 소개하는 것이다. 그리고 성도로서 해야 할 일들을 바르게 가르쳐 준다. 이때 바나바는 이미 등록한 기존 성도들을 소개할 때 교회를 사랑하고 신앙의 간증이 풍성한 지체들을 먼저 소개함으로 자연스레 새가족으로 하여금 교회등록을 잘했다는 신뢰를 가질 수 있도록 분위기를 만들었다.

한번은 아내가 그런 이야기를 한 적이 있다.

"목사님, 저는 그렇게 교회를 열심히 다녔고 청년부 때부터 선교사로 나가려고 훈련도 받았는데 정작 교회 안에서 복음이 무엇인지, 왜 교회를 사랑해야 하는지에 대해서는 교육을 안 받았던 것 같아요. 지금은 복음에 대해 알고 가르치기도 하지만 신앙생활하고도 한참 지날 때까지 복음에 대해 교회에 대해 대충 맞추는 식으로 배웠거든요. 교회에 들어와 새롭게 신앙생활을 하시는 분들에게 교회가 어떤 곳인지, 복음이 무엇인지 먼저 확실히 교육이 필요할 것 같아요."

나도 아내의 의견에 100% 공감했다. 맞는 말이었다. 우리는 끊임없이 교회를 다니고 복음을 이야기하지만 정작 복음이 뭔지, 구원이 무엇인지 확실히 모르고, 또 배우지도 못하는 경우가 많다. 우리교회는 그래서 신앙의 가장 기본적인 코스를 교육 단계의 가장 처음에서 받도록 했고 그로인해 신앙의 확실성을 먼저 가질 수 있게 양육했다.

"성도님, 이제 3주간 교육을 마쳤기 때문에 큰빛교회의 정식교인이 되셨습니다. 축하드립니다."

쉽지 않은 과정을 잘 마친 새신자들을 분기별로 모아서 새가족 수양회를 통해 호텔 수준의 멋진 식사를 대접하고, 바나바로 섬긴 교인들과 새가족이 배치될 속회 지도자들이 함께 해 최고의 손님으로 섬기며 새로운 가족이 된 것을 기뻐하며 아낌없이 박수로 환영해 준다. 꽃다발을 받고 축하의 인사를 건네고 축복송을 부르는 과정 중에 눈물을 흘리는 분들도 있다.

그렇게 정식 교인이 되면 이제 담임 목사인 내가 그들과 만나 양육 할 차례가 된다. 이제 막 알에서 깨어 병아리 신앙을 가진 그들에게 필요한 것은 올바른 복음에 대한 확신이었기에 양육 프로그램명도 '확신반'으로 정했다. 4주 동안 주일예배 후 점심을 함께 먹은 뒤에 이들과 함께 하는 시간은 무척 은혜로웠다.

"성도님, 성도님은 무슨 기도를 하세요?"

"아직 기도하는 방법도 잘 몰라서요. 그냥 원하는 것 해 달라고 조르듯이 얘기해요."

"아닙니다. 기도는 하나님과 대화하는 것이고 하나님과 교제하는 겁니다. 아주 잘하고 계세요. 하나님은 아버지가 되시고 우리는 자녀이기 때문에 아버지가 아이들과 얘기하듯 기도하면 되는 거예요. 아이들보면 부모한테 하나부터 열까지 다 말하잖아요. 그런 자식이 더 예쁘듯이 기도 많이 하는 자녀들을 좋아하세요."

"네, 그렇군요. 근데 정말 하나님이 다 들어주시나요?"

"그럼요. 하나님은 우리 기도를 다 듣고 계십니다. 그리고 다 들어주십니다. 다만, 그 기도의 응답이 우리가 기도하는 대로 이뤄지는 건 아닙니다. 아무리 아이를 사랑한다고 하지만, 그 아이가 해 달라는 대로 다 해줄 순 없잖아요. 때론 아이의 요구가 부당할 때도 있으니까요. 그땐 안 된다고도 할 수 있고 기다리라고 할 수도 있죠. 기도는 무조건 내 뜻대로 이루어지는 것이 아닙니다."

조금 더 신앙의 깊이를 갖추기 위한 확신반 교육은 3주전 아무 것도 모르는 초신자에서 한발 나아간 성숙한 성도의 모습으로 변화시켰다. 확신반을 통해 성경의 전반적인 것을 보는 눈과 신앙의 기본이라 할 수 있는 기도생활과 성령의 인도하심에 대해 4주간의 교육을 했고 이 과정을 거친 성도는 2달 전에 처음 교회로 왔을 때 본 성도와는 완전히 달라져 있게 된다.

확신반 교육을 통해 구원의 확신을 얻은 사람에게는 생애 최고의 기쁨, 거듭남의 순간인 세례 예식을 행했다. 이 예식은 교회마다, 교단마다 차이가 있겠지만 우리교회는 이 날을 축제로 만들었다.

세례 예식을 마쳤을 때 울지 않은 사람이 한 사람도 없을 정도로 세례예식은 경건하고 순결했다.

이렇게 온전한 주님의 신부가 된 이후에도 성도에서 일꾼이 되는 과정으로 우리는 초청한다. 세례식까지의 양육은 젖먹이 아이가 걸을 때까지 돌보는 무조건적인 사랑 양육이라면, 이후부터의 양육은 아이를 스스로 뛰게 하고 성장하게 하는 훈련이라고 볼 수 있다.

미국 메이저리그에서 가장 많은 통산 홈런을 쳤던 행크 아론은 지독한 훈련 벌레였다고 한다. 밤새도록 연습을 하면 힘이 빠져서 휘청거릴 정도였다고 하는데 신기하게도 다음날 타석에 들어서면 푹 휴식을 취한 선수보다도 훨씬 에너지가 넘쳤다고 한다.

"타석에 들어서면 투수의 볼이 보입니다. 아직 볼을 던지지 않았는데 그의 폼만 봐도 직구로 던질지 커브로 던질지 보이고, 또 컨디션이 정말 좋은 날은 날아오는 공이 수박 만하게 보입니다. 아마 훈련의 힘인 것 같습니다."

근육을 만드는 헬스 트레이너들이 말하길 근육에도 습득력이라는 게 있는데, 48시간이 지나면 기억을 잊어버려 예전의 몸으로 돌아가려고 한단다. 그러므로 근육을 만들고자 하는 사람은 숙달된 연습을 잊어버리지 않기 위해 끊임없이 훈련해야 한다.

신앙훈련도 이와 같다. 한마디로 영적인 근육을 탄탄히 만드는 것이다. 그것을 단단하게 만들려면 끊임없는 훈련이 필요하다. 그렇게 훈련을 하다보면 말씀이 깨달아지고 하나님의 뜻이 무엇인지 알게 된다. 예수님과의 첫사랑의 뜨거움을 잊지 않도록, 열기가 식지 않도록 훈련하는 것, 그것이 우리교회의 양육 시스템이 갖는 지향점이었다.

성장반, 제자반, 사역자반에 이르기까지 훈련 프로그램은 갈수록 힘들고 어렵지만 그만큼 영적인 성장 속도에 가속도를 붙인다. 그와 더불어 그들이 경험하는 놀라운 체험들이 더해져 교회는 나날이 부흥하며 간증들로 넘쳐나기 시작했다. 교회에 나오는 성도들이 모두 하나같이 진정한 예수님의 일꾼이 되어가고 있다는 신호이다.

우리교회 성도들은 삼척 이외에 지역에서 교회를 찾는 분들이 50% 이상이 되므로 양육 훈련까지 받기가 쉽지 않은데도 시간을 기꺼이 내어 훈련에 참여하며 즐겁게 동참하는 그들의 발걸음을 볼 때면 목사인 나는 기쁨의 눈물이 난다. 그러나 이 모습을 보고 계시는 주님은 더욱 기뻐하고 계실 것이다. 자신의 사역을 함께 하겠다는 일꾼들이 해마다 늘어가고 있으니 말이다.

이처럼 교회사역에서 중요한 것은 성도수보다도 진정한 공동체 일원의 숫자이다. 100명의 성도가 제 멋대로 모이는 교회보다는 10명의 성도가 같은 비전과 책임감을 공유하며 모이는 교회가 훨씬 더 큰일을 할 수 있기 때문이다.

사랑이 최고의 양육방법

앞서서 나는 교회의 각종 행사와 디자인 같은 요소들의 중요성에 대해서 이야기했다. 그러나 행사를 잘 준비하는 것보다 훨씬 중요한 일이 있다. 바로 사랑이다.

진정한 공동체가 되는 과정과 사랑의 양육은 서로 떼려야 뗄 수 없는 관계이다. 사랑이 없이는 진정한 공동체가 만들어질 수도 없고 모두가 하나된 공동체가 되지도 않았는데 서로에게 사랑을 전할 수 없다. 아무리 문화적으로 풍성하고 많은 사람들이 모이는 성공적인 행사를 치렀다 하더라도 그 안에 사랑이 없으면 그 즐거움이 유지되는 시간은 아무리 길어봐야 1년이다. 그 과정 중에 연합했던 모임은 그 결과가 끝나면서 자연스럽게 해체될 것이다. 그러나 정말로 힘들 때 건네는 사랑의 말 한 마디는 한 사람의 마음에 평생을 머물러 있다. 이런 관계는 비록 단 한 번의 만남으로 맺어졌다 해도 평생 동안 유지된다. 내가 어린 시절 교회에 다니게 된 것도 교회에서 사랑을 느꼈기 때문이다.

어린 시절 우리 부모님은 바다에 나가 고기를 잡고 철물점도 운영하느라 집을 비울 때가 많았고 항상 바쁘셨다. 부모님은 그 상황 속에서도 나름 자녀들에게 신경을 쓰고 사랑을 많이 주셨지만 나에게는 그 사랑이 부족하게만 느껴졌다. 아마 그분들이 가능한 방법으로 사랑해 주셨지만 내가 생각하는 사랑의 언어와는 조금 차이가 있었기 때문인 것 같다.

그런데 우연히 친구를 따라 나가게 된 교회에서 그 부족함을 채워 줄 사랑을 느끼게 되었다. 처음에는 그 사랑이 당시 나를 담당했던 선생님이 주시는 사랑인 줄 알았으나 신앙이 성장하면서 점점 그것이 하나님으로부터 온 사랑이라는 것을 알게 되었고, 나도 그와 같은 사랑을 전하는 사람이 되어야겠다는 생각을 하게 됐다.

개척 초기나 지금이나 나는 성도들에게 최대한 하나님의 사랑인 아버지의 사랑을 느낄 수 있도록 최선을 다해 섬기고 관심을 가진다. 그러기 위해선 먼저 나부터 사랑하는 모습을 실천해야 했다.

그런 일환 중의 하나가 바로 출산 심방이다.

교회 성도들 중 아이들을 낳은 사람이 있으면 나는 어김없이 근사한 선물 바구니를 들고 병실을 찾아가 아이를 위해 축복기도를 해준다. 물론 아내만 교회를 나오는 경우도 많이 있고 때로는 남편이 매우 교회를 부정적으로 생각하는 경우도 있다. 그러나 사랑의 속성 중 하나는 두려워하지 않는 것이다. 그리고 정말로 온 마음을 다해 아이를 위해 또 산모를 위해 기도를 해주면 대부분 그 모습을 보고 믿지 않는 남편들, 그리고 가족들이 매우 큰 감동을 받는다. 그리고 차후에 심방이나 가끔 교회를 찾아오게 되면 이분이 교회에 대해 그렇게 안 좋은 소리를 하던 그분이 맞나 싶을 정도로 웃는 낯으로 나를 맞는다. 우리교회에는 이런 방법을 통해서 복음을 믿고 신앙을 갖게 된 남편 분들, 가족 분들이 매우 많다.

또한 개인적인 문제로 나를 찾아오는 성도들도 많이 있다.

특히 이 부분에 대해서 많은 목회자들과 모임의 리더들이 알아야 할 것이 있다. 성도들이 리더나 목회자를 만나러 올 때에는 반드시 오기 전에 열 번 스무 번을 고민하고 생각을 한 뒤에 찾아온다는 사실이다. 그러므로 그 일이 아무리 별 것 아닌 것 같아 보이고, 또 개인적인 업무로 바쁘더라도 절대 그런 티를 내선 안 되며 얼마든지 시간을 내줘야 한다.

나의 경우는 역지사지의 마음을 갖고 편안한 마음을 가질 수 있도록 되도록 친절하게 맞는다. 그리고 당장 답이 나오지 않는 상황이라 하더라도 문제가 해결될 때까지 성도와 함께 기도로 붙든다는 마음으로 그 자리에서 고민을 나눈다. 그리고 말로만 끝나는 것이 아니라 그 문제를 해결할 수 있는 방법을 백방으로 알아보고 발로 뛰어다닌다.

하나님의 사랑을 흔히들 아버지의 사랑으로 표현한다.

그렇다면 자녀들이 심각한 문제에 처했다는데 말로만 돕겠다고 할 수 있겠는가?

물론 내가 그렇게 노력을 한다고 해결되는 문제들은 대부분 아니다. 그러나 실제로 그렇게 노력하는 목사의 모습을 보고 성도들은 큰 감동을 받는다.

•열심히 헌신하며 봉사하는 남자 성도들

"목사님은 남자 집사님들을 잘 이해를 해주시는 것 같아요."

"그럼요. 아무리 여성의 사회 참여가 높아졌지만 가정을 이끌어가는 가장의 역할, 가장의 무게만큼 크지 못해요. 그러니 집사님들, 남편에게 잘 하세요. 사회에 나가서 얼마나 힘들게 일하는지 생각하세요."

이런 얘기에 반감을 가질 수도 있겠지만 우리 성도들은 달갑게 이해하며 받아들여 주신다.

우리교회의 자랑거리 중 하나는 다른 교회들보다 열심히 헌신하고 봉사하는 남자 성도들이 많다는 것인데 이분들이 처음에는 다들 마지못해 끌려나오는 분들이었다. 그러나 목회자로서 언제나 살갑게 대하며 관심을 갖고, 심방이라도 한 번 더 찾아가며 고민을 나누다 보면 조금씩 마음을 열고 교회를 처음 올 때와는 전혀 딴판인 다른 사람들이 된다.

이런 사랑과 관심에서 중요하게 생각해야 하는 점이 두 가지가 있는데, 먼저는 사람마다 효과적인 사랑의 언어가 존재한다는 것을 아는 것이고, 다음은 관심을 표현하기 위해서는 끈기와 영혼사랑의 인내가 필요하다는 것이다.

게리 채프만 박사는 사랑에는 5가지 언어가 있다고 했다.

'봉사, 선물, 함께 하는 시간, 스킨십, 인정하는 말'

사람마다 이 언어의 비중이 모두 다르기 때문에 배우자와 가족 간에는 이 사랑의 방식을 먼저 알아야 건강한 관계가 형성된다는 이론이다. 마찬가지로 성도들을 사랑으로 양육하기 위해서는 먼저 되도록 많은 시간을 보내며 어떤 성도가 어떤 사랑의 언어를 필요로 하는지 파악하는 것이 중요하다. 그래서 개척 초창기부터 새신자가 오면 반드시 심방을 통해 억지로라도 함께 하는 시간을 만들었다.

"목사님, 이번에 새롭게 교회를 찾은 성도에요."

"어서 오세요. 정말 반갑고 감사합니다. 그런데 성도님, 우리교회는 새신자로 등록하기 전에 심방이 있습니다. 언제 댁으로 찾아뵐까 하는데 괜찮을까요?"

"네? 아뇨. 심방은 좀 그런데……."

처음엔 이런 분위기에 적응하지 못하는 분들도 있었다. 그도 그럴 것이 2000년대 들어서면서 사람들은 더 폐쇄적인 성향으로 바뀌었다. 예전에는 새가족으로 교회에 등록을 하면 가정으로 목사님을 불러 예배를 드리는 분위기가 일반적이었지만 지금은 완전히 바뀌었다. 약속이 되어 있지 않으면 갑자기 찾아가도 문도 열어주지 않는 분위기의 사회가 되었다. 그렇지만 우리교회는 아랑곳하지 않고 새로운 성도가 왔을 땐 우선적으로 심방해서 이야기를 나눌 수 있게 반드시 약속을 잡았다. 대부분 처음엔 거부반응을 보이다가 권유를 하고 친근하게 다가서면 다들 마음의 빗장을 열었다.

사실 대면을 처음 하게 된 사이에 할 말은 그리 많지 않다. 그러나 그렇기에 더더욱 찾아가야 한다. 사랑하는 마음이 있다면 그것 하나로 모든 어색함과 불편함은 곧 사라진다. 그것은 친근한 인간성이나 화려한 화술 때문이 아니라 복음을 대면하는 영혼 대 영혼의 끌림이 있고, 주님의 개입이 있기 때문이라고 생각한다.

새로 온 성도들은 대부분 외지에서 온 분들이 많았다. 원래부터 전도의 대상을 그분들로 잡았던 이유에서인지, 우리교회에는 서울을 비롯한 각 지방에서 모여온 분들이 참 많았다.

외지로 오게 된 이들은 사람을 그리워했다. 또한 외로움이 많고 지역에 대한 정보가 필요했기에 그런 필요를 채워줄 수 있는 공동체인 교회가 좋은 교제의 장이 되었다. 특히 그들의 공허한 마음과 외로움 안에 평안의 근원이 되시는 예수님을 전할 때 복음을 쉽게 받아들였다. 겉으로는 폐쇄적이며 심방을 꺼려했지만 그런 사람일수록 더더욱 사랑이 필요하고 복음이 필요한 사람들이었다.

이렇게 각지에서 모인 성도들이 많다보니 그런 다양함이 교회를 지역적 특색이 없는 곳으로 만들었고, 그 흔한 지연, 학연, 혈연에 얽매일 일이 없으니 자유롭게 교제를 나눌 수 있었다. 나 역시 성도들과 함께 하는 시간을 좋아하다보니 어떤 날은 하루 종일 성도들과 같이 있는 날도 많았다. 그러다보니 성도들의 세세한 사정까지 알게 되었고 그와 함께 사랑과 신뢰의 두께도 쌓여갔다. 그래서 어떤 집사님이 예배를 한 번만 빠져도 금세 알게 되고 관심을 갖고 대할 수 있었다.

"집사님, 김 집사님이 오늘 예배 때 보이질 않네요."

"김 집사요? 글쎄, 못 온다는 소리는 없었는데요."

"그래요? 지난번에 감기에 걸리셨다고 했는데 혹시 더 심해지셨나?"

이상하게도 예배에 참석하지 못한 성도들은 금세 떠오르며 그들의 사정과 형편까지도 기억났다. 그럴 때면 지체할 것 없이 그 성도의 집으로 찾아갔다. 갑작스런 목사의 방문에 놀라서 뛰어나오는 성도들이 있는가 하면 어떤 분은 몰래 도망을 치기도 했다. 그러나 한 영혼도 놓칠 수 없다는 귀한 깨달음을 이미 얻었기에 몇 번이고 찾아가 기어코 만났다.

"성도님, 지난주에는 무슨 일이 있으셨나요?"

"그게 목사님, 좀 바빠서 못 갔습니다."

"아무리 바빠도 예수님 만나는 시간은 비워두세요. 저도 성도님을 얼마나 기다렸는데요. 성도님이 안 오시면 제가 힘이 쭉 빠집니다."

그러면 대부분은 나를 봐서라도 교회에 빠지지 않고 참석하겠다고 말한다. 이렇게 얼굴을 보고 오는 것도 나만의 사랑으로 양육하는 방식이었다. 그래야 내 마음도 편했고 또 성도가 일이 있어서 교회를 못 나올 수도 있는데 응당 찾아가 사정을 들어야 한다는 생각에서였다.

어느덧 그렇게 시간이 흐르면서 큰빛교회가 개척 3-4년차, 5-6년차 접어들면서 순식간에 200명으로, 500명으로 성장하게 되었다. 그것은 곧 담임목사로서 책임지고 양육해야 할 성도가 많아졌음을 의미했다. 물론 여전히 모든 성도들을 사랑하고 있었지만 예전과는 다른 방법이 필요함을 느꼈다. 물론 성도들과 함께 하는 시간을 되도록 많이 가졌지만 규모가 늘어나면서 관여해야 할 일이 많았기에 예전처럼은 도저히 할 수 없는 순간이 찾아왔다. 그리고 그동안 사랑으로 양육한 성도들이 이제 나와 함께 그 일을 감당하는 귀한 일꾼이 되어주었다.

또한 동역자로 세워진 아내의 도움을 최대한 많이 받았다. 아내는 이미 나의 목회에 없어서는 안 될 동역자였고, 성도들의 사정과 형편을 세심하게 살피는 일을 잘해주었다. 간혹 성도들의 사정을 잘 알지 못할 땐 아내를 통해 소식을 전해 듣고 심방이 필요한 상황이면 밤늦게라도 방문해서 기도를 하면서 시간활용을 했다.

또한 성도와 만날 수 있는 시간은 최선을 다해 사랑의 마음을 전했다. 나이 지긋하신 성도님들은 손을 잡아드리는 것만으로도 위안을 느끼셨고, 교회학교 아이들은 머리 한번 쓰다듬어 주는 것으로도 충만한 사랑을 느꼈다. 특히 성도들을 향한 믿음의 선포와 함께 성도 개개인을 존중하고 존재를 인정하는 말을 함으로써 그들을 교회 일원으로 자존감을 느끼게 해주니, 비록 전보다 성도들과 함께 하는 시간은 적어졌지만 성도들은 충분한 만족감을 느끼는 것 같았다.

　개척 13년차, 지금도 성도들은 그 흔한 질투나 인정의 불만족으로 시험 당하는 일이 거의 없다. 간혹 교회가 자신을 별로 인정해주지 않는다고, 목회자가 사랑해주지 않는다고 속상해하는 경우가 있는데, 우리교회는 그런 일이 없다. 함께 하는 시간은 예전보다 많이 줄었지만 강단에서 선포되는 사랑의 메시지가 본인을 향한 메시지라는 것을 받아들이고, 눈빛을 마주하며 나누는 먼 인사도 자신을 향한 사랑의 인사라는 것을 성도들이 알아주기 때문이다. 목회자로서 정말로 감사한 일이 아닐 수 없다.

　게다가 우리교회에는 개척 초창기부터 나와 함께 사랑을 나누며 주님을 알아갔던 귀한 동역자들이 있다. 이분들이야말로 우리교회의 가장 귀한 보물들이다. 이제는 이분들이 나를 대신해 각 속회식구들의 사정을 일일이 체크하고 사랑으로 보듬어주며 문제가 생겼을 때는 즉각 보고함으로 교회의 부흥에 큰 도움을 주었다. 그래서 이전에 비해 내가 하는 일은 많이 줄었고 세세하게 신경을 쓰지는 못하지만 오히려 우리교회가 공유하는 사랑과 은혜의 크기는 이전에 비할 수 없을 정도로 더욱 커졌다.

　나는 교회에서 일어나는 대부분의 문제들은 일차적으로 사랑의 본을 보여줄 사람들이 없기 때문이라고 생각한다. 개척 초기에는 이런 모습을 되도록 성도들에게 많이 보여주기 위해서 세 반이나 되는 성경공부 반을 혼자서 도맡아 한 적이 있었다. 그런데 내가 너무 심각할 정도로 나의 삶이나 약점을 오픈해서 성도님들이 매우 큰 충격(?)을 받았었다.

　내가 이렇게 과도하게 마음을 열었던 것은 내가 먼저 마음을 열어야 성도들이 열 것이라는 생각이었고, 나는 완전무결한 성인처럼 보이는 목사가 아니라 성도들과 마찬가지로 하나님을 닮기 위해서 발버둥치고 노력하는 목사라는 사실을 보여주기 위해서였다.

　성도들은 이런 과정을 통해서 나를 저 하늘 위에 있는 사람으로 모셔야 될 사람이라 생각하기 보다는 나와 함께 노력해 예수님을 따라가야겠다는 생각을 하게 됐다. 이때 나와 끈끈한 유대감을 형성한 성도들은 지금 대부분 개척 초기의 나와 같은 모습으로 각 모임 리더들을 맡고 있고 나름 중직에 다들 위치해 있음에도 체면을 전혀 중요하게 여기지 않고 오히려 직분을 맡은 자를 더 섬기는 자리로 이해한다. 화장실이 더럽거나 예배당이 더러우면 누구를 시키지 않고 직접 쓰레기를 줍고 청소를 하는 나의 모습을 보고 자연스레 비슷한 습관이 몸에 이미 배어있었기 때문이다.

지금도 우리교회에는 궂은일을 하는 사람이 따로 없고 직분에 상관없이 모두가 헌신한다.

교회를 개척해서 지금까지 목회를 하면서 일을 시키는 사람, 그 것을 쫓아하는 사람이 따로 구별되어 있다는 생각을 해본 적도 없고 우리교회에는 그런 분위기를 만들고 싶지 않았다. 그리고 다행히 이런 생각이 지금은 우리교회의 문화가 되어 더욱 하나의 공동체로 뭉쳐 하나님의 은혜를 체험하는 일에 큰 도움을 주고 있다고 생각한다.

사랑은 성경 말씀대로 "말과 혀로만 하는 것이 아니라 행함과 진실함으로 하는 것"(요한일서 3:18)이다. 리더들과 교역자들이 먼저 이런 사랑의 모습을 보인다면 지금 우리교회의 성도님들처럼 함께 속한 모임의 사람들도 누가 시키지도 않아도 하나 둘씩 마음을 열고 변해갈 것이다.

믿음의 홀로서기

독수리는 새끼에게 나는 법을 가르치기 위해서 높은 절벽 위에서 떨어뜨린다. 새끼가 미워서 죽이려고 그러는 것이 아니라 나는 법을 가르치고 성장시키기 위해서이다.

신앙의 목표도 결국은 성도가 혼자서 어떤 일을 당하더라도 믿음을 저버리지 않고 하나님을 향해 시선을 고정할 수 있도록 독립을 시켜서 열매를 맺게 하는 것이다. 복음을 전하고 신앙의 기초를 확립시키는 데까지는 사랑의 양육이 필요하고 하나의 공동체가 되는 것이 필요하지만 그 이후부터는 혼자서 신앙을 꾸릴 수 있도록 홀로서기를 준비시켜 줘야 한다.

많은 교회들이 전도를 하고 열심히 제자훈련까지 시키는 데는 성공을 하지만 결국 믿음의 홀로서기를 통한 양육의 완성에는 실패한다. 그러나 최소한 훈련의 목적이 믿음의 홀로서기에 있다는 사실을 알려주는 것만으로도 성도들의 신앙은 분명하게 더욱 성장한다. 나는 아내의 매서운 충고로 인해 이 사실을 깨닫게 되었다.

지금도 기억나는 건 첫 부임지인 용화교회에서 첫 예배 설교시간이었다. 예배를 마친 뒤에 아내의 얼굴이 많이 어두웠다. 그날 아내는 내게 뭐라고 말은 하지 않았지만 한참 시간이 흐른 후 이런 말을 했다.

"그때 전도사님의 설교를 듣고 내가 이런 설교를 하는 사람을 남편이자 목회자로 믿고 사모로서 살아가야 한다고 생각하니 앞이 캄캄했어요."

오랜 시간이 지난 뒤의 말이었지만 아내의 이야기는 내 마음을 후벼 파는 듯 했다. 스스로 첫 설교라 참 많이도 준비한 설교였는데 아내에게 그렇게 무참한 평가를 받은 것이다.

'나를 돕겠다고 와서 앉아 있는 아내에게도 은혜를 끼치지 못하는 설교를 누구에게 하겠다는 말인가?'

그날 이후 참으로 많은 책과 씨름했고, 한국의 유명한 목사님들의 설교를 들으며 전심으로 하나님께 무릎을 꿇으며 노력했다. 그날 아내의 선한 책망으로 지금도 주말이면 설교와 씨름하며 예배를 준비하는 계기가 되었다.

만약 그때 내가 아내의 이야기를 참견이나 잔소리로 받았다면 서로에게 힘들었을 것이다. 그러나 내게는 참으로 소중한 시간이었고 나를 돌아보는 기회가 되었다. 부부이기에 가장 가까운 사이이기도 했지만 서로를 너무 잘 아는 사이인지라 참으로 쉽지 않은 이야기를 해준 아내가 고마웠고 나는 최선을 다하는 기회가 되었으니 감사하기만 하다. 오히려 만약 그때 아내가 나를 생각한다고 좋은 말만 해주었다면 나는 말씀을 더욱 연구하며 파고들지 않았을 것이며 하나님이 주시는 많은 은혜를 누리지 못하는 그저그런 목회자가 되었을 것이다.

큰빛교회를 개척하고 얼마 지나지 않을 때였다.

새로 지어진 교회를 보는 것만으로도 좋아 한참을 보고 또 보던 때였다. 마침 예수전도단 찬양사역팀이 우리 교회를 방문했다. 헌당도 축하할 겸 그들은 지금껏 애쓴 목사 부부를 위로해준다며 우리 부부를 위한 찬양 집회를 열었다.

한참을 따라부르며 은혜에 젖어 있는데, 사역팀 리더가 내게 물었다.

"김 목사님, 저희가 찬양 중에 기도해드리겠습니다. 특별히 기도

해주었으면 싶은 내용이 있으십니까?"

여러 가지 기도 제목이 있었지만 그날만큼 나는 목회자로서 주님 앞에 바로 서는 사람, 인정받는 종이 되고 싶은 소원이 생겼다.

"지금까지의 목회는 우리 사모를 비롯해 주변의 도움을 받았지만 이제는 목회자로서 더욱더 올바로 설 수 있길 원합니다. 독립적으로 바로 서기 원합니다."

그날 우리 부부를 위한 찬양사역은 1시간 넘게 이어졌고 나는 큰 은혜에 눈물을 지으며 아내의 손을 꼭 쥐었다. 그런데 동상이몽이라더니 아내는 그런 나의 말에 큰 상처를 받았다고 한다. 내가 목사로서 모든 면에서 독립적인 인격체가 되길 원한다는 말이 마치 자신의 도움이나 협조로부터 벗어나길 원한다는 말로 전달되었다는 것이다. 아내의 입장에서 생각할 땐 지금껏 돕는 배필로서 섬긴 것 밖에 없었으니 서운하게 생각할 만도 했다. 물론 나의 본뜻은 그것이 아니었지만.

이 고백은 개척한 지 10년도 훨씬 넘은 시점에서 이루어졌다. 그 말을 들으면서 아내의 마음이 이해가 되고 또 고마웠다. 10년 전 상처를 상처로 두지 않고 지금껏 동역자로 교회를 잘 섬기고 있는 걸 보면 역시 하나님이 아내에게 주신 특별한 지혜가 있음을 느끼게 된다.

"얼마동안은 마음이 좀 아팠는데 이내 주님의 위로가 있었어요. 사실 처음에 그 얘기 들었을 땐 내가 너무 남편 목회에 간섭하는 건가 후회되고 염려도 되었는데, 나중엔 목사님이 어떤 마음으로 그런 이야기를 했는지 이해가 갔어요. 한번은 우리 교회 성도가 얼마 되지 않는 시점이었는데 성도들을 향해 성도 100명을 선포하더라구요. 내심, 걱정스런 마음도 들고 안 그랬으면 싶어서 마음이 불편했는데, 정말 추수감사절에 모인 성도가 100명이 넘었잖아요. 그때 강단에서 선포되는 말씀은 영적인 권능이 있고 강단에 선 목사는 내 남편이기에 앞서 기름 부은 주님의 종이라고 받아들여졌어요. 그 이후 목사님의 독립을 완전히 받아들이게 됐어요."

참 고마운 고백이 아닐 수 없다. 지금도 성도들 곁에서 나의 곁에서 돕는 자로서 최선을 다하고 있기에 고맙고 영적인 분별력으로 서야 할 자리를 분명히 알고 지키고 있으니 감사한 일이다.

아내의 고백을 통해 다시금 생각하는 것은 영적인 독립이었다.

우리교회가 개척 이후 큰 성장을 하게 되면서 간혹 어떤 분들은 그런 걱정을 하기도 했다. 목사가 관리하기 딱 좋은 성도들이 있을 때 이탈률도 적고 사랑으로 양육하기 쉬운데, 너무 덩치가 커지는 것 아니냐고. 혹시라도 성도수가 많이 늘어나 목회자의 손이 모든 성도에게 미치지 못하면 성도들이 애정결핍에 걸릴 수도 있어서 문제가 생기는 것이 아니냐는 걱정들을 하는 분이 있었다.

물론 그 말이 아예 틀렸다고 생각하지 않는다. 양육해야 할 대상이 많아짐에 따라 힘들어지고 어려워지는 점이 있다. 그러나 사랑의 성숙함에 더해지는 성장이 이루어질 때 이런 문제는 문제가 안 된다. 갓난아기는 엄마 품을 3초만 떠나도 금방 울지만 바르게 성장한 자녀는 장성해서 오히려 부모님의 일을 돕는다. 나는 성도들을 대상으로 하는 제자훈련인 제자반, 사역자반 등 교육을 할 때 끊임없이 말했다.

"사랑하는 여러분, 주님께서 세상에 자녀들이 무척이나 많으신데 편애하시는 일이 없잖아요. 자녀 키워본 부모님들은 다 아시죠? 아무리 자식이 많고 생김새도 달라도 제각기 모습대로 사랑하게 되죠? 저 역시 여러분 모습을 있는 그대로를 사랑합니다. 다만, 저는 인간이고 연약하기에, 시간적인 제한도 있고 해야 할 일도 많기에 여러분들 모두에게 손이 미치지 못할 때가 있습니다. 그러나 그렇다고 여러분을 사랑하지 않는 건 아닙니다. 부모에게서 사랑받고 자란 자녀는 웬만큼 성장하면 그 사랑을 자양분 삼아 동생들을 돌보고 양육하는 일을 합니다. 여러분은 이미 건강하게 자라나 하나님의 자녀가 되셨으니 이제는 신앙적인 홀로서기를 해야 합니다."

이런 메시지가 주는 영적인 파장은 컸다. 아주 가끔이지만 신앙의 연수가 꽤 됐는데도 목사님의 사랑을 받고자 이목을 끌거나 또는 사람들로부터 관심의 대상이 되고 인정을 받고자 여러 경로를 통해 불만을 표현하는 성도가 있다. 그럴 때마다 나는 사람들이 나를 알아주기만을 바라고 사랑을 주기보다 받기만을 원하는 사람은 젖먹이 신앙에서 벗어날 수 없다고 단호히 말한다. 영적으로 성장하여 믿음 안에서 받은 사랑을 가지고 베푸는 자가 되라고 격려하면 결국 성도도 이해하고 따른다.

그래서인지 지금은 이런 부분에서 문제가 거의 일어나지 않고,

오히려 성도들끼리 서로 독려를 하며 정말로 멋진 사랑의 공동체로 교회를 가꾸어 나가고 있다.

우리교회가 숫적인 부흥과 함께 안팎으로 많은 사역을 감당하면서 여러 매체에서 취재를 오는 일들이 많아졌는데 취재를 오는 사람마다 성도들에게 다음과 같은 질문을 했다.

"교인이 많아지다 보면 자연히 목회자의 관심의 빈도도 줄게 되는데, 그 부분에서 문제가 있다고 보지 않으세요?"

그때 우리 성도들의 멋진 대답을 떠올리면 지금도 신바람이 난다.

"신앙생활이란 게 목사님 사랑 받으려고 하는 건가요? 하나님께 영광이 되는 삶을 살려고 노력하는 거죠. 그리고 목사님도 교회가 커지면서 신경 쓸 부분이 자연히 많아지시니까 그동안 사랑을 많이 받았던 우리가 성도들을 돌보고 목사님을 잘 보필해야 한다고 생각해요. 우리가 도와드릴 부분은 있는 각자의 자리에서 열심히 말씀 공부하고 기도하고 복음 전하는 것, 각자 주님의 부끄럼 없는 일꾼이 되는 것으로 도와드릴 뿐입니다."

이렇게 영적으로 성장하고 자라서 예수님의 제자가 되어가는 모습을 경험할 때마다 목사인 나는 천국을 경험하는 희열을 느끼며 지금도 그렇게 간증하는 성도들을 만날 때마다 진심으로 그들에게 감사한 마음을 가지고 있다.

한 교회의 교인이 되기 위해서는 먼저 공동체로 똘똘 뭉쳐 비전을 공유해야 한다. 그리고 그 과정에서는 사랑이라는 양육의 방법이 필요하다. 그러나 성도 개개인의 신앙이 완성되기 위해서는 결국 고독한 가운데 하나님을 묵상하는 기간도 반드시 필요하다.

영혼을 돌보고 복음의 사역을 담당하는 일은 외롭고 고독하다. 하나님의 부르심을 받았던 이들도 대부분 광야에서 외롭고 고독한 생활을 했다. 그러나 오히려 그 외롭고 고독함으로 하나님의 음성을 듣는 법을 배우며 홀로서기를 해 나갈 수 있었다.

우리도 마찬가지다. 홀로서기란 말이 외롭게 느껴질 수도 있지만 어차피 우리가 하나님의 인도와 은혜로 사역을 감당하는 자들이기에 홀로서는 것은 바로 주님을 느끼고 주님과 함께 걸어가는 것이라는 걸 알아야 한다. 이 모든 것이 결국 하나님이 원하시는 교회를 만들어가는 과정의 일환이라는 것을 성도들은 반드시 깨달아야 한다.

구원을 받은 성도들의 개인적인 체험을 듣다보면 어떤 사람이든 하나님을 깊게 체험하지 않은 사람들이 거의 없다. 그러나 이렇게 은혜를 입은 사람들이 하나하나 모인 교회에서는 어쩐 일인지 분란이 끊이지 않고 심각한 다툼이 자주 일어나고 있다. 크고 작은 교회를 가리지 않고 교회에서 패를 갈라 싸우다가 여러 갈래로 분열이 된 이야기를 우리들은 매우 쉽게 주위에서 접할 수 있으며 또한 미디어가 발달된 최근에는 교회를 다니지 않는 사람들까지도 이런 사실들을 알고 있다.

물론 교회란 완전한 사람들이 모이는 곳이 아니기에 언제든 문제는 일어날 수 있다. 그러나 문제가 일어나도 하나님의 사랑과 은혜로 봉합되고 성장하는 곳이지 그 문제로 곪아 터지는 곳이어서는 안 된다.

나 역시 목회자로써 성도들이 몇 명 되지 않았던 개척교회 시절부터 '진정한 교회는 무엇인지?', '하나님이 원하시는 교회는 어떤 모습인지?', '지금 보이는 여러 좋지 못한 모습들을 해결하기 위해서는 어떻게 해야 하는지?'와 같은 질문을 놓고 심각하게 고민하고 연구했던 적이 있었다. 그리고 하나님께서는 개척 초기에 '공동체'와 '사랑의 양육'이라는 두 가지 방법을 깨닫게 하셨다. 다행히 성도가 4명인 시절부터 성도들에게 철저히 이 두 가지 이론을 가르치고 함께 실천하자, 어느 정도 성장한 지금까지 교회적으로 문제가 되었던 분란이나 당파 싸움 등은 한 번도 일어나지 않았다.

개인적으로 지금의 교회들이나 일반 성도들의 신앙의 사조가 너무 개인적 체험 위주로 치우친 것은 아닌가 하는 우려가 있다. 대부분의 말씀과 간증들이 "내가 어떤 일을 잘했더니 어떤 복을 주셨다.", "내가 어떤 헌신을 하면 어떤 복을 받았다."와 같이 전부 개인과 하나님과의 관계에서 머물러 있지 공동체적인 경험과 체험과는 거리가 있다.

성도들을 사랑으로 양육하면 그 사랑을 경험한 성도들도 동일한 사랑으로 또 다른 이들을 섬기고 양육함으로 많은 이들을 교회에 정착 시킨다. 그래서 나는 성도가 4명이었던 때나 성도가 천

명이 넘은 지금에나 한 영혼도 교회에서 떨어져 나가지 않도록 생명을 걸고 목회를 한다.

교인들 모두가 꿈을 꿀 수 있는 환경을 만들어가기 위해서 노력을 한다. 교회가 단순히 전도를 한 뒤에 복음을 가르치고 그 이후는 알아서 개인의 신앙에 맡기는 것이 아니라 예수님을 믿고 천국을 가는 과정까지 모두 책임을 지는 시스템이 필요하다고 생각한다.

한 영혼이 교회에 떨어져 나간다는 것은 몸 된 주님에게서 떨어져 나간다는 뜻이기에 목회자로써 이보다 더 큰 슬프고 괴로운 일은 없다. 특히 나는 처음의 사역지인 용화교회에서 있었던 한 아저씨의 죽음을 통해 이 사실을 절절히 깨닫는 경험을 했기 때문이다.

성도들을 사랑의 공동체로 양육하자!

> "내가 사람의 방언과 천사의 말을 할지라도 사랑이 없으면 소리 나는 구리와 울리는 꽹과리가 되고 내가 예언하는 능력이 있어 모든 비밀과 모든 지식을 알고 또 산을 옮길 만한 모든 믿음이 있을지라도 사랑이 없으면 내가 아무 것도 아니요 내가 내게 있는 모든 것으로 구제하고 또 내 몸을 불사르게 내줄지라도 사랑이 없으면 내게 아무 유익이 없느니라"(고린도전서 13:1~3)

3년후인 지금

아무 연고도 없는 이들의 일이 내일처럼 느껴진다는 것은 사랑 없이는 불가능하다. 새가족이 오면 그를 전도한 이 뿐 아니라 바나바부터 속회 식구들 또 사역을 통한 공동체 속에서 많은 이들의 기도와 사랑이 건너가게 된다. 먼저 받은 사랑의 빚이 또다른 새가족에게로 흘러가며 선순환 구조를 이루고 있다.

그 시작은 영혼구령의 열정을 지닌 목사로부터였고, 이제는 큰빛 교회의 색깔이고 문화가 되어있다.

제5장

하나님의 권능을 체험하게 했다

하나님께서 주신 능력으로 승리한 일들을 적어보자.

● ● 백번 듣는 것보다 한 번 보는 것이 낫다는 말이 있듯이,
복음을 단순히 들려주기만 하는 것보다는
복음의 능력을 보여주는 삶이 더욱 위력이 있다.
이론이 아무리 완벽해도 실제 실험에서 무너지는 경우가 많듯이
하나님의 능력을 보여주지 못하는 성도의 삶은 언제나 미완성이다.

많은 지식, 높은 자존심, 복음에 적대적인 마음.
하나님의 능력을 체험하는 순간 어떤 벽이든 무너진다.
믿지 않는 사람들을 전도하기 위해 필요한 것은
변론과 논리가 아니라
살아서 역사하시는 하나님을 체험하게 하는 것이다.

EMPOWERING

산당을 헐고

 나는 무속신앙에 조예(?)가 깊다.

어린 시절 부모님과 살던 곳은 경북의 어촌이었다.

수산업을 비롯한 선박업 등을 하셨던 부모님은 늘상 바다와 관계를 맺고 계셨는데, 어촌의 특징 중 하나가 무속신앙에 전적으로 의지한다는 것이다.

특히 바다에 일을 하러 나갈 때면 바다를 지키는 신이라고 모시는 신에게 제사를 지냈고 그 예식이 무척 화려하고 거룩해 보였다. 용왕신에게 제사하는 것 뿐만 아니었다. 일반 가정에서도 온갖 신을 모시는 일이 많았다. 예수를 믿지 않던 우리 가정에서도 가끔 용하다는 무당을 불러 제사를 지내곤 했다.

"성태야, 이리 와서 절해라."

어릴 때는 생각 없이 절을 하기도 했다. 그러다보면 정말 빙의가 된 듯 무당이 날카롭게 갈아져있는 작두 위를 타는 기이한 장면을 연출하기도 했다. 그땐 무척 신기해했던 기억이 난다.

조금 더 컸을 때 까지도 가끔 굿을 하는 일이 있었고 동네에서도 이런 일이 잦았기에 접신한 이들이라 불리는 주술사들이 벌이는 행위를 자주 접했다. 그런데 조금씩 생각이 자라고 성장하면서 의심이 들기 시작했다.

'저 사람이 진짜인가? 진짜 신통한 능력이 있는가?'

굿하는 광경을 많이 봐서인지 시간이 지날수록 저 사람이 진짜 무당인지 가짜 무당인지 알게 되었다. 어린 마음에도 대부분의 무당들은 엉터리로 보였다. 누가 가르쳐준 것도 아닌데 진짜 그들의 신이 운행하는지 아닌지 분별이 가능해졌다.

나중에 목회를 하게 되면서 어릴 적 그때의 기억이 가끔 떠오르며 진실된 목회는 하나님의 영이 운행하시는 삶이 되어야 한다는 생각을 하곤 했다. 그러려면 하나님의 영으로 충만하여 온갖 공중권세 잡은 세력을 물리쳐야 했다.

개척 후 시작된 목회는 새로운 복음의 땅을 건설하는 고난의 과정을 걷는 동시에 삼척이란 지역의 공중권세 잡은 세력을 물리치는 과정이었다. 이런 깨달음은 목회를 이어가는 내내 중요한 기준이 되었고 실제 그 부분에서 승리한 경험이 있다.

조립식 건물이 거의 지어질 즈음 우리교회는 하나님의 은혜로 4명에서 60-70명으로 부흥 발전했고 하루 5시간 이상 자지 않고 뛰어다니는 목회를 이어갔다. 새벽기도를 시작으로 하루를 시작하고 정식 예배인도, 속회인도, 개인심방 지역을 다니며 복음을 전하고, 교회를 바로 세우는 일이 무엇보다 중요했기에 각종 교육 훈련 커리큘럼 작성과 각종 집회에 서는 등 할 일이 참 많았다.

어릴 때부터 워낙 약골이었던 터라 잔병치레도 많았던 나는 체

질적으로 약한 부분이 있었다. 어떤 분들은 살이 쪄서 걱정이라고 하시지만 지금껏 나는 살쪄서 고민해 본 적이 한 번도 없을 정도로 늘 마른 상태로 지낸다. 게다가 개척교회 목사, 젊은 목사다보니 누구보다 열정이 컸고 설교 한 번에 온 힘을 쏟는 편이라 설교 한번 끝나면 녹초가 되곤 했다.

그 날도 새벽기도회를 마치고 나오는데 유난히 피곤을 느꼈다.

'아, 오늘은 집에 가서 좀 쉬었다가 나와야겠다.'

실은 그날은 특별한 오전 스케줄이 없기에 눈을 좀 붙였다가 교회에 나올 생각이었다. 집에 들어가서 누우려고 하는데, 기분이 왠지 이상했다. 몸은 물에 젖은 솜처럼 피곤한데 정신은 또렷한 기분이랄까, 누우면 안 될 것 같은 생각이 들었다.

'왜 이렇게 교회에 가고 싶지? 딱히 일정이 있는 것도 아닌데.. 이상하다.'

그 마음을 누르고 누우려는데 아무래도 안 되겠다 싶어 일어났다. 그 길로 교회로 뛰어갔다. 성도 한 사람도 없는 교회가 휑하게 보였다.

그때 내 눈에 들어온 것은 우리 교회 뒤쪽에 있는 한정식 식당이었다. 웬일인지 그 날 한정식집에 사람들이 많이 모여 있었는데, 한눈에 봐도 모종의 계획을 세우고 있는 듯 보였다.

당시 교회의 부지 뒤쪽엔 꽤 큰 한정식집이 기와집으로 지어져 있었고 옆쪽으론 새로 지어진 아파트 단지가 있었다. 그리고 그 아파트 단지 아래에 상가건물이 따로 지어져 있었는데 문제는 한정

 식 집이었다. 그곳의 주인은 불교 신도협회의 회장을 오랫동안 지내던 사람이었다. 늘상 보살들이 입는 옷을 입고 다니고 매번 불교 관련자들이 드나들며 모임을 갖는 등 교회에서 보기가 좀 그랬다.

그런데 그 날 교회로 가던 중 한정식집에서 유난히 큰 소리가 나기에 나도 모르게 가까이 다가가 그들의 이야기를 듣게 되었다.

"스님, 이 건물을 암자로 내놓을까 합니다."

"어이쿠, 그러면 저희야 좋지요."

대충 이런 내용의 이야기가 오가고 있었다.

큰일이었다. 그 건물이 절에 넘어간다면 한쪽엔 교회 또 한쪽엔 암자가 생기는 이상한 형태가 된다.

그때 정신이 번쩍 들었다. 성령께서 나를 그토록 교회에 나오게 하셨던 이유가 분명해진 것이다.

'아, 저것만은 막아야 한다. 영적인 권세가 승리한다는 것을 보여주어야 한다.'

그때 들었던 생각은 단 하나, 하나님의 영이 이 지역을 운행하시는 환경을 만들어야 한다는 생각 뿐이었다. 성도들에게 공중권세 잡은 사단의 공격을 받게 둘 순 없었다.

"중요 직책을 맡고 계시는 직분자들 모여주세요."

그때 큰빛교회 성도는 6-70명으로 늘어났지만 신앙의 연수가 깊은 분들보다는 새롭게 신앙생활을 하고자 하는 분들이 더 많았다. 게다가 장로님이나 권사님과 같은 중직이 계신 것도 아니었지만 누구보다 교회를 사랑하고 아끼는 마음이 있는 성도들이었다. 그렇게 모인 교회 중직들에게 그날 아침 목격한 일을 전했다.

"여러분, 오늘 아침 성령님께서 자고 있는 저를 깨워 교회에 보내신 건 분명한 이유가 있다고 생각합니다. 하나님의 교회가 영적인 훼방을 받는 걸 원치 않으시는 겁니다. 목적이 이렇게 분명한데 우리 교회 옆에 암자가 들어오는 걸 두고 볼 순 없지않습니까? 하나님은 이스라엘 백성에게 각종 영적인 훼방을 놓는 산당을 허물라고 하셨는데 어떻게 하면 좋겠습니까?"

내가 진심을 다해 마음을 털어놓자 성도들이 불같이 들고 일어섰다.

"목사님, 우리가 한번 막아봅시다. 교회와 절이 서로 등맞대고 있는 거 얼마나 우습습니까? 우리가 아예 한정식집을 삽시다. 그곳마저 하나님의 전으로 만들면 되지 않겠습니까!"

오히려 성도들이 나서서 암자 주지에게 넘어가는 걸 막자고 나섰다. 그들이 나의 뜻, 하나님의 뜻을 알아주니 얼마나 고마웠는지 모른다.

문제는 돈이었다.

조립식 건물 교회가 거의 완성단계에 있었지만 그것도 어려운 물질의 과정이 남아 있었다. 인간적인 눈으로 바라볼 때 건물을 사는 일은 무리였다.

'주님, 어떻게 할까요. 주님은 저곳에 암자가 들어오는 걸 원치 않으실텐데요.'

그저 기도 밖에 할 수 없던 나로서도 답답했다. 도대체 3억이란 돈을 어떻게 어디서 구한단 말인가. 하나님의 목적이 있는 건 분명한데 방법이 뾰족이 떠오르지 않았다.

바로 그때 한 성도가 나섰다.

"목사님, 저희 집을 담보로 내놓을테니 대출을 해서 돈을 마련하시지요."

"목사님 저도 그렇게 하겠습니다."

자신의 전재산이라고 할 수 있는 집을 담보로 내놓는다는 건 정말 쉽지 않은 일이다. 그런데도 그곳에 모인 개척교회 교인들이 서로 앞 다투어 자신의 집을 내놓겠다고 했다. 그 모습을 보는데 얼마나 감격스러운지 나도 모르게 눈물이 흘렀다.

"성도님들, 여러분들이야말로 세상의 빛이 되고 계십니다. 제가 목사로서 약속 드립니다. 우리 큰빛교회가 반드시 산당을 허물고 더 성장할 것입니다. 또한 여러분의 담보물을 오랫동안 맡겨두는 일은 없을 겁니다. 하나님이 기뻐하실 일을 한 것이니 반드시 하나님이 채워주실 것을 믿습니다. 다시 한 번 감사드립니다."

한정식집을 매입하는 건 영적 싸움이었다. 그리 쉽지 않았다. 그러나 영적으로 침범을 당하는 건 결코 있을 수 없는 일이었기에 주인과 만나 담판을 지었다. 끈질긴 기도와 집요한 요구 끝에 결국 그 주인도 손을 들었고 우리는 한정식집을 사게 되었다. 하나님께 무척 감사했고, 영적 승리의 기분이었다. 우리는 그 건물을 개조하여 교육관으로 썼다. 어부지리로 교육관 건물까지 얻게 된 셈이다. 이제 추억 속으로 사라진 그 건물을 생각할 때면 '산당을 허물라'라는 명령이 살아 숨 쉬는 듯 하다.

하나님의 일을 하는 것은 눈에 보이지 않는 전쟁을 하는 것이다.

하나님이 목적을 이루어가는 과정은 영적인 전쟁이 반드시 따라온다. 그것을 무시하고 또는 바쁘다는 이유로 뒤로 미루게 되면 공격을 받게 된다. 이스라엘 백성에게 산당을 허물라고 명령하셨던 것은 그것으로 인한 공격과 유혹을 차단하시고자 하는 하나님의 뜻이다.

지금도 마찬가지다. 영적으로 공격을 받을만한 일에 대해서는 하나님께 구하며 허물어 뜨리는 노력을 해야 한다. 사단도 이런 의지와 믿음을 무서워하고 떠나간다.

우리의 삶은 하나님의 영이 늘 머물도록 환경을 정비하는 삶이다. 그래서 늘 깨어있고 두눈 부릅뜨고 경계해야 한다. 영적인 승리를 위해 하나님이 주신 임무이기도 하다. 우리는 늘 산당을 허물어야 한다. 우리교회 역시 산당을 허무는 일에 승리함으로써 성도들의 신앙이 한층 깊어졌고 온갖 미신이 난무하는 삼척 땅에 복음의 증거자로 서고자 결단할 수 있었다. 그러고 보면 하나님의 목적에 의해 간다는 것은 주변의 필요 없는, 방해하는 것을 강하게 끊어버리고 결단하는 신앙으로 변한다는 것이다.

기독교는 사랑의 종교이며 또한 체험의 종교이다. 초대교회에는 많은 이적과 기사가 있었는데 이는 당시의 성도들이 하나님의 가르침인 말씀대로 살려고 노력하며 그 가운데 일어나는 체험들을 함께 공유했기 때문이다.

지금 우리들이 드리는 예배와 모임과는 정말로 다른 분위기였다. 그러나 이런 모임을 통해서 초대교회의 성도들은 많은 사람들을 전도했고 또 많은 성령의 역사들을 체험했다.

지금 우리가 주일날 드리는 예배의 모습은 당시와는 많은 차이가 있지만 역시 구역이나 셀, 속회 등의 이름으로 당시의 모임과 비슷한 형식의 모임이 존재한다. 그러나 그 사이 문턱은 너무나 높아졌다. 당시의 교회가 믿지 않는 사람, 마음에 짐이 있는 사람, 심지어 노예까지도 아무렇지 않게 참여할 수 있는 분위기였던데 반해 지금의 교회는 마치 완벽한 사람이 아니면 나올 수 없는 분위기가 되어버렸다.

주일 예배시간에 거지꼴을 한 노숙자가 본당으로 들어온다고 생각해보자. 사람들의 반응이 과연 어떨까? 소모임에서 어떤 사람이 솔직히 하나님이 계신지 모르겠다고 말을 한다면 사람들은 어떤 눈총을 줄까? 그래서 요즘 사람들은 교회 내에서 모인다고 하더라도 자신의 힘든 상황이나 약점을 솔직히 드러내기를 꺼려한다. 또 용기를 내 드러낸다 하더라도 교회에 뒷얘기로 등장하는 경우가 심심찮게 있다. 서로가 가족이라는 의식을 가지는 진정한 공동체가 되어야 하는데 은연중에 잠재적인 경쟁자로 여기기 때문에 이런 일들이 일어나는 것이다.

교회가 진정으로 하나님의 능력을 체험하는 교회가 되기 위해서는 먼저 사랑으로 똘똘 뭉쳐야 한다. 말씀대로 모이고, 말씀대로 사랑하다 보면 자연스레 교회의 다양한 모임 중에서 하나님의 권능을 체험하게 된다.

하나님의 권능을 체험하는 일은 치유와 기적과 같은 현상에 목적을 두는 신비주의가 아니다. 사람이 제 아무리 암이 낫고, 허리가 낫고, 심지어 앉은뱅이가 일어선다 하더라도 사람은 언젠가 죽는다. 정말로 중요한 것은 죽는 순간에 예수님의 십자가 복음을 분명히 믿고 있는가 하는 것이다. 하나님의 권능은 말씀대로 살고, 말씀대로 실천하는 과정에서 자연스럽게 부어주시는 하나님의 은혜를 체험하는 일일 뿐이다. 나와 우리교회 성도들은 그 과정에서 정말로 무수히 많은 그 은혜들을 체험했다. 그 과정에서 깨달은 것들이 교회 가운데에서 서로를 더욱 하나되게 하고 믿지 않는 사람들을 전도하는 일에 도움이 되었다.

눈물로 뿌린 씨•앗

큰빛교회를 재건축 할 때의 일이다. 당시 조립식 교회를 지으며 우리 가족은 작은 아파트를 얻어 살고 있을 때였다. 부족한 물질로 건축에 어려움을 겪고 있었지만 때마다 부어주시는 하나님 은혜에 감사하며 개척자의 삶을 살고 있었다.

그런데 그 은혜 가운데서도 잊을 수 없는 일이 있었다. 교회가 제대로 지어지지 않아 성도님의 집에서 성전삼아 교회를 우선 시작했는데, 아침마다 차를 타면서 이상한 점을 발견했다. 전날 분명히 눈녹은 길을 다니느라 차가 더러워졌는데도 아침에 탄 차는 깔끔해져 있었다.

"여보, 세차했소?"

"아뇨. 전 안 했는데요.."

"이상하다. 누가 우리 차를 세차한 거 같은데.."

아내도 나와 보더니 차가 깨끗하게 바뀐 걸 보며 이상하게 여겼다. 처음엔 우리가 뭘 잘못 알았겠지 싶어 그냥 넘어갔는데, 이상한 일은 계속되었다. 매일 차가 깨끗하게 닦여 있는 것이다. 이상한 마음에 아내와 아침 일찍 주차장으로 나와보니 어떤 여인이 어스름한 새벽에 내 차를 열심히 닦고 있는 모습이 보였다. 자세히 들여다보니 교회 성도인 진 집사님이셨다.

"집사님! 지금 뭐 하세요?"

나의 말에 진 집사님이 깜짝 놀라며 뒤돌아봤다. 마치 잘못하다 들킨 사람처럼 있는 그분의 모습을 보는데 가슴 한 편이 찌릿했다.

"집사님, 그렇잖아도 새벽마다 제 차가 깨끗이 닦여 있어서 무슨 일인가 내려와 본 거예요. 근데 집사님이 하신 거였어요?"

"아휴 목사님도.. 그냥 모른척 하시지.."

집사님은 그 엄동설한에 고무장갑만 낀 체 양동이에 물을 받아 걸레를 빨고 차를 닦고 계셨다. 그러니 매일매일 그토록 깨끗할 수 밖에.

진 집사님은 큰빛교회가 시작된다는 프랭카드가 걸려질 즈음 우리 교회에 나오게 된 분이셨다. 남편은 이제 갓 복음을 받아들인 초신자였고 어린 두 아이를 키우고 있었다. 어려운 형편에도 늘 밝으셨던 진 집사님의 손을 꼬옥 잡으니 아주 찬 기운이 전해졌다.

"집사님, 왜 세차를 하셨어요. 이 추운 겨울에."

"아니, 그런 말씀 마세요. 목사님, 저는 우리교회를 위해 뭔가 해 드리고 싶은데 제가 돈이 많은 것도 아니고 시간이 많은 것도 아니잖아요. 어떻게든 돕고 싶은데 뭐가 좋을까 생각하다가 목사님 차라도 닦아 드리면 마음이 편할 것 같아서 한 거예요. 자원하는 마음에서 시작한거니 신경 쓰지 마세요. 아휴.. 모르게 하려고 했는데 이렇게 들켜서 어째요?"

진 집사님은 무척 안타까워하셨다.

그날 새벽, 나와 아내, 진 집사님은 찬바람 부는 새벽녘 자동차 앞에서 축복 기도를 했다. 수많은 성도들이 모이는 대형교회 하나 부럽지 않았다.

진 집사님의 남 모를 섬김은 이후로도 계속 되었다.

뜯어말리고 귀여운 위협을 해도 소용없었다. 다 좋아서 하는 일이라며 헌신하셨고, 성전이 지어져 성도들이 교회로 모이게 되었을 때는 찬양대원으로 활동하시며 하나님께 영광을 돌렸다. 찬양대원으로 설 때 가장 기쁘고 행복하다던 집사님은 그 후로도 얼마간 가장 좋아하는 찬양을 불렀다.

"목사님.. 저는요 하나님께 찬송 드리다가 천국 가는 게 소원이에요."

"아휴 집사님, 하나님께 찬송 드리다가 천국가는 건 영광스런 일이지만 그래도 벌써부터 천국 얘기를 하시면 돼요?"

"호호. 말이 그렇단 말이죠. 그 정도로 찬양이 좋아서 그래요."

이런 대화를 많이 나누었다. 집사님은 다른 대원들과도 이런 이야기를 하시곤 하셨는데, 얼마 뒤 생각지도 않은 일이 벌어졌다.

그 날은 주일이었다.

교회가 부흥의 일로에 놓여 있을 때였다. 한창 새신자로 등록하는 분들이 많아지면서 삼척 지역 내에서도 우리 교회의 부흥을 신기해하고 있었다.

열정적으로 예배를 준비한 뒤 어김없이 예배를 인도하는데, 성가대의 은혜로운 찬양이 끝나고 막 설교를 시작하던 참이었다. 그런데 갑자기 성도들 사이에서 웅성거리는 소리가 들려왔다.

"집사님, 진 집사님! 왜 이래요? 눈 좀 떠 보세요."

찬양대석을 바라보니 진 집사님이 쓰러져 있는 모습이 보였다. 온 성도가 일어나 집사님 곁으로 향했고 나 역시 뛰어 가보니 집사님 상태가 이상했다. 이미 눈빛이 풀려 있었고 심장 소리는 아주 미약했다. 서둘러 119 구급차를 부르고 병원으로 옮겼으나 집사님은 급작스럽게 심장마비로 사망했다.

온 교회는 패닉 상태에 빠졌다.

나 역시 담임 목사로서 어떻게 이 일을 처리해야 할 지 막막하여 한동안 멍한 상태였다.

'찬양을 부르다가 천국 가는 게 소원이라더니 이토록 일찍 가실 걸 미리 아신 건 아닐까…'

이제 갓 신앙생활을 시작한 바깥 집사님과 어린 두 아이들은 어떻게 살아야 하나 걱정과 염려가 되었다.

"하나님, 우리 진 집사님을 이토록 빨리 천국에 데려가신 이유가 뭡니까? 하나님, 부족한 상황에서도 하나님 섬기는 걸 원하셨던 집사님이셨는데 이제 그들 가족은 어떻게 합니까?"

모든 답은 하나님만이 아실 일이었다. 한편으론 교회 담임목사로서 우리 교회에서 일어난 이 일로 가족이 걱정됐고 교회가 세상에 은혜롭지 못한 일로 전하게 되진 않을지 걱정되었다.

장례가 치러졌고 마련된 빈소에 교인들이 모두 찾아가 애도를 표했는데 나는 선뜻 걸음이 옮겨지지 않아 한참을 망설이다가 들어섰다. 집사님의 영정 사진을 보는데 그간 집사님이 교회와 목사를 섬겨주신 일들이 주마등처럼 훑고 지나갔다.

차를 닦아 드리는 게 송구하다며 오히려 죄송해하던 표정, 밝은 표정으로 찬양을 부르시던 모습, 아이 손을 붙잡고 교회에 오시던 발걸음이 떠올라 울컥 눈물을 쏟았다. 그리고 이내 어린 두 아이와 남편 집사님의 모습도 보였다.

"집사님, 죄송합니다. 다 제가 부족한 탓입니다."

이미 원망 받을 준비를 하고 있었지만 남편 되시는 집사님은 오히려 덤덤하게 말했다.

"목사님, 그런 말씀 마십시오. 저희 집사람 천국 간 게 왜 목사님 탓입니까? 전 그렇게 생각안합니다. 교회 가는 걸 얼마나 좋아했는데요."

남편 집사님의 고백에 가슴이 더욱 뜨거워졌다. 이전까지 무거웠던 마음이 평안해지면서 '하나님께서 교만하지 않게 하시려고 더 낮아지게 하시는구나'라는 생각이 들었다. 이 일로 오히려 교회에 은혜가 되게 하시려는구나 깨달음이 왔다.

고맙게도 성도들 대부분 천국가신 진 집사님을 가슴 깊이 추모하며 그 가정을 위해 축복의 기도를 했고, 오히려 교회를 위한 헌신의 불을 붙였다. 특별히 그의 남편 정 집사는 어린 남매를 남겨놓고 아내를 데려가신 하나님을 원망하기보다 아내의 신앙을 전수받아 지금도 온건히 신앙생활을 잘 하고 계신다.

"목사님, 진 집사님이 짧은 생을 사셨지만 그동안 교회를 위해 헌신하셨던 것을 본받아 우리도 열심히 신앙생활 하겠습니다."

불의의 사고가 긍정적 동기를 부여해 마음 상태를 긍정적으로 증대시키며 자신감과 사명의식을 갖게 하고 스스로 결정하여 행동할 수 있도록 하는 의미의 임파워링(Empowering) 단어가 있다.

진 집사님은 큰빛교회라는 공동체의 사명의식을 분명히 인식하게 만든 긍정의 임파워링을 심은 주인공이다. 그분으로 인해 성도가 다시 결집하고 뭉치고 긍정의 마인드가 전파되었으니 말이다.

그 분이 천국으로 떠나신 지도 여러 해가 지났다.

그동안 큰빛교회는 성장과 부흥을 이어갔고 교회는 아름다운 성전으로 건축해 옮겼으며 선교에도 헌신하며 복음의 증거자로 살아가고 있다. 나를 비롯한 우리 성도들은 집사님의 추억을 아직도 가슴에 품고 산다. 그를 기억할 때마다 새로워지는 마음가짐에 감사하며 신앙의 깃을 여미게 되기 때문이다. 그리하여 성전 건축에 앞서 먼저 필리핀에 교회를 지어 헌당할 때 집사님에 대한 온 교인의 마음을 담아 '은영홀' 이라고 하는 추모관을 만들었다.

하나님이 지으신 교회라는 공동체에 구성원 한 사람 한 사람의 영향력은 크다. 진 집사님은 짧은 생을 살다 가셨지만 한 사람에게는 진심어린 리더의 눈물을 체험케 하셨고, 그를 알고 있는 많은 이들에게 도전과 사랑을 전하셨다. 그의 헌신과 희생이 큰빛교회라는 공동체에 긍정적인 임파워링이 되게 하심에 감사한다.

주인의식 임파워링

우리 아들 영찬이가 초등학교에 입학하고 난 뒤의 일이다.

한 장난 하던 영찬이가 학교에 갔을 때 살짝 걱정이 되었던 건 사실이다. 혹시 교회에서 장난치듯 학교에서 생활하면 문제가 될 수도 있을텐데…… 선생님들께 찍힐 수 있을텐데…… 걱정이 되었지만 녀석은 누구보다 씩씩했고 당당했다.

그런데 꽤 학교생활에 적응을 잘하는 것 같아 다행으로 여겼다. 그런데 하루는 사회 시험지를 가지고 와서 우리에게 보여주었다. 한눈에 봐도 우수수 비가 왕창 내린 시험지였다.

"영찬아, 대체 뭐가 문제였니?"

시험지 내용을 보니 오히려 공부 안한 것 치곤 잘 봤다는 생각이 들었다. 그런데 그 중에서도 압권은 따로 있었다.

당시 아이들은 지역 사회에 대해 배우고 있었나보다. 지역 주민 단체가 무엇이며, 지역주민들을 위해 봉사하는 이들은 누구인지 묻는 내용이 많았는데, 그 아이가 틀린 주관식 문제는 이것이었다.

"우리 동네 지역을 위해 봉사하는 사람은 누구인가요?"

한번만 봐도 대충 맞출 수 있는 문제, 사회책을 들여다 본 아이라면 누구나 맞출 수 있는 문제였건만 녀석은 나름 고민에 고민을 거듭하며 이 답을 적었단다.

'최OO 집사님'

이 답이 적힌 시험지를 보는데 그만 웃음이 빵 터졌다. 기상천외한 대답인 것 같으면서도 짠하고, 말도 안 되는 것 같으면서도 말이 되는 영찬이 다운 대답이었다.

출퇴근 하실 땐 꼭 교회를 둘러보시고, 주일이면 하루 종일 봉사를 하며 교회를 자기 몸처럼 섬기는 분이었으니 그 아이의 살아온 환경 속에서 지역을 위해 봉사하고 헌신하는 분이 분명했을 것이다.

그날 나는 아이의 시험지를 받아들고 점수 때문에 속이 상했지만 내심 뿌듯했다. 학교에서 원하는 답은 아니었을지라도 아이의 눈에 비친 큰빛교회 성도들이야말로 지역을 위해 헌신하는 일꾼으로 비춰졌기 때문이다. 어디 최 집사님 뿐이랴.

우리교회는 직분자를 많이 세우지 않았다.

장로를 세우지 않은 채 십여 년을 이어갔으나 직분자로 인해 힘들거나 곤란한 일은 없었다. 다른 교회가 장로 권사 등 직분자들을 내세워 활동을 할 때도 나는 우리 교회의 정체성을 지키고 싶었다.

임직을 세우는 것이 싫은 것이 아니다. 다만 큰빛교회 안에서 예수님의 제자가 되는 걸 더 우선으로 삼았기 때문이다. 교회를 위해 일할 임직이라면 적어도 교회가 추구하는 복음의 지향성을 알고 그대로 시행하며 따를 수 있는 이들이어야 했다.

"목사님, 제가 다른 교회에서 장로까지 받은 사람입니다."

"네 그렇군요. 그런데 장로님, 저희 교회에서는 장로님 직분을 드릴 수가 없을 것 같습니다. 일단 우리 교회 처음 등록하신 분이니 새신자가 맞구요, 그에 맞는 교육도 받으시고 신앙의 연수를 쌓은 뒤 임직을 받으시는 게 어떠시겠습니까?"

"네에? 아니 그래도 장로까지 받은 사람인데."

"알죠. 하지만 우리교회에서 받은 건 아니라서요."

이런 경우 열이면 열 다른 교회로 발걸음을 돌렸다.

교회가 조직화되려면 초대교회에서 일곱 집사를 세웠던 것처럼 교회에서의 직분자는 반드시 필요하다. 자격이 되고 평신도에게 모든 면에서 본이 되는 사람이라면 당연히 세우는 것도 좋다. 다만 나는 숫자에 얽매이고 싶은 생각이 없다.

물론 2014년이 되었을 때 확실한 자격 조건을 갖춘 평신도들에게 삶과 신앙의 본이 되는 두 분을 처음 장로로 세우게 되었지만, 13년 만에 첫 장로라는 점에서 꽤나 우리 교회가 직분에 까다로운 교회란 사실은 인정한다.

이렇듯 임직을 세우는 일은 요원했지만 그로써 얻게 된 효과가 컸기에 만족스럽다. 그 효과라는 것은 성도 모두가 교회의 직분자를 자처하게 되었다는 것이다. 지금까지 우리 교회에는 관리집사님이 안 계신다. 개척할 당시부터 성도가 자처해서 봉사를 해주었고 식사를 담당해주셨고 시간이 지나 성전을 지어 옮길 때는 더 많은 분들이 알아서 곳곳에 숨어 봉사를 담당하셨다. 특히 특별새벽기도가 열리는 기간이면 교회를 중심으로 하여 도로변에 자가용이 즐비하게 늘어서 있고, 주차장 밖으로 나온 주차봉사 집사들의 활약이 지역주민들에게도 큰 인기다.

"아니, 큰빛교회는 어쩜 저렇게 일하시는 분들이 많이 계세요? 주차안내 하시는 분 들 보고 있으면 참 부러워요. 교회가 궁금하기도 하구요."

하나님을 모르는 지역주민이나 주변의 교회에서 이런 이야기를 듣게 되면 참 자랑스럽다. 세상에 본이 되는 일을 하고 있고 성도 모두가 주인의식을 갖춘 데에서 임파워링이 생겨나고 있음을 느끼기 때문이다.

교회의 주인은 머리되신 예수님이시지만 우리들은 그 지체들로서 일꾼들이다. 그런데 일꾼일지라도 주인의식이 없을 때 힘을 발휘하지 못한다. 비전 없는 일꾼은 평생 비전 없이, 일만 하면서 살 수 밖에 없다. 그러나 일꾼으로서 꿈을 품고 비전을 향해 나갈 때 그는 완전히 다른 일꾼이 되는 것이다. 새로운 영역을 창조하는 일꾼이 되는 것이다.

어떤 집사님은 집에 가는 길에 반드시 교회를 들러 1층부터 끝까지 다 둘러보고 구석구석 손보고 귀가하시는 분이 있는가 하면, 어떤 분은 눈 오는 날이면 새벽 일찍 교회로 나와 주변 도로부터 교회 안쪽까지 눈을 치우고 출근하시기도 한다. 누가 시켜서 이런 일을 하겠는가. 다들 마음에서 우러나오니까 내 집처럼 섬기는 것이다.

주인의식이 있는 사람과 주인의식이 없는 사람의 차이는 크다.

큰빛교회 최고의 주인은 주님이지만 성도들 모두가 주인이 되고 있다. 누군가의 강요에 의한 것도 아닌, 본인 스스로 하고자 하는 의지에 의한 주인의식이다. 주님의 일꾼으로서 주인의식을 가지고 확실한 일꾼노릇을 하겠다는 결단이다. 그래서 나는 10년 뒤 20년 뒤 큰빛교회의 미래가 더 가슴 뛰게 기대된다.

사랑이 넘치는 공동체

나는 개척 초기부터 우리교회가 하나님의 권능을 성도 한 두 명이 체험하는 것이 아니라 될 수 있는 한 교회의 모든 구성원들이 함께 체험하는 교회가 되게 해달라고 기도하며 또 노력했다. 그러기 위해서는 먼저 목회자와 교역자를 비롯한 리더들이 넘치는 사랑으로 구성원들을 양육해야 했다. 그 후에 각 모임에 참여하고 있는 모든 성도들 사이에 사랑과 관심이 흐를 수 있는 통로를 구축해야 했다.

흔히 구역이나 셀, 목장으로 알려져 있는 소그룹을 감리교에서는 속회라고 하는데 나는 이 소그룹 모임을 활용해 이런 통로를 구축했다. 그래서 기존의 성도들에게도 속회의 중요성을 늘 강조했고, 새신자들이 왔을 때도 속회의 중요성을 잊지 않도록 꼭 빼먹지 않고 언급했다.

"우리교회는 감리교 교단입니다. 감리교는 속회라는 소그룹 활동을 통해 신앙의 성장을 꾀하고 있기 때문에 교회의 등록한 성도가 되시면 속회에 속하게 됩니다. 우리교회의 성도가 되기 위해서는 반드시 이 속회를 열심히 참여해야 합니다."

새신자 훈련을 하면서 이렇게 속회에 대한 개념을 확실히 심어준 뒤 속회원이 되면 그때부터 소그룹 활동을 이어갔다. 이런 방식으로 시작된 우리교회에서의 속회는 힘든 삼척에서의 목회가 복음의 꽃을 피울 수 있게 해 준 귀한 시스템이 됐다.

교회를 처음 시작할 때는 2개의 속으로 시작했다.

워낙 적은 인원이 모였기에 속회원도 2-3명이 불과했지만 이미 교회를 세우면서 목회의 방향을 정하고 공동체의 중요성을 강조해왔기에 열정과 공동체를 향한 비전을 공유하고 있는 뜨거운 모임이었다. 속회의 조직과 시스템은 구성하기 나름이지만 처음부터 성도간의 융합과 공동체 의식을 강조하는 우리교회의 특성상 가까운 지역의 몇몇으로 구성해서 쭉 끌어가는 것보다는 교인들이 전체적으로 함께 친해질 수 있도록 했다. 그러다보니 1년에 한번씩 자신이 속한 속회를 계속 바꿀 수 있도록 시스템화 시켰고 그로인해 우리교회 성도끼리는 언젠가는 최소 한 번은 속회에서 만날 수 있게 되었다.

그리고 앞서 말한 소그룹 모임의 문제점이 드러나지 않도록 열린 마음이 되도록 다양한 사람들을 포용하되 비밀은 반드시 지키며 서로간의 지속적인 관심을 가질 수 있도록 리더들을 교육시켰다.

이런 분위기 속에서 교회의 속회는 별 다른 문제없이 성장해 나갔다. 우리 지역이 삼척이라는 작은 도시인데다 삼척 인근에서 오는 성도들이 상당수 되면서 소그룹 활동을 하는 것이 쉽지 않은 상황이었는데도 다들 속회의 중요성을 깨닫고 재미를 느끼게 되면서 기꺼이 참여하고 있다. 가능한 지역끼리 묶어서 이동거리를 최대한 줄이고는 있지만 어쨌든 가깝지 않은 거리를 이동해야 하는 불편함이 있음에도 감내하고 교회의 일원으로 시스템을 만들어가는 성도들이 있다는 사실이 참 대견하다.

한 사람의 속회원이라도 더 참석시키고자 하는 속회지도자들의 단단한 믿음도 큰 몫을 감당한다. 실제 우리교회의 속회 지도자로 섬기는 리더들은 멀리까지 속회원을 데리러 가는 차량봉사는 기본이고 가정의 대소사까지 챙긴다. 그러다보니 몸은 피곤해도 속회원들끼리 작은 일부터 함께 하니 결속력은 최고가 된다.

한번은 자신들의 속회에 속한 산모가 출산을 하는 날에 찾아간 속회지도자 두 분이 병원 수술실의 문을 잡고 울면서 기도하는 모습을 보고 남편이 예수님을 영접하기도 했다. 이처럼 오늘날의 모임도 사랑과 관심, 그리고 말씀으로 잘 뭉쳐진다면 초대교회의 모습처럼 여전히 믿지 않는 사람들을 변화시키고 하나님의 권능을 체험할 수 있는 모임이 될 수 있다.

속회는 또 하나의 작은 교회와 같다. 특히 교회가 점점 부흥하고 성도가 늘어감에 따라 소그룹 활동은 더욱 중요해졌는데, 속회가 이처럼 잘 자리를 잡자 성도의 숫자 못지않게 영적인 상태도 동반성장하는 시너지 효과가 생겨났다. 이 과정을 통해서 많은 사람들이 저마다의 속회에서 은혜를 체험했고 그렇게 받은 은혜는 다시 교회의 부흥의 원동력이 되어 돌아왔다.

교회 내의 소그룹 모임이 어떤 모임이 되어야 하는지 잘 알려주는 이야기가 있다.

나는 속회에서 일어난 그 어떤 일들보다도 이 일이 가장 기억에 남는다. 우리교회에 새롭게 등록한 여자 집사님이 계셔서 심방을 가게 되었다. 그런데 심방 중에 집사님의 언니를 잠깐 뵙게 되었다.

당시 그 분은 결혼한 지 얼마 되지 않았고 아이를 낳은 뒤였는데 잠깐 본 짧은 시간이었음에도 마음이 편한 상태가 아님을 알 수 있었다. 아니나 다를까, 집사님께 살짝 물어보니 언니가 우울증을 겪고 있다는 말을 해주었다.

그 날 심방을 마치면서 나는 그 집사님의 언니에게 "동생 따라 교회 한번 나와 보십시오."라고 말하며 교회의 속회원이 되어 신앙생활을 시작해보라고 권유했다. 물론 그 분은 아무 말도 하지 않았다.

그 뒤로 나는 돌아오자마자 그분을 속회원으로 편성을 시킨 뒤에 속회에서 관리하도록 했다. 가장 믿을만한 속장님께 사정을 말하고 관리를 부탁한 뒤 종종 소식을 듣곤 했다. 그런데 그분의 우울증 증세가 갈수록 더해진다는 안타까운 소식이 들렸다.

남편은 우리교회에서 함께 신앙생활을 했는데 다행히 아내를 끔찍하게 사랑하셨고 가정을 올바로 세우길 원하며 기도하는 분이셨다. 그리고 온가족과 더불어 속회원들이 합심하여 그 가정을 위해, 그분의 마음의 짐을 위해 기도하기 시작했다. 그리고 속회원들은 기도만 하지 않고 직접 그분에게 관심을 표하며 사랑을 전하기 위해서도 노력했다.

"안녕하세요. 저는 큰빛교회 속장인데요, 이번 토요일에 속회예배를 드리는데 한번 나오지 않으실래요? 귀찮게 해서 죄송하지만 분명 좋은 시간이 되실 거예요."

속장이 시시때때로 연락을 취했으나 요지부동이었다. 그분의 우울증은 가족력인데다 출산 후유증까지 겹쳤던터라 증상이 더욱 심했다. 하루 종일 집 밖으로 나가지도 않고 방에 갇혀 지냈고 우울증이 심해져 나중에는 술까지 마시는 지경에 이르렀다. 처음에는 조금씩 마시다가 얼마 지나지 않아 거의 알코올중독 증세까지 보일 정도로 심각해졌다고 했다.

그러자 속회지도자를 비롯한 속회원들이 더욱 뭉쳤다. 속장님만 그분을 몇 번 봤을 뿐 다른 분은 얼굴도 잘 모르지만 그래도 자신의 속회원이라는 이유 하나로 그분에게 관심을 가지기 시작했다. 속장님은 계속해서 전화로 권면했고 부탁이니 딱 한번만 모임에 나와 보라고 권유했다.

"예배에 한 번만 나와 주시면 안 될까요? 저희 모두 자매님을 위해 기도하며 준비하고 있습니다. 괜찮으시면 제가 모시러 가는 건 어떨까요?"

워낙 세심한 성격에 매번 거절하는 것이 매우 힘들었던 그분은 계속되는 권면에 지쳐 차라리 자신의 모습을 있는 그대로 보여주자고 결심했다. 알코올중독에 심한 우울증까지 걸려 죽고 싶은 마음을 품고 사는 자신을 그대로 보여주자고 생각한 것이다. 그러면 우리 속회원들이 질려서 다시는 연락을 하지 않을 것이라는 생각을 했었던 것 같다.

마침내 모임에 나오겠다는 대답을 들은 속회원들은 잔뜩 기대하고 맞이할 준비를 했고, 약속한 시간이 되자 그분이 알몸의 딸아이를 데리고 장소를 찾아왔다.

"어서 오세요. 이렇게 뵙게 되니 정말 반갑습니다. 어머, 그런데 애기가 열이 있나 봐요. 옷을 벗기셨네요? 병원에 가지 않아도 괜찮은가요?"

속회원들 눈에 비친 그 집사님은 한눈에도 겁에 질린 표정이었다고 한다. 게다가 이제 세 살 된 아이의 옷도 제대로 입혀오지 않았으니 뭔가 이상한 느낌을 충분히 받을만했다. 그렇지만 속회원들은 아랑곳 않고 모녀를 반갑게 맞았고, 아이에게도 과자를 쥐어주며 예배를 함께 드렸다. 내내 한 마디도 않던 그 집사님은 처음보다 경계하던 눈빛은 많이 누그러졌지만 그래도 완전히 풀지 않았다.

예배가 끝나고 모두 식사를 하러 갈 때도 그냥 돌아가겠다고 하는 걸 속회원들이 거의 떠밀다시피 해서 식사자리로 모셨다. 식사를 마치고 삼척 바다가 내려다보이는 곳에서 잠깐 산책을 하다가 휴식을 취하는데 몇 시간 동안 한마디도 하지 않던 그분이 갑자기 울음을 터트리며 이런 고백을 했다.

"정말 감사해요. 정말 감사드려요. 사실 저는 제가 이렇게 사람들과 밥도 먹고 바람도 쐬러 나올 수 있게 될지 몰랐어요. 집에 있는 내내 죽을 생각만 하고 살았으니까요. 그런데 오늘은 좀 달라요. 아까 우리 아이를 알몸으로 데리고 온 것도 애가 바깥에만 나간다고 하면 가기 싫다고 자꾸 옷을 벗는 바람에 그냥 그대로 데리고 나온 거거든요. 그러고 나가면 사람들이 다들 저를 제정신이 아닌 엄마로 바라봤어요. 그래서 전 여기에서도 그런 모습들을 보고 눈살을 찌푸리거나 흉을 볼 줄 알았어요. 근데 아니었어요. 요즘 제가 수전증이 생겨서 젓가락질을 잘 못했는데 아까 밥 먹을 땐 그 증상이 싹 없어졌어요. 제 마음이 이렇게 편했던 때가 근래 들어 한 번도 없었던 것 같아요."

차마 남들에게 그동안 하지 못했던 이야기를 그분이 처음 본 속회원들에게 울며 털어놓았다. 속회원들은 모두 그 가여운 분을 안고 눈물을 흘리며 함께 가슴 아파했다. 그리고 그 자리에서 즉시 그 분을 위해 기도하는 시간을 가졌다.

그 후 그분이 변화되기 시작했다. 물론 영적인 방해도 상당했다. 그동안 그분을 둘러쌌던 어둠의 영들이 계속해서 유혹했고, 사고의 위험을 당하게도 하고 불안한 마음을 더 크게 만들기도 했다. 그러나 속회원들의 기도와 노력으로 그분은 두려움을 이겨내고 교회로 발걸음을 옮기기 시작했고 속회에도 지속적으로 나가 속회원들과 교제를 하며 믿음을 키워나갔다.

그 과정을 통해 그분은 이제 더 세상을 두려워하지 않았고, 자신을 수렁으로 빠뜨린 술도 끊게 되었다. 끼니때마다 복용하던 우울증 약도 끊었다. 늘 집 안에서 혼자 놀기 익숙해 밖으로 나가려고만 하면 울던 딸은 이제 교회 앞뜰에서 뛰놀 정도로 밝아져가고 있었다. 하루는 그 아이에게 어머니에 대해서 질문을 해봤다.

"엄마가 교회 오게 돼서 제일 좋은 점이 뭐니?"

"음, 술 안 먹는거요. 그리고 이제 혼자 있지 않고 사람들을 만나고 계시는 거요."

무엇보다 아내로 인해 직장까지 포기하고 간병을 할까 생각하던 남편 집사님이 가장 표정이 밝아졌다. 거의 해체 위기에 있던 가정이 회복되면서 이 모습은 모든 속회의 살아있는 간증이 되었고 또 우리교회의 간증이 되었다.

그러던 중 또 하나의 사건이 일어났다.

그분의 친정어머니께서 우울증으로 인해 자살을 시도하신 것이다. 우울증의 가족력이 심각한 상태였다. 멀리 농촌에서 지내고 계신 어머니는 집사님이 어릴 때부터 우울증을 앓고 계셨고 약을 먹고 죽겠다는 말을 입에 달고 살았다고 한다. 몇 차례 자살 시도가 미수로 끝났으나 이번에는 아주 위험한 상황까지 갔다. 소식을 듣고 달려간 동생 집사님은 속회원들에게 기도를 부탁했고 그 일을 통해 속회는 물론이고 중보기도팀까지 총동원하여 친정어머니의 회복을 위해 기도를 시작했다.

처음에 생명이 위험하다는 소식을 들었는데 기도가 시작되면서 조금씩 나아지기 시작하더니 차츰차츰 회복되고 있다는 이야기가 들렸다. 그리고 기도의 힘인지 우울증 증세도 많이 완화되었다. 여기에 병원비까지 파격적으로 낮아지는 은혜도 임했다. 어머니의 치료를 맡고 계시던 담당의가 일주일 만에 갑자기 증세가 회복되는 모습을 지켜보고, 그것이 가족을 비롯한 성도들의 기도의 힘이라는 걸 알게 된 뒤에 하나님을 인정하는 고백을 하며 1,800여만 원이나 되는 원래 치료비의 십일조만 내라고 하신 것이다. 이런 체험을 하고 나면 정말이지 하나님을 전하지 않으래야 않을 수가 없다.

"정말 하나님은 살아계신 게 확실해요, 목사님! 저는 지금도 제 안에 살아계신 하나님이 일하고 계시다는 걸 느껴요. 그러니 이 소식을 더 많은 사람이 알아야 하잖아요."

이 모든 과정의 중심에 서 계셨던 집사님의 언니는 지금은 정말 하나님이 살아 계시다는 것을 증거하지 않으면 견디지 못하는 사람이 되었다.

속회라는 공동체는 작다면 참 작은 공동체다.

그러나 말씀과 사랑으로 잘 묶인 공동체가 내뿜는 저력은 엄청나다. 지금도 우리속회에서는 온갖 문제들을 해결해주시는 하나님의 권능을 체험하는 일이 빈번히 일어나고 있다. 속도원들이 속한 지역이 멀리 떨어져 있어 모이는 것이 거의 불가능한 상황이었는데도 마음을 한 데로 모으고 갈급한 심령을 갖고 기도를 하다 보니 회사와 가정의 상황들이 기적적으로 조정되어 속회모임 시간이 동일하게 맞춰지는 역사도 일어나고 있으며, 가정 내의 물질 문제를 놓고 함께 기도하다보니 생각지도 않은 물질이 생김으로 어려움이 해결되는 일도 일어났고, 삶의 목적을 찾지 못해서 방황하고 힘들어하던 자녀들의 문제도 속회원들이 공유하며 기도했을 때 자녀들이 스스로 삶의 동기를 찾는 변화가 일어나는 등, 아름다운 은혜의 이야기가 계속해서 생기고 있다.

하나님의 말씀에 모든 답이 있다. 아무리 시대가 변하고 사람들이 달라졌다 하더라도 말씀대로 모이고 사랑하는 사람들이 있는 곳에는 하나님의 권능이 변함없이 임한다.

믿음의 가정 세우기

 나는 교회를 개척하면서 네 가지 비전을 그렸다.

①모든 성도들이 공통된 비전으로 일꾼이 되는 것 ②믿음의 가문을 세우는 것 ③이 땅을 바르게 변화시켜 지역을 발전시키는 것 ④땅 끝까지 복음을 전하는 것 이었다.

그 중에서도 믿음의 가문을 세우는 것은 목회를 시작하면서 중요하게 생각한 부분이다. 다른 비전과 조금 다른 듯하지만 결국 가정이 바로서야 교회도, 사회도 바로 선다는 점에서 아주 기본적인 비전이라 볼 수 있다.

이는 많은 성도들이 공감을 하면서도 참 쉽지 않은 일이라는 걸 깨달았다. 삼척이란 도시에 사람들이 유입되면서 인구는 많아졌지만 의외로 가족 모두 모여 사는 집은 많지 않았다. 가족 간에 떨어져 지내다 보니 관계도 소원해지는 등 어려운 점이 많았는데 큰빛교회 성도라고 해서 예외는 아니었다. 그러나 13년이 지난 지금 우리교회 안에 감사한 것 중에 하나는 가정들이 회복되고 화목해 졌다는 것이다.

무뚝뚝한 삼척 남자들에게 어떤 날은 교회 올 때 아내 손잡고 오기 등의 미션을 주기도 했고, 특별히 사회생활 속에 눌려 있던 남자들을 하나님 앞에서 회복시키고, 가정의 제사장으로서의 본질을 깨닫도록 했다. 교회가 임직자를 세울 때도 먼저 믿음과 인격을 보지만 가정이 화목한 지도 필수적으로 체크하고 있다.

아내와 나는 당대 믿음이기에 믿음의 가정들이 너무 부러웠고, 우리 성도들과 더불어 믿음의 가문을 세우는 것이 우리의 과제이기도 했다. 특별히 아내는 사역으로 바쁜 나에게 가정의 많은 일을 요구하지 않았지만 아이들과의 정서적 교류만큼은 최선을 다해 달라고 부탁을 했다.

어느 날 아내가 아이들과 말씀을 보다가 아이들에게 인생의 롤모델이 누구인지를 물었다. 큰 딸 단비는 조금의 망설임도 없이 "아빠죠!"라고 했다. 아빠처럼 예수님을 사랑하고 주님의 교회를 위해 성실하게 충성을 다하며 살고 싶다고 했다. 그리고 우리 집만큼 행복한 가정이 없는 것 같다고 했다. 둘째 영찬이는 당연하다는 듯 "예수님!"이라고 답했다.

아이들의 대답에 마음이 울컥했으며 하나님께 정말 감사를 드렸다. 우리가 삼척을 복음화 시키고 열방을 향해 나간다 하더라도 단비와 영찬이가 믿음의 사람으로 살지 못한다면 우리의 사역은 허무한 사역이 될 텐데 두 자녀가 예수 그리스도를 푯대 삼아 선교사적 삶을 살겠다고 고백을 하니 세상의 그 무엇과도 바꿀 수 없는 큰 기쁨이다.

또, 우리교회 안에는 뜻하지 않은 일로 홀로 자녀를 키우는 아빠, 엄마, 또 손자손녀를 돌보는 할머니도 계신다. 그러나 그분들도 믿음의 유산을 다음 세대에 넘겨주기 위해 무릎으로 자녀를 키우고 최선을 다하고 계신다. 그 모든 분들에게 사랑의 마음을 전하고 싶다.

이혼의 위기에 몰린 가정, 불신의 벽에 가로막혀 힘들어가는 가정 등등 문제 있는 가정 역시 성령의 은혜를 받자 변화받기 시작했다. 마음에 믿음이 들어가니 비전을 품게 되고 믿음의 명문가로서 거룩한 본이 되고 싶은 소망을 품게 된 것이다. 처음에 믿음의 가문을 세우자는 비전을 세운 이유도 바로 이 이유에서였다.

그 믿음의 가문을 세움으로 신앙이라는 훌륭한 유산이 전수되고 믿음이라는 삶의 자양분이 열매를 맺으며 성공적인 삶의 완성을 이루어감을 기대해야 한다.

기도로 권능을 체험하라

교회가 지역사회를 위해 해야 하는 중요한 일 중에 하나는 기도로 악한 영을 대적하는 것이다. 구제와 봉사도 물론 중요하지만 예수님과 제자들이 마을을 두루 다니며 하신 중요한 사역 중에 하나가 악한 영을 대적하는 사역이었다는 것을 잊어서는 안 된다.

제 아무리 가난하고 어려운 사람들을 돕고 좋은 이미지를 구축한다 하더라도 지역의 영적인 상태에 둔감한 교회는 그냥 구호센터이지 그리스도의 몸 된 건강한 교회가 될 수 없다.

특히나 삼척 지역에서는 미신과 우상숭배가 뿌리 깊게 자리 잡고 있었으니 자연스레 우리교회의 중요한 사역 중 하나는 지역을 위한 기도사역일 수밖에 없었다. 그래서 개척 초기부터 지역을 위한 기도를 해야 한다고 성도들에게 자주 말하곤 했다.

"우리가 살고 있는 삼척을 위해 기도해야 합니다. 기도란 내 자신을 위한 기도도 중요하지만 나를 둘러싸고 있는 공동체, 즉 교회나 지역, 나아가 이 나라를 위한 기도가 우선되어야 내가 속한 공동체도 발전할 수 있습니다."

처음에는 성도들이 이러한 권면을 제대로 이해하지 못했다. 겉으로는 '네' 하면서도 속으로는 '나 살기도 바쁜데 무슨 그런 것까지 신경 쓰냐'는 식으로 무시했다. 그러나 이 땅을 놓고 기도할수록 주님은 아직도 이 지역을 사로잡고 있는 공중권세의 영적 세력이 강하게 자리 잡고 있음을 느끼게 하셨고, 믿는 자들이 연합하여 기도할 것을 원하고 계셨다.

기도할수록 마음이 급해지기 시작했다.

다른 도시에 비해 복음화율이 상당히 낮다는 것은 잘못된 영적 세력이 강성함을 의미했다.

아직까지 삼척 곳곳의 작은 마을을 다니다 보면 별의별 신을 다 모시고 사는 현장을 볼 수 있다.

"할머니, 여긴 바닷가 지역인데 어떻게 산을 믿으세요?"

"바다 용왕신도 믿고 산도 믿지. 믿는 구석이 많아야 지켜줄 신도 많을거 아녀."

그들에게 예수를 전했다가 큰일 날 소리 한다고 핀잔을 당한 때도 많았다. 그만큼 미신과 우상 숭배가 팽배한 곳이 삼척이었다.

그런 현실과 마주하게 되자 너무도 안타까운 마음을 성도들에게 이야기했다.

"기도는 영적인 파장을 일으킵니다. 여러 성도님들이 이 지역을 위해 기도하면 영적 파장을 일으켜 영적인 악한 세력도 물러가게 됩니다. 그러니 함께 기도합시다."

이런 노력과 맞물려 조금씩 성도들의 신앙도 성장하면서 우리 교회의 성도들이 점점 지역사회를 위해 기도하기 시작했다. 그 후 우리교회에서 시행하는 각종 교육훈련 프로그램에서는 무조건 지역을 위한 기도를 드렸고, 교회학교 아이들 역시 지역 복음화를 위해 뜨겁게 기도하는 신앙을 가질 수 있도록 양육을 시켰다. 속 회에서도 반드시 지역을 위한 기도를 하도록 했고 그러고도 모자라 기도회 시간을 추가로 더 만들어 정말 뜨겁게 기도했다.

그러자 놀라운 일이 일어났다.

합심해서 기도하는 성도들 사이에서 영적인 역사가 일어나기 시작한 것이다. 지역을 위해서 기도하던 중에 성령을 체험함으로 병이 고침을 받고 악한 영이 떠나가는 일들이 일어났다. 뿐만 아니라 그토록 지역을 사로잡고 있던 악한 세력이 씻겨가는 것이 느껴졌다.

한번은 우리교회를 위해 많은 중보기도를 해 주시는 분들이 거의 동시에 이런 고백을 하셨다.

"김 목사님, 이제 교회 사역이 좀 수월해질 것 같습니다."

"아니, 왜요?"

"제가 삼척을 위해, 그리고 큰빛교회를 위해 기도하는데 악한 영이 떠나가는 것이 느껴지더군요. 이제는 큰빛교회가 더 맘껏 전도하고 복음을 전해도 될 것 같습니다."

한 두 분이 그러면 그러려니 하겠는데, 너무나 많은 분들이 비슷한 고백을 하셔서 목사인 나도 어안이 벙벙했다.

그분들의 선포뿐만이 아니었다. 교회에서 영적인 역사가 일어나고, 성도들이 하나님의 권능을 깨닫게 되자 저절로 부흥도 되기 시작했다. 성도들이 가는 곳에 좋은 일이 생기고, 그로 인해 좋은 영향을 미치게 되면서 각자가 서 있는 삶의 자리가 신앙의 본을 보이는 자리가 된 것이다. 마가복음에 나오는 말씀처럼 "믿는 자들에게 따르는 표적들"이 우리교회 성도들의 신앙성장 속도에 맞춰 나타나기 시작했다.

용화교회에 있을 때도 그런 일이 있었다.

그곳 역시 지역적으로 워낙 미신과 우상 숭배가 심한 곳이었다. 집집마다 떡을 하고 고사를 지내기도 하고, 하다못해 뱃 일을 하면서도 산을 믿는 등 하나님을 제외한 모든 것을 믿는다고 해도 과언이 아니었다. 지금껏 그 악한 영에 눌려있었다는 깨달음이 온 것이다.

그래서 성도들과 처음 시작한 일은 마을의 미신이 시작되는 상징적인 곳의 땅을 밟으며 영적 전쟁을 선포했다.

"성도님들, 우리가 믿을 분은 오로지 예수님 한 분 뿐입니다. 우리는 지금 영적인 싸움을 싸워야 합니다. 그래야 승리할 수 있습니다."

성도들과 땅 밟기를 하고 마을 어귀부터 자리 잡고 있는 성황당을 바라보며 기도했다. 또한 이 지역을 휘감고 있는 공중권세를 쫓으며 기도했다.

그런 기도를 하면서 처음 알 수 있었다. 기도를 드릴 때마다 뒷머리가 쭈뼛해지는 경험, 파워 있는 기도를 통해 성도들을 괴롭히는 귀신이 떠나가는 체험은 그 자체가 은혜가 되는 사건이었다.

그즈음 교회에 나오던 한 아이가 귀신 들린 사건이 벌어졌다.

당시 아이들 사이에 소위 귀신을 부르는 장난을 걸 하는 게 유행이었는데, 그 아이가 친구들과 그것을 하다가 진짜 악한 영이 들어간 것이었다. 깜짝 놀라 아이의 집을 가보니 이상한 눈빛으로 변한 아이의 모습이 보였다. 예수를 믿지 않던 아이의 어머니는 당황한 나머지 아이를 향해 팥을 뿌리며 귀신을 쫓고 있었다.

우리는 즉시 모든 것을 멈추고 기도하기 시작했다.

이 지역의 공중권세를 잡은 악한 영들의 장난이라는 것을 알았기에 예수의 이름으로 귀신을 쫓기 시작했다. 등줄기에 땀이 흥건하게 젖을 정도로 합심해서 기도를 했는데 얼마나 지났을까, 괴이한 행동과 소리를 내던 아이의 목소리가 잠잠해졌다. 악한 영이 떠나간 것이다.

뿐만 아니라 질병을 가져다주는 악한 영도 물리치며 나아갔을 때 고침 받는 성도들의 기적이 나타났다. 이런 기적과 기사가 성령의 역사하심을 통해 나타나면서 나 역시 완전히 주님 앞에 순복할 수밖에 없었다.

귀신이 떠나가고 병이 고침 받는 일은 예수님이 이 땅에서 행하신 일이고 지금도 일어나는 일이다. 다만 이제는 '나'라는 도구를 통해 하실 뿐 주최는 주님이시기에 우리는 일꾼으로서 도구로서 온전히 순종해야 한다. 농부가 낫으로 밭을 갈았을 때 밭을 일군 주체는 농부이지 낫이 아니다. 만약 낫이 고개 빳빳이 들고 자기가 밭을 갈았다고 하면 세상의 웃음거리가 되고 농부의 영광도 가려지게 된다.

그러나 여기서 더 나아가야 했다.

이제 그 영적 파워를 가지고 삼척의 발전을 위해 기도하기로 했다. 삼척이 복음화 되려면 좋은 사람들이 삼척으로 유입되어야 하는데, 그러기 위해서는 좋은 기업이 유치되는 일이 우선되어야 한다는 생각에 이르렀기 때문이다.

그 길로 삼척이 경제 도시로 발전할 수 있게 되기를 기도하기 시작했다. 성도들은 뭘 그런 것까지 기도하냐, 시간이 없다는 등의 핑계는 대지 않았다. 이미 크든 작든 기도의 능력을 모두 체험했기 때문이다. 그런 믿음을 가진 성도들과 모일 때마다 같은 제목을 두고 기도하자 응답은 빠르게 이루어졌다. 정말로 삼척을 비롯한 인근 도시에 하나 둘 기업과 공사들이 들어오기 시작하더니 그로 인한 직원들과 가족들이 유입되며 교회의 주축이 되는 장년과 어린 자녀들이 모여들기 시작했다. 그러자 나보다 함께 기도한 성도들이 더욱 기뻐하기 시작했다.

"목사님, 정말 기도에 영적인 힘이 있네요."

"그럼요! 기도에는 영적인 힘이 있습니다. 우리의 기도를 통해 하나님이 내려주시는 권능이 무척 큽니다."

물론 큰 기업이 도시에 들어오는 일은 복잡한 결정단계를 거쳐야 한다는 건 잘 알고 있다. 우리가 기도하기 전에 이미 일이 거의 진행되었을 수도 있다. 그러나 그간의 경험을 통해 우리교회 성도들은 기도의 힘이 이런 일에 좋은 작용을 했을 것이라는 분명한 확신이 있다. 그만큼 우리교회 성도들은 모두 하나님이 내려주시는 영적인 권능의 힘을 믿는다. 그 힘을 믿고 있기에 우리성도들은 어려운 일이 생기면 기도를 한다. 그 일이 기도한다고 될 일인지 아닌지는 생각도 하지 않는다. 모든 것은 하나님이 결정하실 일이지 우리가 생각할 일이 아니기 때문이다.

얼마 전 삼척 내의 모기업이나 다름없는 한 재벌 그룹을 위해서도 전 교인이 기도한 적이 있다. 한참 사회적으로 그 기업에 대한 부실평가가 이어지며 위기일발에 처했던 시기였다. 국내 굴지의 재벌로 꼽히는 그 기업은 삼척 내에 시멘트 기업을 운영했는데 거짓말 조금 보태 삼척 시민을 먹여 살리는 기업이라고도 할 수 있었다. 그런데 하루아침에 부실기업이 되고 흔들리는 모습을 보면서 심히 안타까웠다. 그 기업과는 하등의 인연도 없었지만 그때 내가 가졌던 생각은 하나였다.

'그래도 이 기업 덕분에 삼척이 좋은 평가도 받고 경제적으로도 발전했는데, 저렇게 무너지면 지역에 좋을 일이 하나도 없다. 우리 믿는 사람들이 뭔가 도울 수 있는 일이 없을까?'

결국은 기도밖에 없었다.

주일예배 설교를 하면서 성도들에게 이 이야기를 했고 함께 기도할 것을 권면했다. 이제는 기도의 용사들이 된 성도들은 모두 기쁨으로 동참했고 한참을 그 기업이 도산하지 않도록 기도하기 시작했다.

놀라운 일이 벌어졌다. 기업이 정리되고 그 인력이 다 분해될 것이라 예상했던 많은 전문가들의 예상을 뒤엎고 기업이 그대로 유지되는 결정이 내려졌던 것이다. 보고도 믿지 못할 결과가 나온 것을 보며 모두가 놀라워했고 역시 하나님이 손대시면 못할 것이 없다는 사실에 다시 한 번 순종의 능력이 얼마나 큰지, 기도의 능력이 얼마나 큰지 알게 되었다.

아는 사람을 통해 우리교회가 회사를 위해 기도했다는 사실을 알게 된 그 회사의 중역 한분은 우리교회 성도도 아니고 하나님을 믿는 분도 아니었지만, 감사의 인사를 전하기도 했다. 교회가 한 기업의 존폐를 위해 기도를 해 준 것만으로도 정말 감사한 일이고 감동이었다면서 결국 기도의 영적인 힘, 영적인 권능이 있음을 이 일을 통해 깨닫고 복음을 받아들이셨다. 영적인 파장이 지역을 변화시키는 것뿐 아니라 영혼까지도 구원시키고 변화시킬 수 있음을 모든 성도들로 하여금 체험하게 한 일이기도 했다.

사람이 아무리 노력해도 결국 사람이 하는 일이다. 그러나 사람이 기도를 하면 하나님이 일하신다. 이렇게 기도의 능력을 깨달은 성도들은 곧 지역사회 뿐 아니라 속회에도 적용하기 시작했다.

교회란 끈끈한 운명공동체가 되어야 한다는 생각을 개척 초창기 때부터 성도들과 공유한 까닭에 지금도 우리교회 성도들의 서로에 대한 관심은 지대하다. 속속들이 사정을 알고 있는 우리성도들은 서로의 아주 세세한 부분까지 관심을 갖는다. 좋은 일이든 그렇지 않은 일이든 가리지 않고 또한 긴급하게 기도를 부탁해야 할 일이 생길 땐 바로 비상연락망을 돌려 기도를 부탁한다.

"목사님, 친정아버지께서 갑자기 쓰러지셨어요. 심장마비가 와서 응급수술을 들어가셨습니다. 기도 부탁드립니다."

이런 연락이 오면 그분이 속한 속회는 물론이고 전 교회의 기도팀이 일제히 가동된다. 연락을 받은 성도들은 일을 하던 중이라도 잠시 멈추고 바로 기도로 중보하며 서로를 향한 관심과 사랑을 표현한다. 실제 긴급한 기도 부탁과 성도들의 합심 중보기도로 인해 위급한 상황에서 설명할 수 없을 정도로 빨리 증세가 해소되는 경우도 많았고, 절대로 풀리지 않을 것 같던 문제가 해결되는 등 하나님이 부어주시는 은혜가 기도연락망을 통해 지속적으로 흘러갔다.

이런 과정을 함께 겪은 우리 성도들은 정말로 사심없이 다른 사람을 축복해준다. 어떤 성도의 아이가 상장을 받아오면 누구보다 기뻐해 주는 이들도 성도들이다. 방황하던 아이가 마음을 잡고 학교생활에 충실하면 자신의 일처럼 기뻐하며 그들의 가정을 축복해준다.

단순히 숫자의 성장이 아닌 이러한 성도들의 신앙의 성장은 교회를 든든하게 세우는 힘이 되고 있고 공동체를 하나로 뭉치게 하는 힘이 되고 있다. 이처럼 기도는 모든 문제의 해법이자 하나님의 능력을 체험하는 가장 강력한 도구이다.

권능이 임할 때 치유된다

때때로 사람의 힘으로 정말로 아무것도 할 수 없는 일들이 있다. 그 문제는 육체의 질병일 수도 있고, 부부간의 관계일수도 있고, 사업의 어려움일 수도 있다.

이런 문제를 만났을 때 해결하기 위해 가장 중요한 것은 기관이나 전문가를 찾아가는 일이다. 몸이 아프면 일단 병원을 가야하고, 관계의 어려움이 있을 때는 상담을 받거나 심리치료를 받아야한다. 그러나 세상의 모든 문제들이 몸과 정신에 국한된 것은 아니다. 때때로 영적인 문제로 인해 당하는 어려움들도 분명히 있다. 몸이 아플 때는 병원에 가야하는 것처럼 영이 문제일 때는 하나님을 찾아가야 한다. 그리고 기도라는 처방밖에는 약이 없다.

그러나 우리의 연약한 지혜로는 지금 당하는 어려움이 과연 영적인 문제인지 아니면 단지 육적인 문제인지 혹은 복합적인 문제인지 구분하기가 쉽지 않다. 그러므로 정말 지혜로운 사람은 모든 일에 자신이 취할 수 있는 조치는 취하되 주님께 간구함으로 기도를 더한다.

기도는 만병통치약이 아니며 사람의 마음을 갑자기 되돌리게 하는 마법도 아니다. 그러나 우리가 처한 문제를 가장 하나님이 보시기에 합당하게 해결할 수 있는 지혜를 구하는 놀라운 비결이다.

병 낫기를 간구해도 조금의 차도도 보이지 않고 돌아가시는 분도 있다. 심지어 우리 교회에는 예배를 드리다 돌아가신 분도 있었다. 그러나 하나님은 그분들의 죽음까지도 지역의 복음화를 위한 아름다운 헌신으로 사용하셨다. 그러므로 문제를 만났을 때 기도를 하는 것은 하나님의 은혜를 구하는 간구임과 동시에 모든 결과를 하나님께 맡기는 순종의 제사이기도 하다. 응답도 불응답도 모두 하나님의 섭리 안에서 이루어지는 것이다.

미국의 테니스선수 아더 애쉬는 뛰어난 선수이자 독실한 신앙의 소유자였다.

그는 많은 대회에서 우승을 했을 뿐 아니라 왕성한 자선활동으로 많은 대중들의 사랑까지 받았다. 그러나 심장수술을 잘못 받아 에이즈에 감염되어 50세의 나이에 세상을 떠나고 말았다. 그가 살아있었을 때 그의 팬이 하나님을 원망하지 않느냐는 편지를 보낸 적이 있었다.

"당신이 믿는 하나님은 왜 이런 불행을 주셨죠? 당신은 잘못한 게 아무것도 없는 사람이잖아요? 에이즈에 걸렸음에도 당신은 하나님이 원망스럽지 않나요?"

아더는 그에게 답장을 보냈다.

"세계에는 50만 명이 넘는 프로테니스 선수들이 있습니다. 나는 그들 모두를 제치고 윔블던에서 우승을 했습니다. 그러나 하나님께 '왜 내가 우승을 했죠?', '왜 하필 나인가요?'라고 묻지 않았습니다. 내가 지금 받는 어려움에 대해서 하나님께 따지고 싶다면 먼저 내가 받은 축복에 대해서 따졌어야 합니다."

이처럼 모든 기도의 응답, 우리가 겪는 모든 행운과 고난은 전부 하나님의 섭리 안에 들어있는 것이다. 나는 지금 신앙생활과 기도를 통해 하나님의 권능을 체험한 나와 우리교회의 이야기들을 나누고 있다. 그동안 하나님은 참으로 많은 사람들을 고쳐주셨고, 가정을 회복시켜 주셨고, 관계를 회복시켜 주셨다. 그러나 거기에 앞서서 먼저 이런 말과 이야기를 하는 것은 하나님의 복음이 눈에 드러나는 현상에 기대는 잘못된 방향으로 받아들이지 않았으면 하는 바람 때문이다. 이런 현상들을 잘못 이해함으로 많은 사람들이 큰 피해를 받는다.

주변에서 가끔 쉽게 치료할 수 있는 병을 하나님께서 고쳐주실 것이라며 병원에 가지 않고 끙끙 앓는 분이 계시는데 그런 분들을 볼 때면 참으로 가슴이 답답하다.

또한 남편에게 말은 툭툭 뱉으면서 교회에서 남편의 마음을 돌려달라고 기도하는 모습을 볼 때도 마음이 아프다.

하나님의 권능은 온전히 드리는 예배와 말씀을 실천함으로 신앙이 회복되는 가운데 우리에게 임하는 것임을 다시 한 번 말하고 싶다. 그러나 하나님의 말씀이 확실하다면 합심하여 뜨겁게 구하기만 하면 하나님께서는 어떤 일이든지 반드시 이루어주신다.

사실 나는 약점이 많은 사람이다.

용화교회에서의 사역초기 때 어떤 곳이라도 주시기만 하면 열심히 하겠다는 열정을 품고 사역지에 도착한지 6개월 만에 심각한 영적인 슬럼프에 빠져 정해진 임기만 때우고 가자는 마음을 먹고 있었기 때문이다. 이때 나는 정말로 큰일 날 일을 경험하고 목회자로서 다시 마음을 다잡는 회심을 경험하게 됐다.

당시 외지에 사시는 성도님들을 모시기 위해서 교회에서 운행하는 봉고차가 있었다. 나와 아내가 예배 전후에 함께 타고 운행을 하곤 했는데, 별 다른 감흥없는 예배를 대충 마치고서 언제나처럼 성도님들을 모셔다 드리고 교회로 오는 길이었다. 그날따라 마을 어귀를 돌아 나오는데 이상하게 마음이 다급했다. 그러다보니 속도를 내게 되었는데 갑자기 덜컹거리는 소리와 함께 외마디 비명소리가 들렸다.

"어어? 아악!"

아내의 목소리였다. 큰일이 났다 싶어 급브레이크를 밟아 차를 세웠다. 놀라서 뒤를 돌아보니 뒷자리에 앉아 있던 아내가 보이지 않았고 차문이 활짝 열려있었다. 차에 내려가 보니 문 밖으로 굴러 떨어져 있는 아내의 모습이 보였다. 아내는 앉은 자세 그대로 시멘트 바닥에 떨어져 있었는데 바닥에 얼굴을 찧은 상태로 쓸렸는지 온 얼굴에 피가 철철 흐르고 있었다.

"여보, 괜찮아? 괜찮아요?"

"……."

차가운 시멘트 바닥에 쓰러진 아내는 한마디도 하지 못했다. 너무도 놀란 나머지 온 몸이 사시나무 떨리듯 떨렸다. 낡은 봉고차의 차문이 제대로 닫히지 않았는지 아님 다시 열렸는지, 가속을 붙여 경사진 곳을 내려오다 보니 그 속도에 사람이 튕겨져 나갔고 그대로 바닥으로 돌진한 듯 보였다. 주체할 수 없이 피가 계속 흘러 바닥이 온통 핏빛으로 물들었다.

"주님… 주님… 아… 주님… 살려주십시오… 살려…"

입이 달달거리면서도 기도가 저절로 나왔다. 유혈이 낭자한 얼굴을 일단 수건으로 감싸고 어떻게 운전을 했는지도 모르게 삼척의료원에 도착했다.

"아니, 어쩌다 이렇게 넘어지셨습니까. 얼굴 반쪽이 바닥에 긁히고 상해서 수술을 몇 번은 해야겠는데요?"

"생명에는 문제가 없습니까?"

"생명에는 큰 지장 없겠지만 다친 곳이 얼굴이라 흉터가 좀…"

생명에는 지장이 없다니 일단 다행이었지만 얼굴이 걱정이었다. 피투성이가 된 아내의 얼굴은 퉁퉁 부어올라 도저히 형체를 알아볼 수 없을 정도로 심각했다. 얼굴색이 무지개빛이 될 정도로 피멍이 크게 들어 남편인 나조차 제대로 쳐다보기 힘들 정도였다.

'얼마나 아플까?' '얼마나 고통스러울까?'

내 앞에서 제대로 앓지도 못하는 아내를 보니 미안함과 죄책감이 들었다. 나도 모르게 주님께 회개하는 기도를 했다. 아내가 이렇게 된 게 다 내가 교만한 마음을 품고 하나님이 주신 소중한 사역을 너무 가볍게 여겨서 일어났다는 생각이 들었다.

'주님. 제가 그동안 너무 교만했습니다. 귀한 사역지에 보내주신 것에 감사하지 못하고 교만했던 제 죄를 회개합니다. 주님, 그러나 아내는 무슨 잘못입니까? 차라리 저에게 고통을 주십시오. 정말 한번만 기회를 주시면 진짜 주님을 위해 살겠습니다.'

하루 종일 울부짖으며 기도했다.

아마 내 인생을 통틀어 가장 간절하게 기도했던 때를 꼽으라면 그때를 뽑을 것 같다. 목회자로 첫 부임해서 온 교회에서, 그것도 예배를 마치고 오는 길에 불의의 사고를 당했다는 것은 은혜가 안 되는 일이었고, 하나님의 영광을 가리는 일이란 생각에 우리 부부는 더욱 하나님께 매달렸다.

"주님, 고쳐주십시오. 주님, 아내의 얼굴을 고쳐주시옵소서. 주님만 의지하며 순종하며 목회하겠습니다."

아무에게도 아내의 사고 소식을 알리지도 못한 채 기도만 이어 갔다. 더욱 주님만 의지할 수밖에 없었다.

그러자 주님은 연약한 종의 기도를 들어주셨다.

기도를 하며 큐티를 하던 중에 이런 말씀을 주셨다.

"마음을 강하게 하고 담대히 하라. 너는 이 백성으로 내가 그 조상에게 맹세하여 주리라 한 땅을 얻게 하리라"(여호수아 1:7).

당시 아내는 워낙 심하게 얼굴이 부은 상태라 바로 수술에 들어 갈 수 없었다. 그래서 며칠 집에 머무는 동안 우린 무조건 말씀만 붙잡고 기도하며 시간을 보냈다. 그 시간만큼은 온전히 우리 부부의 마음을 하나님께 올려드리는 시간이었다.

그런데 이상한 일이 일어났다. 시간이 지나면서 아내의 얼굴은 형태를 알아볼 수 없을 정도로 더 심하게 부어갔는데도 마음속엔 평안과 함께 이런 확신이 들었다.

'주님이 고쳐주신다. 부족한 종의 기도지만 들어주신다.'

솔직히 고백하자면 그때까지 한 번도 기도의 확신을 갖지 못했던 나였다. 기도를 하면서도 '과연 이 기도가 응답될까?' 하는 의심도 많았다. 그런데 아내의 사고 앞에서 무조건 간절히 매달리자 기도 가운데 확신이 들기 시작했다.

"두려워 말라 내가 너를 지명하여 불렀나니 너는 내 것이라"(이사야 43:1)는 말씀이 나와 아내를 위한 말씀이란 확신이 들면서 하나님이 고쳐주신다는 강한 믿음이 들었다.

"여보, 내가 믿음으로 손을 얹고 안수할게요."

그런 확신을 통해 겨우 용기를 내 아내의 머리에 손을 얹고 기도했다. 기도 중에 강하게 임하는 하나님의 능력을 체험했다. 뭔지 알 수 없는 기운이 우리 둘을 강하게 이어주고 있다는 느낌이 들면서 치유의 능력을 느낄 수 있었다. 그때야 비로소 안수를 하는 것은 사람이지만 주체가 하나님이시며, 내 안에 계신 하나님이 영적인 능력을 발휘하실 때에 치유의 역사가 일어나게 된다는 것을 알 수 있었다.

그렇게 짧지만 강렬한 체험 이후 정말로 아내는 회복되기 시작했다. 도저히 가라앉을 것 같지 않던 아내의 얼굴이 차차 가라앉기 시작했고, 짙푸른 멍의 색깔도 옅어지기 시작했다. 시멘트 바닥에 사정없이 긁혀 찢어진 부위에는 새살이 나며 얼굴의 형태가 돌아오기 시작했다.

"여보, 하나님이 우리 기도를 들어주시고 있어요. 그런 확신이 들어요. 나의 교만한 마음을 당신을 통해서 깨닫게 하셨던 것 같아요."

우리 부부는 그 사고로 완전히 주님의 발 앞에 순종했으며 모든 삶의 결정권을 하나님께 내어 드리게 되었다. 그리고 하나님을 향한 순종과 기도가 어떤 권능을 가지고 있는지도 체험했으며 기도에 분명한 힘이 있다는 사실을 100% 확신하게 되었다. 아내의 상한 얼굴은 사고난 뒤 일주일이 지날 무렵 어느 정도 예전의 모습으로 돌아왔고, 얼마 뒤엔 나머지 상처도 사라졌다. 처음 아내의 상태를 봤던 의사는 도저히 믿을 수 없는 일이라고 말했다.

"참 신기한 일이네요. 몇 번 수술을 한다 해도 원래대로 되기가 어려울 뻔했는데, 정말 잘 됐습니다."

아내의 봉고차 사건 이후 나는 진짜 목회를 시작할 수 있었다. 철저히 회개했고 엎드려졌으며 나의 부족함과 한계를 세세히 주님께 고하며 주님의 권능만 붙잡겠다는 고백이 나왔다. 또한 내 안에서 운행하시는 성령님께 전적으로 의지할 수 있었다. 하나님의 권능은 아내의 얼굴만 고쳐주셨을 뿐 아니라 나의 삐뚤어진 마음까지 고쳐주셨다.

그 후 성도 넷이던 교회가 어느덧 수십 명이 넘어서고 있었으니 지역 주민들도 교회를 다르게 봤다.

우리교회에는 치과를 개원한 부부가 있다.

이분들은 두 분 다 명문대를 나와 사회적으로 성공한 직장을 가졌지만 인생의 남다른 소망이나 신앙의 깊이가 없었다.

삼척에서 치과를 하던 남편은 자녀교육 때문에 아내와 아이들을 서울로 보내놓고 기러기 생활을 했는데, 그러는 동안 한국의 여느 중년부부의 가정처럼 부부관계가 소원해져 있었다.

자녀들이 장성하고 이제 삼척에서 부부가 지내게 되었는데 하나님께서 두 부부를 우리교회로 이끄셨다.

아내는 그간 꾸준하게 신앙생활을 하던 것에 비해 남편은 한동안 교회를 나가지 않았었다. 그러다가 아내가 철야 때 하나님께 기도를 하다 성령님의 임재를 경험했고, 그로 인해 당시에 집안에 생겼던 어려운 문제가 해결되는 것을 경험했다.

바로 옆에서 이 모습을 목격한 남편도 다시 마음을 열고 신앙생활을 하기 시작했고 이후 아내보다 더 큰 은혜를 받고 더 열심히 신앙생활을 하기 시작했다. 좀처럼 직분을 주지 않는 우리교회에서 장로로 세울 정도로 열심과 은혜로 가득해졌고 모든 성도들의 본이 되는 장로님 부부가 되었다. 그리고 이 과정 중에 자연스럽게 이들 부부의 믿음과 하나님과의 관계가 회복되었으며 이제는 오히려 젊은 부부들이 부러워할 정도로 닭살 커플이 되었다.

우리 목회자들은 성도들에게 성령님이 역사하시도록 인도하면 된다.

삼척이란 도시에 사람들이 유입되면서 인구는 많아졌지만 의외로 가족 모두가 모여 사는 집은 많지 않았다. 가족 간에 떨어져 지내다보니 관계도 소원해지는 등 어려운 점이 많았는데 우리교회 성도라고 해서 예외는 아니었다. 이분들 가정 외에도 많은 문제가 있는 가정들이 있었다. 이혼의 위기에 몰린 가정, 불신의 벽에 가로막혀 힘들어 하는 가정 등등 문제 있는 수많은 가정들이 있었지만 아내가 먼저, 혹은 남편이 먼저 성령의 은혜를 받자 변화하기 시작했다.

마음에 믿음이 들어가니 비전을 품게 되고 믿음의 명문가로서 거룩한 본이 되고 싶다는 소망을 품게 된 것이다. 우리교회에는 위기의 가정이 있는 숫자만큼 회복된 가정의 간증이야기가 존재한다. 그리고 방금 얘기한 아내 권사님은 이 과정을 통해 깨달은 섬김의 기쁨으로 몸의 병까지 치유를 받았다.

걸어 다니는 병동이라고 불릴 정도로 온 몸의 관절이 성한 데가 없었던 권사님은 교회에서 만큼은 하나님의 일이니 괜찮다며 자발적으로 많은 봉사를 했다. 허리와 무릎이 좋지 않아 수술을 받아야 했는데도 무거운 물건도 마다 않고 들었다. 사람들이 아무리 말려도 소용이 없었다. 그것은 어떤 목적이 있어서 하는 일이 아니라 정말로 하나님을 위해서 헌신한다는 순수한 기쁨에서 우러나오는 섬김이었기 때문이다.

심지어 이분은 수술날짜도 미루면서 교회 일을 했다. 한참 성장하는 교회에 일이 없는 날이 있을 리가 없었으나 자기에게는 수술보다 교회일이 우선이라고 몇 번이나 수술을 미루며 교회를 찾아

섬겨주셨다. 목사인 내가 보기에도 '저러다 큰일 나면 어쩌시나?'라는 생각이 가끔 들긴 했지만 모든 건 그저 나의 기우였다. 교회에서 그렇게 헌신하는 도중에 몸의 지병이 싹 나았기 때문이다. 병원에서도 수술이 아니면 방법이 없다고 진단했던 병인데 정말로 씻은 듯이 사라지고 말았다.

또한 우리교회가 체험한 하나님의 권능 중 하나는 우리교회에 불임부부가 없다는 사실이다.

'안 되는 사람끼리 모이면 더 분란이 난다. 그러나 되는 사람끼리 모이면 안 될 일이 없다.'라는 생각을 갖고 나는 쉽게 아기가 생기지 않는 부부라 하더라도 좋지 않은 생각을 하지 않도록 노력을 하고 다른 성도들과 함께 이 부분을 놓고 기도를 했다. 분명 믿지 않는 사람들은 이런 이야기를 들으면 기도를 한다고 아기가 생기냐고 반문할 것이다. 그러나 정말로 우리교회에는 불임부부가 없다. 하나님이 하시면 안 될 일이 없다.

최근 들어 우리나라에는 불임부부가 5년 새 250%가까이 증가했고 부부 7쌍 중 1쌍은 불임일 정도로 우리 주변에서도 흔히 볼 수 있는 추세이지만 천 명이 넘게 모이는 우리교회엔 한 명도 없다.

마지막으로 8년간 아이가 생기지 않던 부부도 최근에 임신을 했다. 사람들은 우연의 일치, 혹은 인간적인 노력에 의한 결실이라고 생각하겠지만 수년간 함께 기도하고 이들의 상황을 지켜 본 우리들은 신앙으로 어려움을 이겨내고 얻은 값진 결실이라는 사실을 모두가 알고 있다.

이처럼 하나님의 권능은 다양한 방면에 다양한 모습으로 우리의 삶에 임하시며 또 치유하신다. 우리가 믿을 것은 하나님께는 불가능한 일이 없다는 사실과 권능의 체험보다도 중요한 것은 하나님을 바르게 알고 바르게 섬기는 올바른 신앙이라는 사실이다.

복음화율이 3%인 삼척에서 일어난다면 다른 곳에서도 일어날 수 있다. 나같이 부족한 사람도 하나님이 사용하신다면 누구든 쓰임 받을 수 있다. 하나님의 말씀대로 사랑하고 기도하는 성도들이 모인 곳은 그곳이 어떤 지역에 어떤 문제에 처해 있더라도 모두 넘치도록 임하는 하나님의 권능을 체험하게 된다.

성도들에게 하나님의 권능을 체험하게 하자!

> "하나님이 말씀하시기를 말세에 내가 내 영을 모든 육체에 부어 주리니 너희의 자녀들은 예언할 것이요 너희의 젊은이들은 환상을 보고 너희의 늙은이들은 꿈을 꾸리라"(사도행전 2:17)

3년후인
지금

"하나님은 살아계십니다"가 오늘도 고백되어지는 있다.
하나님의 뜻이 궁금해서 큐티하고 말씀이 들려지면 순종하는 이들에게 하나님은 당신을 나타내시고 증거하신다.
교회가 선포하며 나가는 필그림 센터의 건축과정에서도 그러했고, 또 소그룹인 속회 안에서도 성도들의 간증들이 이어지고 있다.

제6장

선한 영향력으로 지경을 넓혔다

하나님께서 내게 허락하신 영향력으로 지경을 넓힌 경험을 적어보자.

●● 하나님을 온전히 섬기는 믿음을 가지면
하나님께서 지경을 넓히시는 축복을 반드시 주신다.
하나님을 바르게 알도록 교회가 가르치면
신앙을 바르게 아는 성도들이 늘어간다.
그 결과 세상과 불신자들의 영역에
복음의 선한 영향력이 강하게 퍼져나간다.
믿지 않는 사람들에게 영향력을 끼치는 교회가
진짜 힘이 있는 살아있는 교회다.

ENLARGE

보이지 않는 영향력의 중요성

 때때로 "한국에는 왜 이처럼 많은 교회와 교인들이 있는데 사회가 변하지 않는 것일까요?"라고 묻는 성도들이 있다. 누구나 그럴싸한 해답은 내릴 수 있을 것이다. 그러나 나는 그 말을 오히려 반대로 받아들였다.

"사람이 많고 교회가 많다고 반드시 변화가 일어나는 것은 아니듯 삼척에는 기독교인이 별로 없고 우리 성도들은 미약하나 충분히 지역을 변화시킬 수 있다."

가진 것이 없으니 당연히 의지할 수 있는 것은 하나님 밖에 없다. '삼척은 약하고 우리 성도들도 적다. 그러나 모든 건 하나님이 하신다. 하나님에겐 불가능이 없다' 와 같은 믿음이 우리교회가 지경을 넓힐 수 있었던 가장 중요한 요인이었다.

최근 시장님을 비롯한 위정자들과의 모임에서 말씀을 전한 적이 있었다. 나는 미리 그분들이 그 자리에 오기까지 거친 여정을 조사한 뒤 거기에 맞는 성경말씀을 찾아 설교를 준비했다. 교회를 다니지 않는 분들이지만 최대의 예를 갖춰서 말씀을 전했더니 예배가 끝난 뒤 오늘 나의 설교를 다 받아 적으셨다면서 다시 자기 직원들에게 그대로 전해주겠다는 말씀을 하셨다. 하나님이 하시면 믿지 않는 사람들도 말씀을 받아 적고, 다른 사람들에게 말씀을 전하는 일이 일어난다.

　교회가 사회적으로 미치는 영향력은 엄청나다. 어떤 교회가 하나님의 말씀대로 행하는 공동체인지 확인하기 위해서는 교회에 다니는 사람들에게 물어보는 것이 아니라 오히려 기독교를 싫어하는 사람, 교회를 다니지 않는 사람들에게 물어봐야 한다.

　그런 의미에서 우리교회가 정말로 잘하고 있는 것 중에 하나는 교회에 나오지 않는 사람들조차 우리교회에 오면 잘 된다는 생각을 가질 수 있도록 분위기를 만들었다는 것이다. 물론 사랑의 공동체로써 말씀대로 살다보니 자연스럽게 부흥이 일어난 것이지만 믿지 않는 부모들이 강제로라도 자녀를 교회에 보내는 일들은 전국 어디에서도 찾아보기 드문 일 일 것이다.

　어느 날 한 학생이 교회를 찾아왔다. 친구의 전도를 받고 교회에 나오게 되었다는 그 학생은 한눈에 봐도 좀 노는 학생 같았다. 그렇다고 인생을 포기하고 막 사는 것 같지는 않았고, 다만 말 못할 불만이 있어 보이는 표정과 말투로 미루어 볼 때 아마도 가정생활에서 어려움이 있는 듯 보였다. 그런데 한 번도 교회에 다녀본 적 없다던 그 학생은 의외로 중고등부에 열심히 출석했고 복음을 받아들임으로 신앙생활을 잘해 나갔다. 그 모습이 참 대견하여 볼 때마다 칭찬과 격려를 했는데 얼마 뒤 놀라운 사실을 알게 되었다.

그 학생은 삼척시의 주요 요직을 맡은 인사의 아들이었다. 내가 알기로는 그 분의 종교는 기독교가 아니었는데 아들이 교회를 다니는 것에 제재를 가하지 않았다. 그것만으로도 참 다행이란 생각이었다.

얼마 뒤 우리교회가 지역사회와 관계를 맺고 활동을 하게 되면서 본의 아니게 지역 인사들과도 만나게 되었다. 그 자리엔 시를 대표하는 분과 주요 관직에 계신 분, 기관단체장님이 계셨다. 그 중에 우리교회를 나오는 학생의 아버님도 계셨다.

"김 목사님이시죠? 저희 아이가 큰빛교회를 다닌다고 하더군요."

"네, 맞습니다. 지금 신앙생활 잘 하고 있습니다. 아주 괜찮은 아드님을 두셨습니다."

"그렇습니까? 감사합니다. 우리 애가 그 전에는 반항도 좀 하고 그랬는데 신앙생활 하고 난 뒤부터 많이 달라졌습니다. 교회가 너무 좋다고 하면서 제 말도 더 잘 듣습니다."

"그건 당연한 일입니다. 복음은 사람을 변화시키니까요."

그 날의 만남으로 무척 기분이 좋았다. 지역에서 영향력을 가진 분을 만나서가 아니라 교회학교에 몸담고 있는 학생의 부모로 부터 교회의 선한 영향력에 대해 전해 들었기 때문이다. 실제 그 분과는 우리교회가 사회지역 활동에 참여하면서 친밀한 관계를 맺게 되었는데 뵐 때마다 복음을 전하지만 아직까지 받아들이진 않는다. 그럼에도 지역과 사회, 또한 개개인에게 미치는 교회의 영향력에 대해서는 120% 인정한다.

"목사님, 요즘 우리 아이가 거의 교회라면 모든 일 제쳐놓고 뛰어갑니다. 꿈도 생기고 비전도 생겼다니 다행인데, 그래도 너무 심한 거 아닙니까? 그렇잖아도 오늘 아침 우리 애한테 제가 그랬습니다. '아들아~ 너, 요즘 너무 교회에 빠졌다.' 그런데 애가 그러는 겁니다. '아버지, 저는 교회가 좋고 하나님도 좋습니다. 제가 교회를 안 나가고 신앙을 갖지 못했더라면 아직도 불만투성이에 계속 반항만 했을 거예요. 그런데 이렇게 바뀌었잖아요.' 그런데 듣고 보니 정말 그 말이 맞았습니다. 저는 할 수 없는 일이었으니까요. 암요. 전 그 애가 바뀐 것만으로도 정말 만족하고 있습니다."

이처럼 하나님을 만나 변화된 한 자녀가 가정에 있으니 나는 조만간 그 집안의 모든 가족들이 하나님 앞으로 돌아오게 될 것을 확신한다.

최근에, 얼마 전 교회학교로 새로 등록한 한 학생이 있기에 말을 걸었다. 한눈에 봐도 약간 껄렁한 것이 소위 놀기 좋아하는 학생 같았다.

"어떻게 우리교회에 오게 됐니? 누가 전도해서 왔니?"

"아뇨. 그냥 저희 엄마가 가라고 해서요."

"그래? 엄마가 우리교회 다니시는구나."

"아뇨. 저희 집은 무교에요. 근데 주변에서 이 교회 보내라는 얘기를 많이 들으셨대요. 저 좀 정신 차리라고요. 저한테 '큰빛교회나 다녀라' 그러시기에 도대체 여기가 뭔가 해서 와 봤어요."

아이의 말을 듣는 순간 가슴이 뜨거워지고 눈에 불이 켜지기 시작했다.

"그래, 아주 잘 나왔다. 우리교회 다녀보라고 했으니 당분간 함께 다녀보자! 여기서 어떤 변화가 생길지 우리 한번 기대해보자꾸나."

이렇게 이미 지역 주민들 사이에서 우리교회는 신앙은 둘째 치고 성품의 변화를 기대할 수 있는 곳으로 인식되고 있다.

학생을 둔 학부모들은 우리교회 아이들이 학업도 탄탄하고 저마다의 비전을 갖고 있는 것을 알기에 자기 자녀들에게도 동일한 변화가 일어나기를 바라며 교회를 보내고 싶어 하며, 우리교회가 지역을 위해서 하고 있는 일들에 대해서도 긍정적인 시선으로 바라보고 있다. 때문에 우리교회 성도들은 마치 무대 위의 주인공이 된 것 같은 느낌을 받는다. 그로인해 우리교회의 성도들 한 사람 한 사람은 사람들이 동경할만한 복음의 변화를 받은 사람으로서 더욱 하나님을 드러내기 위해 신실하고 성실하고 아름답게 살아가려고 한다. 그 노력을 통해 교회와 사회, 사람이 발전하며 시너지 효과를 낳는 셈이다.

나의 이런 마음을 아는지 어린 학생들이 가끔 나를 찾아와 이런 말을 할 때가 있다.

"목사님, 우리가 정말 잘해야 하죠? 우린 하나님 나라의 대표니까요."

이런 고백을 들을 때면 정말이지 주님은 얼마나 기쁘실까, 얼마나 대견하실까? 하나님이 맡겨주신 양을 대신 치는 목자로서 다만 한 없이 뿌듯할 뿐이다.

이것이 바로 보이지 않는 영향력이라고 생각한다.

우리교회에 출석하는 성도들 중에는 어린이 부흥회를 통해 변화 받은 아이의 손에 이끌려 복음을 받아들인 분들이 꽤 된다.

우리교회는 1년에 2번씩 외부에서 어린이 부흥회만을 위한 전문강사를 초빙해서 어린이만을 위한 부흥회를 한다. 아이들도 구원을 받으면 성령님을 체험하고, 예배 가운데 하나님의 임재를 느끼면 삶이 변화되어간다. 그렇게 변화된 어린이들이 많다. 그런데 그 아이들이 자기 부모님과 할아버지, 할머니를 전도해 교회로 인도하고 있다. 지금은 특별히 어린이들을 전도함으로 그 부모들이 믿게 되는 시대이기도 하다. 그러므로 어린이전도는 교회 부흥비결의 하나이며 미래의 글로벌 리더를 양성하는 엄청나게 큰일이다.

한 번은 학교에서 문화탐방이란 명목으로 절을 방문했을 때, 선생님이 불상에다 절을 하게 하자 우리교회 어린이들이 초등학교 2학년인데도 불구하고 "그것은 우상숭배예요! 하나님이 싫어하세요!"라고 외쳤다.

어떤 어머니는 심한 우울증을 겪고 계셨는데 아이 손에 이끌려 교회 문턱을 넘은 뒤 우울증이 치료받고 새롭게 변화되었다는 간증을 하기도 했다. 때때로 이런 영향력은 하나님의 초자연적인 역사로 발휘되기도 했다.

한 집사님은 우리교회 올 때만 해도 삼척 소방서의 간부셨다.

처음엔 새신자에 가까운 신앙이셨지만 교회에 등록한 뒤 성령을 충만히 받고 제자반 양육을 통해 신앙이 단계별로 성장하며 주님을 잘 섬기셨다. 그렇게 신앙생활을 하며 몇 년간 근무를 하다가 삼척에 대형 산불이 난 적이 있었다. 우리 지역에 생긴 재해였기에 그 집사님 역시 비상이 걸렸다. 당시 대기가 매우 건조한 상태라 민가로 불이 옮겨 붙을 땐 정말로 큰일이었다. 상황은 좋지 않은 쪽으로 흘러가고 있었다.

며칠간 계속되는 산불로 이곳에 재난본부가 꾸려지고 서울에서 소방 관계자들이 내려와 사건의 추이를 지켜보고 있는 상황이었다. 물론 집사님은 이 지역의 소방을 책임지고 계셨기에 막중한 책임감을 느꼈지만 인력으로는 이미 막을 수 없는 일이었기에 하나님 앞에 두 손 들고 기도만 하셨다고 한다. 그런데 그런 급박한 상황 가운데 그 집사님 마음속에 이런 믿음이 생겼다.

'하나님의 초자연적인 역사가 이곳에 임한다. 하나님이 반드시 이 일을 해결해 주신다.'

이렇게 생겨난 확신은 많은 사람들 앞에서 산불에 대한 브리핑을 할 때도 입술의 선포로 나왔다고 한다. 쟁쟁한 사람들 앞에서 대책을 논하고 있을 때 이렇게 선포했던 것이다.

"분명히 산불은 꺼집니다. 반드시 하나님의 초자연적인 역사가 있을 것입니다."

제 정신이라면 그렇게 급박한 상황에서 자신의 상관에게 이렇게 말을 할 사람은 없을 것이다. 그럼에도 확신이 정말 있었기에 선포할 수 있었고, 더욱 놀랍게도 그 선포가 있고 두 세 시간이 흐른 뒤 불길이 잡히기 시작하더니 민가로 옮겨 붙기 전에 진화가 되는 역사가 일어났다. 물론, 그 시간에 우리교회의 모든 중보 기도자들이 합심하여 기도를 하고 있었다.

이 재난의 시작부터 마무리까지 함께 했던 그 집사님은 재난을 차분하게 대처한 공을 인정받았고 더 나은 곳으로 발령까지 받게 됐다.

하나님의 지경은 반드시 사업이나 물질에 국한되지 않는다. 이처럼 초자연적으로 임할 때도 있다. 그러나 가장 값진 지경의 영역은 역시 사람의 마음이다. 사람의 마음에 영향을 미친다는 것은 복음의 여지가 생긴다는 것이고, 영혼구원과 바로 직결되는 영역이기 때문이다. 하나님은 우리교회 성도들을 통해 인격적인 지경도 넓혀주셨다.

우리 교회에는 개척초기 청년 때부터 교회를 섬기다가 믿음의 형제를 만나 결혼한 두 자매가 있다.

두 딸이 시골에 살고 계시는 아버지를 걱정하며 복음을 전했지만 고집이 있으셔서 받아들이지 않으셨고 오히려 딸을 핍박하셨다. 그렇지만 두 자매는 굴하지 않고 아버지를 마음을 다해 섬기며 언젠가는 복음을 받아 드릴 수 있도록 오랜시간 기도했다.

그런데 어느 날 시골에 계신 아버지가 목이 좋지 않다고 해서 병원에 모시고 갔더니 후두암이라는 판정을 받게 되었다. 생각지도 못한 진찰에 가족 모두 혼란에 빠졌다. 두 딸의 간곡한 요청과 기도로 아버지는 수술을 앞둔 주일 이른 새벽에 차를 몰아 우리 교회로 오셔서 1부 예배를 참석하고 안수기도를 받으셨다. 그리고는 서둘러 서울의 예약된 병원에서 후두암 수술을 받으셨다.

두 따님 집사님을 비롯한 집사님이 속한 속회, 우리 중보기도팀은 소식을 듣고 함께 기도했다. 그리고 정말 감사하게도 후두암 수술은 성공적으로 마무리가 되었다. 검사 결과 깊게 진행 되었던 것으로 생각됐지만 수술이 잘 되어 항암치료나 방사선 치료는 필요 없는 깨끗한 상태가 되었고, 그 소식에 전 성도가 다 같이 기뻐하며 하나님께 영광을 돌렸다.

얼마 후 두 자매 집사님의 부모님들이 우리교회를 찾아 오셨다. 이것이 정말로 놀라운 변화였다. 완고하기 그지없던 마음이 자신을 위해 온 성도가 합심해서 기도했다는 소식을 듣고는 조금씩 풀어졌던 것이다. 나는 이 때다 싶어서 아버님께 말을 걸었다.

"아버님, 이렇게 회복되신 거 모두 따님 되시는 집사님들이 기도했기 때문이에요. 딸들이 하나님께 매달려 기도하고 저희들 교회의 전 성도가 기도해서 이런 건강의 복을 받으신 거예요. 이건 인정하시죠?"

"네! 아무래도 그런 것 같네요."

수십 년 동안 그토록 완강하게 복음을 거부하신 분의 마음에 변화가 일어났다. 그 자리에서 영접기도를 하였고, 건강을 금세 회복하신 그 아버님은 시골로 돌아가 가까운 교회를 섬기기로 하셨고 가정이 복음화가 되었다. 이 일로 우리교회를 섬기는 속회지도자 전체가 두 따님 집사님의 고향으로 초청되어 여행을 다녀오기도 했다.

역대상에 나오는 야베스는 어머니로부터 수고로이 낳았다는 소리를 들을 정도로 장애와 같은 고난이 있었던 것으로 보이지만 그럼에도 하나님께 지경이 넓혀지길 간구했다.

"야베스는 그 형제보다 존귀한 자라 그 어미가 이름하여 야베스라 하였으나 이는 내가 수고로이 낳았다 함이었더라 야베스가 이스라엘 하나님께 아뢰어 가로되 원컨대 주께서 내게 복에 복을 더 하사 나의 지경을 넓히시고 주의 손으로 나를 도우사 나로 환란을 벗어나 근심이 없게 하옵소서 하였더니 하나님이 그 구하는 것을 허락하셨더라"(대상 4:9-10)

지경이 넓혀지는 것은 개인적인 축복만을 의미하는 게 아니다. 인격이 변하고 삶이 변하고 바라보는 시야가 넓어지는 것 모두 지경이 넓혀지는 것이다. 교회가 세상에 이런 놀라운 영향력을 끼치게 되는 일은 이런 다양한 방면에서 임하시는 하나님의 권능을 체험하는 것과도 매우 깊은 관련이 있다. 그 과정 중에 자연스레 소문이 나면서 '교회에 나가면 잘 된다.', '그 교회에는 세상에서 얻을 수 없는 무언가가 있다.'는 생각을 사람들이 하게 되기 때문이다. 그래서 우리교회는 일반 사람들도 부담 없이 교회에 찾아올 수 있도록 다양한 행사도 준비한다. 바로 이런 분위기의 우리교회를 되도록 많은 사람들이 체험할 수 있는 접점을 만들기 위해서이다. 그러기 위해서는 먼저 교회의 문턱을 철저히 낮춰야 하며 사람들의 관심사를 정확히 꿰뚫고 있어야 한다. 이 두 가지를 잘하는 교회는 어떤 방식으로든 지역 사회에 큰 영향력을 끼칠 준비가 되어 있는 교회다.

지역을 섬기는 교회

 우리교회는 지역 주민을 위한 문화예술 행사도 자주 연다.

행사 프로그램은 성격에 따라 꼭 예배를 하고 난 후에 해야 된다는 조건은 없다. 물론 우리는 복음을 전하기 위해 그 행사를 하지만 가능한 주님을 모르는 사람들이 마음껏 교회에 드나는 데 목적이 있다.

한번은 교회학교 행사를 할 때였다.

그날도 많은 부모님들이 교회에 오게 되었는데, 그 분들은 대부분 자녀교육이라면 둘째가라면 서러울 정도의 열성을 가진 학부모이었다. 그러나 복음을 받아들이는 것을 꺼려서 평소에는 교회 근처에도 안 오려고 하는 분들이 태반이었다. 그럼에도 자녀들이 공연하는 모습을 보기 위해서 부모초청 행사에는 참석하셨고 교회 안에서 복음으로 변화되어 하나님이 주신 달란트를 마음껏 발휘하는 자녀들의 모습을 지켜보았다. 또한 교회 안에서 즐거워하고 행복해하는 자녀들의 색다른 모습들도 보았다. 행사를 마치고 학부모들과 간단한 인사를 나누는데 들려오는 대답이 하나같이 감동이었다.

"저는 진짜 놀랐어요. 우리 애가 교회에선 정말 다른 모습이네요? 저는 애가 저렇게 진중하면서 활발한 모습을 오랜만에 봤어요. 왜 그렇게 교회를 다니나 싶었는데 정말 교회가 사람을 변화시키긴 하네요."

교회가 사람을 변화시키는 것이 아니라 복음이 사람을 변화시킨 것이다. 조금 더 정확히 말하면 주님이 원하시는 비전을 아이들에게 허락하신 것이다. 그래서 변화될 수밖에 없도록 만드시고 상황을 이끌어 가시는 것이다. 한마디로 주님이 사람을 사용하셔서 지경을 넓혀 가시는 중이다. 우리는 다만 그 현장에 서 있을 뿐이다.

그래서 이왕이면 이런 행사 때는 부모님이 교회에 안 다니는 아이들을 비중 있는 역할을 주고, 하다못해 조금 더 무대 가운데에라도 세우려고 한다. 학생들이 가진 끼가 아까워 재능을 발견하고 키워주려고 다양한 행사를 기획하는 것인데, 그 과정에서 주님은 생각지도 못한 방법으로 잃어버린 영혼들을 다시 교회로 불러들이신다. 이처럼 지역 사회를 섬기고자 하는 마음을 갖고 관심을 쏟다 보면 정말로 생각지도 못한 방법으로 하나님이 일하시는 방법을 체험하게 된다.

우리교회가 부흥하고 성장함에 따라 자연히 지역을 위한 교회로의 비전을 품게 되었다. 그러나 처음부터 지역 내에서 봉사하는 일을 시작하지 않았다. 지역의 발전을 위해 일한다는 이유로 복음을 소홀히 할까 두려웠기 때문이다.

어느 정도 교회 내에서의 복음이 자리 잡고 봉사를 시작했는데, 학교 선생님인 성도님께서 "가정환경이 어려운 아이들이 더 산만한 것 같아요"라고 하셨다. 그러나 아이들이 가정환경이 좋지 않고 공부할 환경이 좋지 않다고 하더라도 그것 때문에 산만하다는 것은 이해가 되지 않았고 분명 다른 이유가 있을 것이라고 생각했다.

'과연 아이들이 환경 때문에 산만해졌을까? 혹시 다른 이유가 있는 건 아닐까?'

의외로 문제의 답을 바로 눈앞에서 찾게 되었다.

나는 그 아이들을 유심히 지켜보면서 시력이 좋지 않다는 사실을 알 수 있었다. 부모의 관심에서 멀어진 아이들, 또는 편부모 가정에서 자라는 아이들은 세심한 부분까지 보살핌을 받지 못하는 경우가 많다. 사는 게 바빠서 그럴 수도 있겠고 미처 그 부분까지 신경 쓸 겨를이 없어서일 수도 있다. 어쨌든 TV를 보거나 책을 읽을 때 미간을 찌푸리는 아이들이 많다는 사실을 알게 된 뒤 교회로 돌아와 한 가지 제안을 했다.

"성도님들, 우리 지역에서 어려운 아이들에게 안경을 맞춰줍시다. 좋은 뜻을 가진 사업가도 계실 테니 저는 그 사업가를 알아보고 지역사회를 통해 안경이 필요한 학생들 명단을 받겠습니다. 우리교회는 청소년과 아동들의 안경 맞추는 것을 위해 전교인이 동전 헌금을 했으면 합니다. 한 사람도 빠짐없이 동전을 모아 헌신하면 좋겠는데, 성도님들의 생각은 어떻습니까?"

성도들은 이 제안을 아멘으로 받아들였다. 한 마디의 반대나 볼멘소리도 나오지 않았다. 이미 우리교회의 비전이 지역을 섬기며 일꾼을 세우는 교회였기에 지역을 섬기는 일에 다들 준비가 된 상태였다.

그렇게 교인 전체의 동전헌금이 시작되었다. 전교인이 동전을 모으기 시작했고 저금통이 조금씩 채워지기 시작했다. 교회 차원에서도 이 일을 홍보하기로 했다. 좋은 일일수록 널리 알려서 이 운동이 전체적으로 확산시키고자 하는 마음도 있었다.

일단 삼척시와 연계를 맺고 저소득층 자녀에게 안경 맞춰주기 프로젝트를 진행했고 시 차원에서는 해당하는 아이들의 자료를 뽑아주었으며 언론 매체를 활용하여 최대한 홍보를 이어갔다.

성도들은 하루가 다르게 동전을 헌금하는 재미에 푹 빠졌고 지역 사회를 위해 교회가 봉사하는 일에 동참한다는 자부심을 가졌다.

그렇게 시간이 흘러 동전 헌금이 완료되었고 삼척시에서 건네준 명단의 학생들에겐 세상을 밝혀줄 안경이 선물되었다. 우리가 전해준 건 그저 안경이었지만 그 안경을 받은 학생들, 그 학생들의 가정, 심지어 학교와 시설까지 누구도 신경써주지 않았던 부분을 교회에서 세심하게 살펴준 데에 대한 고마움의 마음이 전달되었다.

이 일은 곧 삼척의 여러 학교에 소문이 나고, 교육청까지 알게될 정도로 봉사의 좋은 사례로 알려졌다. 어떤 학생은 직접 손으로 쓴 편지를 보내 감사의 인사를 전하기도 했고 또 어떤 이는 교회로 찾아와 인사를 하면서 성도로 등록하는 일도 있었다. 아이들 눈에 씌워진 것은 단순한 시력교정용 안경이 아니었다. 이 일을 위해 온 성도가 기도하고 세상을 밝힐 빛이 되길 바라는 소망을 담고 있었기에 아이들이 쓴 안경은 소망이요, 빛이요, 기도의 응답이었다.

삼척의 이웃을 위해 안경을 선물하는 것을 통해 우리교회의 지역사회 활동은 더욱 지경을 넓혀나갔다. 우리가 의미 있는 일을 하는 준비된 일꾼이라는 소문이 나면서 지역사회에서 먼저 함께 손잡고 일할 것을 제안하기도 했으며 우리도 할 수 있는 한 기꺼이 인력으로, 물질로, 재능기부로 함께 했다.

이처럼 지역을 섬기는 것은 복음의 지경을 넓히는 일에 매우 중요하다.

그 중에서도 아이들을 사랑해주는 일은 정말로 중요하다. 아이들의 마음에 사랑과 말씀을 잘 심어 놓으면 미래에 지역을 섬기는 일꾼이 되며 교회의 허리가 되며 가정으로 복음을 전달하는 전도자가 되기 때문이다.

그래서 교회가 필요한 문화와 교육을 제공해주며 부모님들과의 접촉점을 만들었고, 더불어 교회생활을 쉽게 할 수 있는 환경을 조성했다.

　　교회가 봉사 외에 지역을 위해 할 수 있는 것 중 하나는 문화 예술을 교회 안으로 들여와 모두가 함께 누릴 수 있도록 하는 것이다. 한 여름 밤에 온 가족을 초청해 영화를 보면서 교회에서 준비한 팝콘, 아이스크림, 화채를 먹으며 두런두런 함께 하는 모습은 그저 바라보는 것만으로도 흐뭇했다.

　　우리교회가 지역문화의 질을 높이는 일에 관심을 가졌던 것은 삼척에서 개척하기 훨씬 이전부터 시도했던 것이다. 이전에 용화교회에서 목회를 할 때도 가능한 교회를 통한 문화의 질을 높여야 한다고 생각했었기에 교회 내에 문화학교, 자녀교육 등을 시도했었다. 큰빛교회에서도 마찬가지였다.

　　내적 부흥과 외적 부흥이 이뤄지면서 우리교회는 지역의 문화를 선도하는 데에 관심을 두었다. 삼척은 문화적으로 낙후된 곳이었기에 문화를 선도해 나가는 교회가 되어야 더욱 지역을 제대로 섬길 수 있다고 생각했다. 그래서 교회학교에 도입한 프로그램도 가장 최근에 적용되고 있는 것들을 찾았고 삼척에서 한 번도 시도하지 않았던 문화 공연, 예술 공연을 교회로 가져오기 시작했다.

　　교회 내에 유명 클래식 공연이 열리게 되었고 팝페라 가수들의 아름다운 노래와 찬양이 울려 퍼졌다. 교회를 한 번도 와보지 않은 이들도 문화를 즐기러 교회에 왔고 교회는 출석하지 않더라도 종종 오고 싶어 하는 장소가 되었다.

　　나는 이런 행사에는 철저히 종교적인 색채를 배제했다. 그래야 부모님들이 더욱 부담 없이 교회를 찾아올 수 있을 것이라는 생각이었다. 그렇게 교회와의 접점을 자주 쌓아가던 분들이 나중에 힘든 일이라도 겪게 되면 종종 교회로 찾아와 상담을 하기도 했다.

그래서 나는 지금도 교회 문을 항상 열어둔다. 사람을 섬길 땐 제대로 섬기고, 복음을 전할 땐 제대로 전해야 한다. 내 방식대로 울타리를 쳐 놓고 상대방을 초대하는 것이 배려가 아니다. 상대방의 틀에 맞춰 내 울타리를 바꿔 놓는 것이 진정한 배려라는 것을 더욱 많은 크리스천들이 깨달았으면 좋겠다.

우리교회는 필리핀과 연계가 되어 있다는 강점을 활용한 '지역 주민과 함께 하는 영어캠프'를 준비해 선한 영향력의 지경을 넓혀 가기 시작했다. 한 번은 교회의 어떤 집사님이 나를 찾아와 기도를 부탁했다.

나중에 알고 보니 그 캠프를 주관하는 곳은 소위 이단으로 알려진 재단이었다. 나의 마음을 눈치 챘는지 그 성도님도 괜히 미안해하며 이렇게 대답했다.

"저도 그쪽 캠프는 별로 보내고 싶은 마음이 없는데 이곳이 워낙 낙후되다보니 제대로 된 영어캠프 같은 게 없어요. 그나마 그쪽이 제일 괜찮다고 하고, 또 신앙적으로는 크게 영향 받을 일이 없다고 해서 보내는 거예요."

그 말을 듣는데 많이 안타까웠다. 우리교회가 그래도 지역의 문화를 선도하고자 하는 꿈을 갖고 펼쳐나가고 있는데 제대로 된 캠프는 생각하지 못했다. 미안함이 컸다. 그 후 기도하는 가운데 하나님께서 "다음 세대를 준비시켜라"는 마음을 주셨다. 비록 삼척이 소도시이지만, 이 지역의 아이들을 훈련시켜 다음세대를 이끌어 나갈 일꾼으로 키우라는 명령이셨다. 좀 더 어렸을 때 예수님을 인생의 주인으로 모시고, 영성, 지성, 인성이 준비된 다니엘과 같은 일꾼을 준비시키라는 마음을 주셨다.

이미 우리교회는 해외선교에 비전을 품고 필리핀 지역과 연계하여 선교활동을 하는 중이었다. 10년도 넘은 해외선교는 더욱 조직적으로 변화되었다. 선교와 교회학교의 연계, 선교와 캠프와 같은 교육문화 활동의 연계는 또 다른 선교의 방향이기도 했다. 그래서 어느 정도의 기획을 구성한 후에 성도님들에게 계획을 이야기했다.

"이제 우리교회에서 필리핀의 교육도시로 가는 선교 영어영성 캠프를 시작할까 합니다."

이런 광고를 내자 성도들의 반응이 무척 좋았다.

그럴 수밖에 없는 것이 일단 교회에서 시작하는 프로그램인 만큼 믿을만하다는 것이었고 교회의 선교지로 가니 복음적으로도 신뢰가 갔으며 수준 높은 프로그램까지 갖추었기 때문에 많은 사람들이 지지를 보냈다.

그 후 하나님은 모든 것을 준비해 두신 양 2005년 달락의 압시 국제학교에 큰빛홀을 봉헌하게 하시더니 2013년에는 클락이라는 지역에 필리핀 종교법인의 허락하에 드림센터를 구입하게 하셨다.

우리가 중요하게 여겼던 항목이 가격이었는데 기존의 다른 영어캠프를 보면 워낙 고가였기에 보내고 싶어도 선뜻 보내기 어려운 것이 영어 캠프였다. 우리는 최소한의 비용을 들이는 방법을 고민했고 선교지를 최대한 활용하는 방법을 생각했기에 100만원도 안 되는 비용으로 3주간의 방학 중 필리핀 영어캠프인 '다니엘 프로젝트'를 가능하게 만들 수 있었다.

예상보다 많은 학생들이 참여하겠다는 의사를 밝혀왔고 우리는 분주해졌다. 필리핀 선교지에 이미 교회를 짓고 외국인 빌리지 안에 선교센터를 마련해 놓았기에 숙소가 해결되었고 신앙적인 부분도 문제가 없었지만 그 외에 교육적인 부분, 문화와 예술활동을 위한 프로그램 개발 등 크고 작게 신경 쓸 부분이 있었다. 가능한 최고 수준의 캠프를 만들어 우리교회 뿐 아니라 지역의 더 많은 이들이 즐길 수 있는 캠프 문화로 확장시키고 싶었다.

참으로 많은 분들의 헌신과 후원으로 캠프 준비가 끝났다. 그리고 엄격하게 선정된, 학생들이 모였고 그들을 인도할 리더들과 함께 '다니엘 프로젝트' 캠프를 떠났다.

아이들은 현지에서 교육을 담당하시는 학교와 자매결연을 통해 진행된 영어연수 교육 등을 받았으며 그 외에 한국에서 경험하기 힘든 수상스키나 골프, 수영 등 체육활동과 문화예술 활동을 즐기며 하루하루를 즐겁게 보냈다.

"목사님, 다른 영어캠프도 가봤는데요. 우리교회 캠프가 훨씬 더 좋아요. 다른 캠프는 경쟁의식이 심하고 간식이나 식사가 부실한데 여긴 그런 것도 없고 모든 것이 내 집 같고, 모두 다 친하잖아요. 그리고 다른 데에서는 가르쳐주지 않는 걸 많이 가르쳐줘서 집 생각이 전혀 안 나요. 게다가 제일 좋은 점은 가격이 싸다는 거예요. 헤헤.. 내년에도 또 오고 싶은데 올 수 있나요?"

이런 긍정적인 피드백이 많아지다 보니 영어캠프는 경쟁력이 높아졌다. 실제 다녀온 아이들의 생활패턴이나 생각, 자세, 태도가 변했다는 것을 많은 사람들이 보고 느꼈기에 다른 이들에게도 자극이 되었던 것 같다.

너도 나도 가겠다는 신청자가 많아질 즈음, 나는 이 캠프를 지역적으로 확장시키는 것이 다음으로 해야 할 일이라는 것을 깨달았다. 물론 우리 교인들을 사랑하는 마음에 웬만하면 우리교회 아이들에게 먼저 기회를 주고 싶었지만, 그래도 우리가 앞장서서 지역과 함께 기회를 나누는 것이 더 필요했다.

"우리교회 단기 선교영어캠프는 교인들과 지역주민들이 함께 참여할 수 있도록 기회를 균등하게 줄 생각입니다. 이러한 문화 확산이 지역까지 넓어져야 이런 좋은 기회가 더 많이 생겨날 테니까요. 성도님들, 제 마음 이해하시죠?"

이번에도 성도들은 아멘으로 화답했다. 단순히 외형적인 지경만 넓어지고 있는 것이 아니라 성도들의 믿음의 지경도 넓어지고 있는 기분 좋은 성장의 모습이었다.

성숙한 신앙인들이 가져야 할 태도는 바로 이런 나눔이다. 나 혼자만 기회를 갖고자 하는 것이 아니라 가진 것을 나누고 가진 것을 나누는 넉넉한 마음, 그 마음을 지금 우리 교인들은 세상과 문화 나누기를 통해 이어가고 있다.

하나님은 우리교회를 도구 삼아 지역까지 사랑을 전하기를 원하고 계신다. 지금도 우리교회라는 고정된 틀을 벗어나 지역을 교회 삼아 복음을 전하고 행복을 나누려고 한다. 성도들도 기꺼이 그 일에 동참함으로 큰빛교회 교인이라는 자부심과 자긍심을 느끼는 동시에, 지역의 발전을 꾀하는 일꾼으로서 정체성을 넓혀가고 있다. 그러하기에 지금도 이 지역은 성장을 거듭할 수밖에 없는 환경이 되었다.

다시 한 번 강조하지만 신앙에서 가장 중요한 것은 하나님을 분명히 깨닫고 체험하는 복음이다. 그러나 복음이 신앙 가운데 굳건히 섰다면 예수님이 두루 마을을 돌아다니며 사역을 하신 것처럼 믿지 않는 사람들을 찾아가 예수님의 사랑과 헌신을 본받아 지극히 섬겨야 한다. 그래야 지경이 넓어지며, 세상에 하나님을 드러내는 선한 일을 교회들이 감당하게 된다.

큰빛교회가 '믿지 않는 사람들도 나오고 싶어 하는 교회'라는 평가를 지역 주민들에게 받게 된 것도 앞서 말한 원리들을 고맙게도 성도들이 잘 적용해주었기 때문이고, 지역사회에 영향력을 미치는 교회의 지경이 넓어졌기 때문이다. 이처럼 지경을 넓힌다는 의미는 교회 건물을 의미할 수도 있고, 또한 지역 주민들의 평판을 의미할 수도 있다.

그러나 나의 경우에는 워낙에 교회가 운명공동체라는 사실을 강조하다보니 단순히 성도 수가 늘고, 건물이 커지는 영역을 떠나서 더 넓은 의미의 지경의 확장을 꿈꾸고 간구하게 됐다.

　개인적으로는 교회가 중요하게 생각해야 할 부분은 건물 크기보다도 사회적 영향력과 지역의 평판, 그리고 정말로 믿지 않는 사람들을 얼마나 하나님께로 인도했느냐는 것이라고 생각한다.

　이와 같은 생각을 가진 내가 되도록 교회를 크게 건축하고, 또 멋지게 세워야겠다고 결심하게 된 것은 지역적인 특수성이 가져다준 상황 때문이었다. 처음에는 성도들이 먼저 교회를 짓자고 했음에도 망설이던 나였다. 하나님의 뜻이라는 확신이 왔음에도 성도들이 바라는 규모가 삼척시의 규모에 비해서 너무 크다는 생각도 했었다. 그러나 삼척에 난립하는 이단들의 행보를 보고 도전을 받아 때로는 교회 건물이 하나님의 영향력을 보여줄 수 있는 수단이 되겠다는 생각을 하게 됐다.

　평소에도 삼척에는 많은 이단 단체들의 난립과 포교활동이 문제가 되고 있었는데, 그 중에 특히 경제력이 좋은 한 단체는 삼척 경제의 15%를 장악한다는 매우 구체적인 목표를 가지고 있었다. 경제권을 장악하다 보면 믿는 사람이든 아니든, 생계를 위해서는 이단이 운영하는 회사에서 일을 해야 하기 때문에 나는 이 일로 인해서 마음에 큰 경각심을 갖게 되었다. 그리고 재력을 과시하기 위해 큰 빌딩을 매입하고 과감하게 투자를 하는 행태를 보며 어차피 개척을 한다면 교회를 삼척의 랜드마크가 될 수 있도록 멋들어지게 지어보자는 생각을 하게 됐다.

　이것은 단순히 건물의 크기만을 말한 것이 아니었다. 복음화율이 전국에서 가장 낮은 곳 중의 하나인 삼척에서 개척한 지 몇 년 안 되는 교회가 이 정도 규모를 신축한다는 것은 삼척에 사는 사람이라면 누가 봐도 말이 안 된다는 것을 알았다. 따라서 이런 교회가 세워지면 분명히 삼척 주민들에게 큰 이슈가 될 것이며 도대체 어떻게 이런 일이 일어났는지 다들 궁금해 하다가 결국 하나님의 도움이 아니고서는 일어날 수 없는 일이었다는 것을 깨닫게 되기를 바랐던 것이다.

이 과정은 우리 성도들에게도 어느 정도는 부담이 될 것이 분명했지만 다행히 성도들은 이미 크고 작은 경험을 통해서 하나님이 주신 목적이라면 분명히 이루어진다는 생각을 마음에 품고 있었다. 나는 이 건축을 통해서 우리 성도들도 하나님을 깊이 체험하고 큰 축복을 받아 교회 완공과 함께 삼척의 사회를 이끌어갈 수 있는 분들이 많이 나오게 해달라고 기도했다. 그리고 이처럼 불가능해보이던 일들이 모두 일어났다.

지금 우리교회는 택시를 타고 "큰빛교회로 가주세요."라고만 말하면 바로 올 수 있는 삼척의 대표적인 명소가 되었다. 그리고 하나님께서는 교회의 건축을 넘어서 평안한 쉼과 성도들의 은퇴 이후를 준비할 수 있는 필그림 센터라는 더 큰 비전을 우리교회에 허락하셨다.

이제까지 우리교회가 믿지 않는 사람들에게 인정받는 이유가 무엇인지, 또 어떻게 영적으로 황무지와 같은 삼척에서 구석구석 빠짐없이 선한 영향력을 미칠 수 있도록 지경을 넓게 되었는지를 자랑이 아닌 사실을 이야기했다. 부족한 이야기지만 이로 인해 한국의 많은 성도들과 많은 교회들이 다시금 사회에서 영향력을 회복하고 믿지 않는 사람들에게까지 복음의 영적지경을 넓히는 모습으로 회복되는데 작은 도움이 되었으면 좋겠다.

다시 교회가 사회를 염려하며 믿음의 선배들처럼, 사회를 선도하고, 영향력을 끼쳐야 한다. 주님을 영광을 위하여!

성도들에게 선한 영향력으로 지경을 넓히게 하자!

"너희는 세상의 빛이라 산 위에 있는 동네가 숨겨지지 못할 것이요 사람이 등불을 켜서 말 아래에 두지 아니하고 등경 위에 두나니 이러므로 집 안 모든 사람에게 비치느니라 이같이 너희 빛이 사람 앞에 비치게 하여 그들로 너희 착한 행실을 보고 하늘에 계신 너희 아버지께 영광을 돌리게 하라"(마태복음 5:14~16)

3년후인 지금

이 험한 세상에서 아직도 24시간 교회 문을 닫지 않는 교회가 큰빛교회이다.

불신자들이란 아직 믿지 못한 그러나 모두가 돌아와야 할 주님의 사람들임을 인정하고, 그들이 주님께로 돌아올 그 문이 닫히지 않도록 큰빛교회를 우리끼리 좋은 교회 공동체가 아니라 지역에 대한 책임감을 가지고 섬김으로 누구나 인정하는 좋은 교회로 세워지게 하셨다.

제7장

하나님을 향해 전력질주했다

하나님의 일을 위해 전력 질주하고 싶지만 그 일을 방해하고 있는 것이 무엇인지 적어보자.

●● 세상적인 시각으로 봤을 때 인생은
끝이 정해진 긴 마라톤이다.
그러나 성도의 시각으로 봤을 때
인생은 아무리 오래 살아봤자
영생의 관문으로 들어가는 출발선에 불과하다.
그러기에 우리 인생은 낭비할 시간이 없다.
녹슬기보다는 닳아 없어지겠다는 조지 휘필드의 말처럼
죽기까지 주님께 충성해야 한다.

사역에는 '적당히'가 없다

 내가 첫 사역지인 용화교회로 간다는 소식을 들은 동료 목회자들은 이런 말을 자주 했다.

"김 전도사, 너무 애쓰지 말고 3년 만 잘 버티다가 와."

하지만 하나님이 주신 사역지라는 기쁨과 주위의 시선에 대한 오기로 처음에는 반짝 열을 냈다. 그러나 곧 제 풀에 지쳐 나가 떨어져 한계를 절실히 통감하게 됐다.

너무 힘들고 고단했다. 실제 우리 부부는 교회에 달려 있는 작은 사택에서 생활했는데 처음 교회에서 주는 사례비는 10만원이었고, 그 후 25만원이었다.

1990년대 중반이었으니 그 금액으로 생활비를 쓴다는 건 거의 불가능했지만 아내는 지혜롭게 생활을 이어갔다. 물질에 대해 너무도 모르는 자신이었기에 나에게 의논하며 살림을 했고 먹는 것은 대부분 성도나 지역주민들로부터 조달되는 것으로 해결했다. 이러한 주변의 도움이 있었기에 가난하지만 궁핍하지 않은 생활을 이어갈 수 있었다.

'누가 나 좀 제대로 가르쳐주면 참 좋겠다.'

용화교회 3대 담임 목회자로서 사역하면서 나름 부흥과 성장을 이루었다고 했고 좋은 목회의 사례로도 꼽혔지만 그럴수록 부족함은 더 크게 느껴졌다. 하나님의 사역은 믿음으로 가능한 일이지만 믿음에 지혜를 더하면 더욱 큰 발전이 있을 것 같았다.

"여보, 아무래도 안 되겠어요. 시간을 내서라도 제대로 된 전도 훈련을 받아야겠어요."

나의 갈급함을 알던 아내도 훈련을 받는데 동의했고 그 길로 서울 C.C.C.의 NLTC(New Life Training Course)과정을 등록했다. 이 과정은 조직적인 전도훈련을 받는 과정으로, 일 년 동안 매주 한 번씩 서울로 올라가 공부를 해야 했지만 몸의 고단함보다 더 큰 유익이 되었던 행복한 시간이었다.

매주 월요일마다 공부를 해야 했기에 주일저녁 예배까지 마치고 심야버스를 타고 서울로 향했다. 처음 교회에 부임했을 때 받았던 사례비보다는 늘어난 25만원이었지만 한 달에 네 번 서울 올라가는 일은 비용면에서 부담스러웠다. 최소한의 비용으로 해결하자는 마음에 차비를 제외한 만원만 들고 서울로 올라왔다.

새벽 3시에 서울에 도착하면 무조건 목욕탕으로 향했다. 그곳이 쪽잠을 잘 수도 있고 목욕도 할 수 있었기에 그렇게 시간을 보낸 뒤 밥 한 끼를 사먹고 교육을 받으러 갔다.

하루종일 훈련을 받으며 심기일전, 성령장전을 하고 난 뒤 다시 용화로 내려가는 코스였다. 커피를 마신다거나 누군가와 식사를 하는 일은 비용적인 면에서도 안 되는 일이었고 스케줄을 봐도 불가능했다.

하루는 어린 딸이 서울로 올라가려는 나의 옷자락을 붙잡았다. 당시 막 아장아장 걷게 된 큰아이 단비는 눈을 동그랗게 뜨며 말했다.

"아빠, 서울 가면 선물 사 와요."

어린 아이에게도 서울 간 아빠가 좋아보였는지, 어딘가 출타하고 돌아왔을 때 안기는 선물을 기대하고 있었다. 그냥 듣고 넘길 수도 있는 얘기였지만 하루 종일 어린 딸의 선물 이야기가 목구멍의 가시마냥 박혀 내려가지 않았다. 그러다가 훈련받는 곳까지 지하철을 타고 가는데, 마침 지하철 내 노점상인이 등장한 것이다.

그가 들고 나온 물건은 한 눈에 봐도 조잡해 보이는 장난감이었다. 2천원에 팔고 있었다. 순간 단비의 얼굴이 아른거렸다. 이제 막 걷기 시작하는 딸의 간절한 소원은 서울 간 아빠에게 선물을 받는 것이었다.

주머니에는 식사 값 몇 천원만 남아 있었다. 눈앞에서 왔다갔다하는 장난감은 한 두번만 움직이면 부숴질 것 같았으나 아이가 받는 기쁨을 상쇄하고도 남을 것 같아 보였다.

결국 돈을 털어 장난감을 구입하고 그날 식사는 굶었다. 뱃속에서는 쪼르록 소리가 났지만 그래도 불룩하게 존재감을 뽐내고 있는 장난감에 기분이 좋았다. 그 날 훈련을 마치고 집으로 돌아가는 길은 그 언제보다 신나고 즐거웠다.

단비는 아빠가 가져온 선물을 보고 아주아주 기뻐했으며 그 어느 때보다 환하게 웃었다. 그것으로 되었다. 우리 가족은 지금도 그 이야기를 나누며 웃기도 하지만 그 열정은 마음에 뜨거움으로 밀려와 눈물짓기도 한다.

전도훈련과 성령운동에 대한 훈련을 받으면서 목회는 더욱 활기를 얻어갔다. 신나는 목회가 계속 이어졌다. 신유의 은사가 부어짐은 물론이고 교회의 조직과 체계를 세우는 일도 병행해 나갔다.

그 경험을 통해 하나님께 모든 것을 맡긴 뒤에 말씀의 은혜를 하나 둘 씩 체험하며 4명이 모이던 용화교회는 어느새 수십 명이 넘게 모일 정도로 크게 부흥되기 시작했다.

일반적으로 생각할 때 이렇게 3년 만에 교회가 부흥하기 시작하면 더욱 더 사역에 열을 내고 주님께 감사를 드려야 하는 게 이치에 맞는 일이지만 나는 용화교회의 부흥이 마치 내가 이룬 것이라는 생각을 갖고 교만한 마음을 품었었다.

마치 "주님, 이정도면 되지 않았나요? 이제 저를 더 큰 곳으로 보내주세요."라는 자세로 사역을 하고 있었다. 겉으로는 아닌 척을 했지만 조금 더 나은 환경에서 목회를 하고 싶은 마음이 슬그머니 들기 시작했다.

그렇게 점점 사역에 대한 열정을 잃어가고 매너리즘에 빠지기 시작하던 어느 날, 우리교회에 부흥강사로 한 여자 목사님이 오셨다. 집회를 마치고 목사님과 차를 마시며 교제를 하는데 당시 무척 힘들고 피곤했던 나의 마음을 그분에게 솔직하게 털어놨다.

"제 솔직한 심정으로는 얼른 임기인 3년을 마치고 신도시 같은 곳에서 개척을 하던지, 아니면 여기보다는 더 나은 환경의 교회로 가고 싶은 마음이 있습니다. 기도 부탁드립니다."

나는 같은 목회자인 목사님은 이해해주실 줄 알았다. 그런데 얘기를 들은 목사님은 눈을 감고 한참동안 침묵하시다 전혀 의외의 말씀을 하셨다.

"전도사님, 군대 다녀오셨죠? 훈련병이 훈련이 힘들다고 탈영하면 어떻게 됩니까?"

"네? 그거야 헌병에게 붙잡혀 영창간 뒤 다시 훈련을 받죠."

"맞습니다. 그러나 훈련을 잘 받으면 나중에 계급장도 달고 새로운 보직도 받게 되지요? 제가 볼 때 전도사님은 용화교회에 훈련받으러 온 훈련병이신데 중간에 이탈하시면 안 되지요. 다시 훈련이 시작됩니다."

"그럼 목사님, 얼마나 더 훈련을 받아야 할까요?"

"그건 하나님이 아시지요. 그러나 다른 분들의 두 배는 더 훈련받을 각오를 하세요. 하나님의 사역인데 그렇게 적당히 때우려고 하시면 안 됩니다."

그 목사님은 나의 부족한 부분이 어디인지 폐부를 정확히 아셨던 것이다. 아직도 부족하고, 깨어져야 하고, 허물 많은 나를 간파하셔서서 하나님의 뜻을 대신 전한 것이란 생각에 부끄러운 마음마저 들었다.

그날 이후 나는 주님께 다시 회개하며 기도했다. 아직도 교만함이 완전히 사라지지 않은 나를 용서해 달라며 옷을 찢으며 회개했고, 그 후 최소한 두 배 이상의 훈련, 그러니까 6년은 이곳에서 헌신하며 주님의 몸 된 성전을 온전히 세우겠다고 마음먹었다.

'주님, 저를 이곳에 보내신 뜻이 있을 줄 압니다. 목사님의 입술을 통해 남들보다 두 배 이상 훈련을 받으라는 주님의 뜻에 순종합니다. 순종하겠습니다.'

그날의 다짐 이후 나는 다른 임지에 대한 미련을 깨끗이 접었다. 떠날 생각을 아예 접고 나니 제대로 된 목회를 해보자는 열정이 끓어올랐다. 이때의 경험으로 나는 사역이란 천천히 지켜보며 때를 기다리는 것이 아니라 불타는 열정을 가지고 달리는 전력질주를 다해야 한다는 사실을 알게 됐다. 하나님의 사역에는 '적당히'가 없었고, '크고 작은 일'도 없었다. 그래서 할 수 있는 모든 일을 무조건 최선을 다하기로 마음먹었고 지금까지 지키려고 정말로 노력을 하고 있다.

성경에 보면 "작은 일에 충성하는 자가 큰일에도 충성한다"(누가복음 16:10)는 말씀이 나온다.

이 말씀은 바꿔 얘기하면 작은 일부터 충성하지 못하면 큰일을 맡을 자격이 없다는 뜻이 되기도 한다. 그러나 때때로 우리는 너무 큰일에만 집중을 하며 스스로의 공로를 내세우기 위해서 하나님께 과시하는 방식으로 교회 일을 처리하곤 한다. 하나님 앞에서 주어진 사역을 롱런하기 위해서는 바로 이런 습성을 깨부숴야 한다. 이 고백은 다른 성도들과 교회들을 겨냥해서 하는 말이 아니라 철저히 나의 경험을 통해서 처절히 깨닫게 된 사실이다.

　용화교회는 전도에 대한 열정을 불태움과 동시에 교회 내부적으로는 교회학교를 튼튼히 성장시켜 젊은 일꾼들, 지역의 보탬이 되는 교육 공간이 되도록 변신을 이어갔다. 그 일환으로 용화교회에 주일학교란 개념을 없애고 대신 '매일학교'를 열어 아이들을 교회로 모이게 했다. 이미 교육전도사로 서울의 교회를 섬길 때부터 아이들을 교회로 오게 하는 데 익숙했기에 용화에서도 그 일을 이어갔다. 하나님을 믿지 않는 아이들도 교회에 올 수 있도록 프로그램을 짜고 아이들이 교회에 와서 좋은 문화와 만날 수 있도록 컴퓨터 프로그램을 비롯해 QT를 통한 말씀훈련, 봉사 활동에 이르기까지 부모의 보살핌이 부족한 아이들에게 기꺼이 교회가 자리를 내어주었다.

　나는 그즈음 목사안수를 받았다. 특히 여름철만 되면 용화리는 피서를 즐기는 여행객들이 많았는데 외지문화가 무분별하게 들어오다보니 소비와 향락의 문화가 아이들에게 좋지 않은 영향을 끼쳤다. 유혹받기 쉬운 아이들이었기에 영성 훈련은 더더욱 필요했다. 그래서 여름방학 기간 내내 교회 안에서 학생들이 합숙하게 하여 좋지 않은 길로 빠지는 통로마저 차단해 버렸다. 그러나 한편으론 피서지를 다니며 쓰레기를 줍거나 미용선교, 독거노인 반찬봉사 등을 함께 하며 어릴 때부터 지역을 위해 복음 활동을 펼치는 교회 구성원이 되도록 했다.

　"전도사님, 저는 교회 오는 게 너무 좋아요. 그리고 애들도 중학교 가고 고등학교 가면 신앙이 떨어지는데 우리는 그렇지 않아서 좋아요. 더 모이려고 하고 신앙도 깊어지고 교회 오면 또 재미있고 그래서 매일 교회에 오고 싶어요."

아이들에게서 이런 이야기를 들을 때면 너무 뿌듯했다. 남보다 배 이상을 훈련받기로 결심한 이후 목회의 방향을 철저히 정해놓았고, 그것은 사람을 살리는 교회, 지역과 사회를 책임지는 교회로서 바로 서는 것이었는데 어느 정도 자리를 잡아가고 있다는 증거가 되고 있었기 때문이다.

지역적으로도 좋은 평을 얻어 나갔다.

용화교회는 교회 안으로 들어오는 이들에게만 혜택을 돌리지 않았다. 가능한 지역 주민들도 혜택을 누리도록 찾아가는 서비스를 했고 병원조차 찾아가기 힘든 분들을 위해 침술 의료를 실시하는 등 지역에 꼭 필요한 일들을 찾아서 실천했다.

"김 목사님, 정말 감사드립니다. 저는 젊은 목사님이라서 얼마 있다가 가실 줄만 알았지 이렇게 오랫동안 지역을 위해 유익한 일을 하실 줄 몰랐습니다. 의식도 있고 지식도 있으시니 우리가 큰 도움을 받습니다. 교회가 지역과 주민을 위해 이렇게 큰일을 하는지 예전엔 미처 몰랐어요."

이장님을 비롯한 주민들이 이런 평가를 하실 때마다 감사가 넘쳤다. 아직까지는 차마 예수님을 믿겠다는 말은 못하지만 교회가 좋은 곳이라는 걸 알게 되었다며 언젠가는 꼭 교회 나오겠다고 약속하는 분들과 악수를 하는 것으로도 감사했다.

이런 노력으로 용화교회는 교육부서까지 부흥하며 시골교회답지 않게 학생들과 청년들까지 많이 모이는 교회로 더욱 발전할 수 있었다.

나는 이 일을 경험하며 처음 100명이 모여들기 시작할 때 하나님께 교만한 마음을 품었던 것이 더욱 부끄러워졌다. 그래서 지금도 조금이라도 부족한 부분이 있다면 그 부분을 채우기 위해서 조금 과하다 싶을 정도의 노력을 기울인다. 그야말로 전력질주의 결실을 봤기 때문이다. 이러한 큰빛교회의 부흥은 그때 배운 전력질주 원리를 적용했기에 가능했다. 그래서 나는 지금도 성도들에게 하나님을 향해 전력질주 할 것을 강조하고 있다. 성도들도 그에 맞춰 신앙생활을 하고 있다.

주일예배 리허설

나는 지금도 매주 토요일에 주일 예배 설교를 리허설하고 있다. 어쩜 그렇게 타고 났는지 음치, 박치, 몸치까지 나는 치라는 치는 모두 갖추고 있다. 자랄 때는 이런 사실을 잘 몰랐거니와 안다 해도 사는데 별 상관도 없었지만 목회를 시작하고 난 뒤부터 이런 문제들은 현실적인 어려움으로 다가왔다.

처음엔 찬양을 잘 부르지 못하고 율동에 재능이 없는 모습이 창피하지 않았다. 혹시 내 모습을 보고 성도들이 웃기라도 하면

쿨하게 받아 넘겼지만 지내다보니 그게 아니었다. 예배는 하나님의 부르심이며 그 부르심에 감사함으로 응하는 제단이기에 경건과 엄숙함이 필요했다. 그런데 노래에, 박자에, 몸까지 이상하게 움직이다 보니 은혜로운 예배에 방해가 되었다.

특히 처음 용화교회로 임직을 받아 내려간 후 성도 네 명을 두고 인도한 예배를 본 아내의 날카로운 모니터링은 정신이 바짝 들게 만들었다. 평소에는 무척 온화한 아내였지만 강단에 선 나의 부족한 모습들은 날카롭게 지적했는데 나의 모습을 되돌아보는 좋은 기회가 되었다.

그때부터 나는 처음 시작하는 마음으로 목회에 임하기로 다짐했다. 처음 얼마간은 영적인 방해와 간섭으로 마음이 헤이해지는 등 사단의 공격도 많이 받고 인간적인 약점으로 목회가 흔들리기도 했지만 주님 앞에 조금이나마 올바른 모습으로, 준비된 모습으로 서기 위해 노력했다.

"여보, 내가 찬양하는 거 들어봐요."

그때부터 주일예배에 앞선 리허설이 시작되었다. 음치와 박치는 타고난 본능이라고 사람들은 생각하지만 난 그렇게 생각하지 않았다. 아무리 심하다 해도 미리 연습을 해두면 최소한 예배에 방해되지는 않을 정도로는 구색을 맞출 수 있을 것이라 생각했다.

"목사님, 이건 세 박자를 쉬고 들어가는 찬양이에요. 하나, 둘, 셋, 시작!"

설교를 하기 전날 실제 할 찬양과 설교를 아내에게 점검 받기 시작했다. 이런 과정이 반복되다 보니 놀랍게도 절대로 고쳐질 것 같지 않던 심한 음치와 박치는 조금씩 나아지기 시작했다.

설교도 예배 전에 미리 원고를 훑어보고 대중 앞에 서는 상상을 하며 연습을 했다. 제스처는 어떻게 할 것인지, 어떤 내용을 강조할 것인지, 이 예화는 설교 내용과 적절히 매치가 되는지, 혹은 어떤 내용을 빼면 좋을지를 심사숙고해서 연습을 한 뒤에 강단에 올랐다.

용화교회가 부흥되고 삼척에 교회를 개척한 이후에도 주일예배에 앞선 리허설은 이어졌다. 처음엔 나의 부족한 부분을 극복하기 위한 목적으로 시작한 것이지만 예배 리허설을 하면서 크게 깨달은 것이 있다.

하나님 앞에 부족할 수밖에 없는 우리들이긴 하지만, 그 부족하다는 것을 변명삼아 준비 없이 주님 앞에 서는 걸 당연하게 생각할 수도 있다는 것이다. 주님은 완벽하게 준비된 우리의 모습을 원하는 것이 아니라 노력하는, 좀 더 주님의 모습과 닮아가려고 노력하는 우리의 모습을 기뻐하신다.

목회 20년이 지난 지금도 예배 실황을 비디오에 녹화해 주일 오후에는 나 스스로가 피드백을 하고 있다.

매주 토요일 저녁에 행하는 주일예배 리허설을 십 수 년 이어가면서 오히려 준비과정에서 충만한 은혜를 경험했다. 성도 한 명 없는 본당을 바라보며 설교를 하고 반주를 맞춰 찬양을 하면서 나는 주님과 오붓한 시간을 보냈다. 또한 그 시간을 통해 하나님의 지적을 받고 위로를 받았다. 가슴 깊이 성령님을 모신 채 찬양을 하고 있으면 말할 수 없는 기쁨과 충만함이 차올랐다. 말씀을 상기하며 메시지를 전하면 그 행간에서 말씀하고 계시는 성령님의 음성을 듣게 되는데, 그때마다 주님이 먼저 예배를 받고 계심을 느낄 수 있었다.

이런 노력을 통해 주일이 되어 성도들 앞에 서면 나는 더 이상 박치, 음치, 몸치가 아니었다. 연습 덕분에 찬양도 잘 맞고 박자도 틀리지 않는다. 몸 찬양이 있을 땐 율동도 곧잘 한다.

대신 나는 눈물에 헤픈 사람, 웃음에 헤픈 사람, 은혜에 헤픈 사람인 삼픈이가 된다.

예배는 주님께 드리는 기쁨의 축제다. 그 축제를 가장 좋은 모습으로 드리기 위해 최대한 노력해야 한다. 그 모습을 하나님은 기뻐하신다.

실제 우리교회 여성 성도들 사이에 불문율 중에 예배에 올 때는 절대 마스카라를 하지 말라는 것이 있다. 눈물 헤픈 목사 덕분에 성도들도 덩달아 우는 일이 많아지니 이런 불문율이 생긴 것 같다.

나는 앞으로도 주님이 목회를 허락하실 때까지 리허설을 이어갈 것이다. 목회의 경력에 상관없이 부족하지만 최선을 다하겠다는 각오는 하나님을 향한 나의 사랑의 표현이며 또한 온전한 예배를 위한 최선의 노력이기 때문이다.

그리고 예배를 마치고서는 혼과 지식으로 최선을 다했으니 하나님의 능력이 임해달라고 기도를 하며 피드백을 한다. 그렇게 이 중, 삼중으로 준비를 하는데도 망칠 때가 있지만 그런 날도 하나님은 각양각색으로 역사하신다는 사실을 나는 지금까지 숱하게 경험했다. 따라서 우리는 그저 맡은 일을 최선을 다해 준비하기만 하면 된다. 이것은 비단 목회 뿐 아니라 모든 사역, 모든 직업에 있어서도 마찬가지다. 그 일에 전력질주가 필요하다.

우리교회는 성도들의 기도비상연락망이 아주 잘 구축되어 있다. 중직자와 중보기도팀을 중심으로 사소한 문제 하나라도 마치 뉴스속보처럼 전달되고 또 전달되는 순간 1분이라도 기도를 하는 것과 삶을 나누고 서로의 어려움을 위해 기도를 해주는 기본적인 성도의 교제에도 최선을 다하기 위해서다. 또 기도가 응답을 받았을 때 이 기도에 참여한 모든 성도들은 응답의 기쁨을 함께 누리게 된다. 교제도 사역이고, 기도도 사역이다.

또한 직업에 귀천이 없듯이 사역에도 크고 작은 일이 없다. 목사든 장로든 떨어진 쓰레기를 줍거나 화장실을 청소하는 일을 꺼려해서는 안 된다. 작은 사역에도 최선을 다해야 한다. 이것이 하나님이 바라시는 제사보다 귀한 순종이며, 작은 일에 순종할 줄 아는 충성된 종의 행동이다.

환경도 무시해야 한다. 100m를 전력질주 할 때 절대 해서는 안 되는 행동이 옆이나 뒤를 보려고 고개를 돌리는 행동이다. 신령한 믿음의 경주자들은 온전히 앞에 계시는 하나님만 바라보며 달려간다. 우리 믿음이 적당하면 하나님도 적당히 인도하신다. 그러나 하나님을 향해 전력으로 달려 성도들에게는 하나님도 전력으로 응답하신다.

그래서 나는 첫 개척지인 용화와 지금의 삼척에서 모두 열악한 상황임에도 선교를 향한 비전을 품었고, 또 그것을 이루기 위해 노력했다. 땅 끝까지 복음을 전하는 선교의 사명은 상황을 막론하고 언제나 하나님을 믿는 성도들이 가슴에 품어야 할 사명이기 때문이다.

용화교회에서 처음 선교에 대한 이야기를 할 때마다 성도들은 말했다.

"목사님, 우리 같은 시골교회에서 무슨 선교에요"

그럴 만도 한 게 일반적인 미자립 시골교회에서는 오히려 수도권의 대형교회들에게 도움을 받는 관계가 많고, 그 때문에 성도들은 선교가 자신들과는 상관없는 먼 나라 이야기로 받아들이는 것이 일반적이었다.

나 역시 그런 사정을 알았기에 사역 초기에는 잠시 뜻을 접을 수밖에 없었다. 하지만 용화교회가 성장하며 기반이 잡히기 시작하면서 교회에 모인 청년들을 주축으로 해외선교를 할 수 있는 여건이 마련됐다. 그때 하나님께서 해외선교의 비전을 주신 곳이 필리핀이었다.

큰빛교회와는 달리 그 때는 미리 지어 놓은 건물이나 인프라도 없었지만 다행히 그곳으로 선교사로 떠난 친구 목사가 있었기에 그분을 돕는 사역으로 선교를 시작했다.

처음 용화교회 청년들과 단기선교를 떠나게 되었을 때 아무런 기반이 없었다. 경험도 없었고 물질도 없었다. 그저 비전을 품은 마음만 있었다. 막상 일을 계획하고 나니 두려움도 있었지만 이내 마음이 변했다. 고개를 뒤로 돌리지 않고 전력질주를 하기로 마음먹었다.

'그래, 비전이 없어서 문제가 되지 하나님이 주신 비전이 있는데 무엇이 문제인가. 경험은 앞으로 쌓으면 되는 것이고 물질은 만들면 되는 것이다'

그때부터 우리는 청년들과 선교에 필요한 물질 채우기에 돌입했다.

용화에는 여름 휴가철에 사람들로 북적였다. 평소에는 사람이 많지 않은 시골 어촌이었지만 여름 피서객이 몰리는 때가 되면 복음을 전할 수도, 아르바이트를 할 수도 있었기에 우리는 여름철을 공략했다. 청년들과 함께 피서객들에게 커피를 팔며 복음을 전하기로 했다.

"교회에서 나왔습니다. 복음을 담은 커피입니다. 시원한 커피 한잔 드세요!"

처음에는 쑥스러움을 타던 청년들도 시간이 지날수록 커피 판매에 자신감이 붙었다. 사람 앞에서 말 한마디 못 붙이던 수줍음 많던 청년도 용기를 내서 다가섰고, 선교를 위해 물질을 마련한다는 취지를 설명 못하던 청년도 어느새 당당히 선교 이야기를 꺼낼 정도로 믿음의 낯이 두터워졌다.

또한, 청년기의 유혹을 물리치고, 절제하는 삶을 통해 외부의 도움 없이 선교의 비전을 실천할 수 있다는 사실에 성도들은 모두 환호성을 질렀다.

그렇게 꾸려진 청년 단기선교는 비록 짧은 기간이지만 그곳에서 선교활동을 하고 계신 선교사님을 도와 원주민들의 생활을 돕고 복음을 전하는 일을 돕는 자로서 소중한 경험을 하게 했다.

당시 우리가 갔던 곳은 필리핀의 가장 낙후된 지역이었다.

복음이 전파되지 않은 곳이기도 했지만 지역주민들이 참으로 어려운 생활을 하고 있었다. 특히 식수가 문제였는데, 주민들은 손으로 펌프질을 했고 순서대로 물을 기르고 있었다. 그것도 그나마 하나밖에 없었고 고장도 잦은 편이라 어려움이 많았다. 우리 선교팀은 그 광경을 지켜보며 모터 달린 펌프로 바꿔주면 좋겠다는 생각을 했지만 물질적으로 여유가 없었기에 깊은 아쉬움을 남기고 돌아와야 했다.

그런데 하나님의 역사는 생각지도 못한 곳에서 일어났다.

일주일간 정든 주민들과 아이들에게 인사를 하고 한국으로 떠나오는데 이게 웬일인가. 한국으로 오는 비행기가 이륙하지 않았다. 항공사의 사정으로 비행시간을 맞추지 못한 것이다. 우리 팀은 할 수 없이 공항에서 밤새도록 지내야 했다. 이것 역시 훈련의 과정이라 생각하고 즐겁게 시간을 보낸 뒤 다음날 한국으로 돌아왔는데 놀라운 선물이 기다리고 있었다.

"저희 항공사의 사정으로 승객 여러분의 일정에 차질을 빚게 되어 보상 차원에서 비행기 운임료 일부를 되돌려 드리겠습니다."

비행료를 되돌려 받는 생각지도 못한 일이 생긴 것이다. 보상을
받은 우리 팀은 이것이 하나님이 주신 선물이라는 생각에 돌아오
자마자 필리핀에 연락을 한 뒤 모터 달린 펌프로 바꾸도록 했다.

필리핀은 물론 우리교회에서도 이 일이 기적이라고 생각했다.
나는 다시 한 번 비전을 향한 열망이 문제지, 환경이 문제가 아니
라는 사실을 깨닫게 되었다. 복음 전파에 앞장서는 일에는 전지전
능하신 주님이 언제나 함께 하신다는 확신을 가질 수 있었다.

하나님의 사역을 하는데 가장 중요한 것은 하나님을 믿고 바라
보는 시선이다.

토끼가 거북이에게 달리기를 지는 이유는 주위가 산만해 한 곳
을 바라보지 못하기 때문이다. 그러나 아무리 느려도 앞에 계시는
하나님을 거북이처럼 집중해서 바라보기만 한다면 제 아무리 빠
른 경쟁상대와 맞붙는다 하더라도 결국에는 승리하는 기쁨을 맛
보게 된다.

거침없는 은혜의 질주

첫 사역지인 용화교회에서 조건과 환경에
상관없이 하나님의 말씀을 비전으로 품는 일
의 힘을 경험한 나는 다음 사역지인 삼척에서
도 초기부터 선교의 중요성을 강조했다. 그러나 성도들의 반응은

처음의 용화교회의 성도들과 별반 다르지 않았다.

"성도 여러분, 우리는 모두 복음의 빚진 자들입니다. 삼척이라는 지역에 복음의 증거자가 되는 것은 당연하지만 그보다 더 넓은 땅을 향해 눈을 돌려야 합니다. 지금도 복음을 전해 듣지 못하는 땅 끝으로 가서 복음의 증거자가 되어야 합니다. 그 땅을 개척해야 합니다."

개척을 시작한 뒤부터 끊임없이 선교에 대해 강조하고 또 강조했다. 그러나 성도들은 지역을 위해 일하는 교회까지는 이해를 했지만 대부분 생각해보지도 않았던 해외에 복음을 전하는 일에 대해서는 체감하지 못하고 있었다. 게다가 삼척을 비롯한 작은 소도시 지역의 특징인 폐쇄적인 인식이 강했다. 말하자면 막연한 실패의식과 외지인에 대한 배타의식이 있었다.

"목사님, 삼척도 복음화율이 2~3%밖에 되지 않는다고 하셨잖아요. 굳이 힘들게 해외로 나가지 말고 그냥 삼척 사람들에게 복음을 전하면 안 될까요?"

이런 이야기를 참 많이 들었던 것 같다. 물론 지역 복음화는 우리교회가 처음 세워질 때부터 가지고 있던 사명이었고 해야 할 책임이었다. 그러나 하나님의 백성들은 서 있는 땅을 축복의 땅으로 바꾸되 그 지경을 넓힐 하늘의 권리도 가지고 있으며 동시에 의무도 있다.

"물론 지역 복음화는 중요합니다. 앞으로도 계속 해 나갈 거구요. 다만 어디까지 복음을 전하는 증거자가 될 지는 하나님이 정하십니다. 이미 우리교회에 하나님은 해외 선교의 비전을 주셨고 그것을 위해 일꾼을 세우라고 명령하셨어요. 우리도 할 수 있습니다. 저는 이미 전 사역지에서 그 일을 직접 체험했던 사람입니다."

사도행전 1장 8절에 보면 예루살렘과 온 유대와 사마리아와 땅 끝까지 이르러 증인이 되라 하셨는데 이것은 순차적인 복음증거가 아니라 동시에 행해야 하는 사역이다. 즉, 예루살렘도하고 사마리아도 한 것처럼, 삼척도 복음화하며 동시에 해외 복음화를 향해서도 나가야 한다.

사람들은 저마다 자신이 할 수 있는 분야를 제한한다.

그것은 나를 도구로 삼아 행하시는 하나님의 능력을 제한하는 것과도 같다. 그러나 하나님의 능력은 무한하시다. 하나님은 시골 교회도 얼마든지 선교의 중요한 도구로 사용하실 수 있으시기에, 개척 초기부터 해외선교를 부르짖었고 성도들은 리더의 부르짖음에 점차 호응해주었다.

마침내 성도들은 선교가 어려운 것이 아니고 내 이웃에게 복음을 전하는 것과 같다는 인식을 하게 되었고 아직 선교에 대해 정확한 그림이 그려지지 않은 이들도 해외 복음화를 위해 기도했다. 덕분에 초기의 개척자금으로 필리핀 현지에 교회를 세울 수 있었고, 이것을 기반으로 비전 트립과, 지역주민들을 위한 영어캠프까지 계획할 수 있었다. 이렇게 믿음의 전력질주를 하면서 우리교회 성도들은 많은 은혜를 체험하게 되었다.

처음 성도들과 함께 가게 된 필리핀 선교지역에서 일어난 은혜로운 체험은 참 다양했다. 개척 이후 10년 넘게 이어진 필리핀 선교는 많은 열매를 맺었다.

가장 은혜로운 사실은 우리교회 성도들의 헌신으로 달락이란 선교지에 교회가 세워져 그곳을 근거지로 하여 원주민 복음사역을 확장시킬 수 있었고 한국의 후원 교회인 우리교회의 성장과 필리핀 교회의 성장이 함께 일어났다는 것이다.

신기하게도 우리교회가 부흥되어 500명이 넘어가는 성장이 이루어질 때쯤 필리핀 교회 역시 성도들도 배가 되고 있었고, 교회가 천 명을 넘어 폭발적인 성장을 이룰 때도 필리핀 교회의 부흥이 함께 일어났다. 동반성장이라는 기쁨이 바로 이런 것이 아닐까 싶을 정도로, 한국과 필리핀의 복음 선교는 성장과 부흥의 속도를 함께 했다.

이제 필리핀 선교는 완전히 자리를 잡아가고 있다. 클락을 중심으로 달락 등 지역의 지경을 넓혀가며 복음을 확장시켜 나가고 있으며, 교회 내에서 진행되는 프로그램도 질적으로 향상되는 등 우리교회와 긴밀하게 연계를 맺고 협조해 나가고 있다. 우리교회에서 재능을 기부할 수 있는 성도들이 단기선교를 나가 주님 주신 달란트를 아름답게 사용하고 있으며, 그곳의 인재를 후원하여 큰빛교회로 올 수 있게 하는 등 후원 사역도 열매를 맺고 있다.

이 일은 교회의 학생들에게도 새로운 체험을 경험하게 하는 변화의 장이 되기도 했다.

과도한 학업에 몸과 마음이 지쳐있는 아이들이 필리핀으로 캠프만 가면 가장 많이 하는 말이 '재밌다, 신난다.'이다. 또 현지 원주민과 함께 노숙을 하며 현지인의 상황을 체험하기도 하는데 이런 경험을 통해서 지금의 환경을 허락하신 하나님에 대한 감사한 마음을 품고, 또 열악한 지역을 도와야겠다는 결심을 스스로 하기도 한다.

이밖에도 아이들은 필리핀에서 다양한 활동을 한다. 그리고 그 과정에서 공부 외의 재능을 가진 아이들이 자신의 달란트를 발견하며 스스로 바르게 살려고 노력하는 변화들이 정말로 많이 일어난다.

사춘기 초 방황하는 한 학생이 있었다. 이 학생은 머리는 정말 좋았으나 공부에 흥미가 없었고 매일 말썽만 피우며 방황하는 삶을 살았다.

교회에 나오기는 했으나 뒷자리에서 고개를 푹 숙이고 앉아있을 뿐 질문을 해도 한마디 대답을 안했다. 그래서 이 아이를 필리핀에 보내면서도 처음에는 걱정을 많이 했고, 아이를 키우고 있는 할머니와 그 사실을 알고 있는 나는 기도를 정말 많이 했다. 그런데 그렇게 말썽꾼이던 이 아이가 필리핀에서 춤과 노래, 골프 등을 배우는 시간에 재능을 보이며 아이들에게 인정을 받기 시작했다. 난생처음 뭔가 잘하는 일을 찾은 아이는 학생들의 환호를 받으며 마음이 점점 열리기 시작했고, 또 자기 안에 잠재되어 있는 리더의 기질도 슬슬 발휘되기 시작했다.

한국에서는 하기 어려운 이런 경험들을 통해 아이는 비록 3주일간의 짧은 시간이었지만 완전히 변화되었다. 그리고 한국에 와서는 스스로 욕도 하지 않으려고 노력하고 폭력적인 모습도 자중하려고 노력을 하고 있다.

이처럼 말씀을 푯대로 삼고 달려갈 때 체험하게 되는 은혜를 나는 모두 열악한 개척의 환경 속에서 깊고 다양하게 경험했다. 그리고 주님은 이런 선교의 지경을 우리가 생각지도 못한 지역으로 우리의 질주보다 더 빨리 넓혀가셨다.

10여 년 전쯤 예상치도 않게 중국을 가게 되었다.

필리핀 해외선교를 하게 되면서 많은 은혜를 체험했고, 이제는 선교지를 필리핀에 제한하기보다 더 넓은 세계를 향하고자 하는 비전을 품고 있었는데 형님처럼 가까이 지내는 물치교회 김명국 목사님의 권유로 중국과 인연을 맺을 수 있었다.

사회주의 국가인 중국은 선교활동에 제한이 있는 나라였기에 아직도 지하교회에서 힘들고 어렵게 목회를 하는 경우가 많다. 공식적으로 집계된 중국 내 크리스천 수는 지하교회를 포함해 1억 명이 넘는다고 하니 중국의 복음화는 무서울 정도로 성장세를 달리고 있지만 그래도 지하교회는 정부에서 인정해주지 않기에 어려움이 많다.

나도 처음 중국에 가게 되었을 때는 지하교회를 통한 선교를 하게 되었는데 그동안 말로만 듣던 지하교회의 실상을 겪게 되니 바짝 긴장이 되었다. 그리고 방문자들의 신원을 파악하고 있었기에 여간 조심스러운 게 아니었다.

그곳에서 내가 한 일은 목회하시는 분들을 돕는 일이었다.

공안의 눈을 피해 하나님의 말씀을 나누고 성도들의 삶을 돌아보는 것은 우리나라에서의 목회와 다를 바 없었지만 그럼에도 종교의 자유가 있는 우리나라에서 신앙생활을 한다는 것이 얼마나 큰 축복인지 깨닫게 되는 순간이었다.

지하교회 성도 중에는 탈북자도 있었는데 자유를 찾아 내려온 그들의 용기에 진한 감동을 느끼면서도 자유에 얽매인 채 불안하게 살고 있는 그들의 모습에 가슴이 아팠다. 그렇게 중국을 다니며 선교를 시작하면서 우리교회는 필리핀 뿐 아니라 중국내륙 복음화에 눈을 뜨게 되었고 성도들이 직접 갈 수는 없지만 나를 통해 중국 복음화를 위해 기도하기 시작했다. 특히 중국은 아내가 이전부터 품고 기도했던 선교지였기에 더욱 열의를 가지고 기도했는데 하나님은 또 하나의 길을 열어 주셨다.

"김성태 목사님, OOO교회에서 세미나를 인도하실 분을 찾고 있는데 목사님이 한번 서 보시겠습니까?"

"아니, 저를요? 그곳은 중국의 대표적인 삼자교회 아닙니까? 어떻게 저를……"

"이제 중국 선교도 변화하고 있습니다. 지하교회가 아닌 중국 정부에서 공식적으로 인정한 중국의 삼자교회를 통해 선교활동이 이루어지도록 문을 열고 있다는 소리지요. 지난번 중국 오셨을 때 세미나 인도하시는 거 보면서 삼자교회에 가시면 잘 맞겠다는 생각을 했습니다."

생각지도 못한 기회가 찾아왔다.

사실 지하교회 선교라는 것은 대중선교는 아니었다. 소수의 어려움을 당하는 이들을 위한 선교이기에 제한도 많고 신변을 위협하는 일도 많아 위험천만한 상황을 몇 차례나 겪었는지 모른다.

얼굴도 못 본 사람들에게 나의 신변이 털리는 건 기본이었고 지하교회가 급습당하기 직전에 다행히 몸을 피해 추방을 피할 수 있었던 적도 있었다.

그런데 중국 정부가 공인해 상징성이 있는 삼자교회에 설 기회가 찾아온 것이다.

아직도 사람들은 중국 정부가 인정하는 삼자교회를 이상한 눈으로 바라보는 경우가 있다. 사회주의 국가에서 인정하는 교회이니 뭔가 국가의 조종을 받을 것이라고 생각하기도 하고, 노조로 치면 어용노조라 생각하기도 하지만 실상은 그렇지 않다.

국가 차원에서도 종교의 역할이 크고, 현재 중국 내 복음화율이 상당히 커지고 있음을 느끼고 그 역할이 중요함을 인식하고 있기에 인정해주는 것이다.

다만 사회적인 틀에서 볼 때 불법이라 생각되는 것을 차단하기 위해 공식적으로 인정하는 교회활동만 허락해주고 있다. 삼자교회는 그 중심에 있는 교회라 할 수 있기에 복음을 전하는 데에는 거의 제한을 받지 않는다. 다만 우리나라를 비롯한 다른 나라에서 선교의 목적으로 들어오는 것은 받아들이지 않기에 친구로, 형제로 다가서야 한다는 차이점이 있을 뿐이다.

이런 이유로 나는 대표적인 중국의 삼자교회로서 많은 중국인들이 모이는 교회에 서게 되었다. 이곳에서 성도들을 대상으로 세미나를 인도하게 되었을 때 참으로 가슴 뿌듯했던 기억이 난다. 수년간 거의 숨어서 선교를 했고 목숨이 경각에 달려 있는 위험천만한 상황 끝에서 살았는데 이제 당당히 성도들 앞에서, 그것도 중국 본토인들 앞에서 말씀을 전할 수 있게 해 주신 하나님께 감사했다. 마치 그간의 혹독한 트레이닝을 통해 필드에서 뛰게 해 주셨던 생각에 열정적으로 말씀을 전했다.

초롱초롱한 눈빛으로 말씀을 경청하는 교인들의 모습이 참으로 인상적이었다. 아직은 가야할 길이 멀지만 그래도 우리나라가 한창 성령으로 충만함을 받을 때와 비슷한 길을 걸어가고 있는 중국 교인들을 보면서 중국 선교의 밝은 미래를 보았다.

세미나가 끝나자 관계자가 와서 단발성이 아닌 지속적인 교류를 하고 싶다고 했고, 나는 당연히 수락했다.

중국으로 가게 된 지 수년 만에 하나님께서는 삼자교회와의 인연을 만들어주신 것이다. 이제 중국 선교를 위한 공식적인 루트가 하나 만들어진 셈이다. 물론 아직도 가야할 길은 멀겠지만 나는 중국이라는 큰 대륙을 통해 하나님이 왜 이 나라를 쓰시려고 하는지, 이 나라를 통해 어떤 복음의 개척을 원하시는지 알 수 있었다. 이 거대한 대륙이 지닌 힘과 열정, 복음을 향한 성도들의 뜨거운 마음을 회복하게 하셨기에 이 나라를 통해 주변의 국가들도 복음화 될 것을 믿는다. 아니, 이미 세미나를 통해 시작한 삼자교회 사역은 열매를 맺고 있다. 세미나를 인도하면서 만나게 된 성도들이 변화를 받아 교회의 직분자가 되어 영육이 단단한 성도가 되었고, 미래를 바라보며 비전을 품게 되는 이들도 점점 많이 만나게 되었다.

"하나님 말씀을 공부하게 되면서 가슴이 뜨거워집니다."

"앞으로 제가 하나님을 위해 뭘 할 수 있을지 생각하게 됩니다. 그리고 얼마 전 그 일을 찾았습니다."

이런 믿음의 고백이 중국선교의 열매로 나타나고 있으니 얼마나 감사한지 모르겠다.

그러나 거침없는 은혜의 질주는 거기에서 멈추지 않고 인도네시아로까지 이어졌다.

인도네시아는 내가 전혀 생각지도 못한 선교지였다. 이슬람 국가인 인도네시아로 가게 된 것은 한 신학교와 인연을 맺게 되면서다.

인도네시아의 족자카르타라는 도시는 우리나라로 따지면 교육과 역사의 도시 경주로 비교될 만큼 교육면에서 강세를 나타내는 도시였다. 다양성 속의 통일은 인도네시아의 국가 이데올로기이기도 한데, 인도네시아 자체가 다양한 종족과 문화로 구성되어 있기에 종교에서도 인구의 80%가 무슬림이지만 그 이전에는 인도의 영향으로 불교, 힌두교 문화가 꽃피웠다. 그래서 족자카르타에는 세계 최대의 불교 사원으로 유네스코가 세계 문화유산으로 지정한 보로부두르 사원(Candi Borobudur)과 세계문화 유산인 힌두교 사원 쁘람바난사원(Candi Prambanan), 이슬람 최고 지도자인 술탄의 왕궁이 있는 도시이기도 하다. 한마디로 여러 종교가 혼재

하는 가운데 가장 열세인 지역의 도시에 기독교의 신학대학이 세워졌다는 것은 대단한 일이기도 했다.

그 신학대학을 하나님의 이끄심으로 소개를 받아 가게 되었는데 규모도 그리 크지 않았고 체계 또한 탄탄하게 잡혀있지 않았다. 그렇지만 기꺼이 나를 참여시키고자 한 학교 측에 고마울 뿐이었다. 하나님이 이렇게 사회주의 국가를 넘어 이슬람 국가까지 지경을 넓히신다는 생각에 기독교 지도자를 배출하는 이곳에서 열정을 다할 것을 다짐했다.

족자카르타의 신학대학의 시작은 미약했다. 내가 그곳에서 하는 일은 기독교 리더가 되겠다는 미래의 주님의 종에게 공부를 가르치는 역할이었다. 사실 내가 오기 이전에 먼저 다른 교단의 목사님이 그 일을 하셨는데 내가 가게 된 이후 일이 완전히 우리에게 넘어왔기에 더욱 열심을 낼 수밖에 없었다.

한국에서 수많은 집회와 설교를 했지만 선교지에서 신학생을 가르치는 기분은 남다르다. 그래서 인도네시아에 갈 때면 더욱 마음을 가다듬게 되고 연구도 하게 되는 등 신경을 쓰게 되었다. 그러면서 인도네시아도 자연스럽게 우리교회의 선교지가 되었고 그곳에서 집회를 인도하게 될 때는 우리교회 성도들과도 함께 하게 되었다.

이런 성도들의 노력과 하나님의 은혜로 인해 족자카르타의 신학교는 점점 성장해 나갔다. 처음에는 보잘 것 없는 작은 대학에 불과했지만 해를 거듭할수록 신학생이 늘고 규모가 커지기 시작했다. 나 역시 인도네시아 교육부가 정식으로 인준한 신학대학의 교수로 임용되는 영광을 누리게 되면서 선교 현장을 함께 하게 되었다.

　그러나 그 가운데에 위기의 순간도 있었다.
　하루는 한국에 있는데 급박한 소식이 전해졌다. 인도네시아 족자카르타에 화산이 폭발했다는 뉴스였다. 휴화산으로 활동을 잠시 멈추었던 화산이 갑자기 폭발하면서 큰 피해를 입었다. 그 화산이 있는 곳 바로 아래에 우리가 섬기는 신학대학이 있었기에 그 소식을 접했을 때 정말이지 아무 일도 할 수 없었다.
　전 세계적으로 인도네시아에 다가온 큰 재앙을 보도했고 나를 비롯한 성도 몇몇이 급하게 짐을 꾸려 현장으로 향했다. 가는 내내 기도만 할 뿐이었다. 아무런 피해가 없기를, 아니 피해가 있다 하더라도 큰 피해가 아니기를 기도하고 또 기도했다.
　초조한 마음을 안고 현장에 도착하자 피해가 생각보다 훨씬 심각했다. 산꼭대기에서 폭발한 화산에서 나온 용암이 두 줄기로 흘러내려 온 마을을 뒤덮으며 수많은 생명을 앗아갔고 삶의 현장을 덮쳤다. 신학대학의 위험한 상태가 마음에 와 닿는 순간이었다.
　그런데 이게 웬일인가?
　족자카르타 신학대학에 들어섰을 때 난 내 두 눈을 의심할 수밖에 없었다. 바로 신학대학의 가까이 아래에 있는 동네는 화산의 엄청난 피해로 초토화가 되었지만 오히려 산 위쪽에 있는 신학대학만 아무 피해가 없었다. 알고 보니 화산의 용암 줄기가 흘러내리면서 산을 중심으로 흘러오다가 신학대학이 위치한 인근 부근에서 갑자기 두 줄기의 용암으로 흘러내렸는데 그 사이에 위치한 신학대학은 아무런 해를 입지 않고 멀쩡했던 것이다.

"하나님, 보면서도 믿을 수가 없네요. 하나님이 이 나라에 세워진 이 신학대학을 정말 귀하게 사용하고 계시는군요. 주님께서 쓰시고자 하시면 손끝 하나 건드릴 수가 없음을 다시 깨닫게 됩니다. 더 열심히 헌신하겠습니다."

인도네시아에 세워진 족자카르타의 신학대학은 해를 거듭할수록 은혜와 기적의 현장으로 거듭나고 있다. 이슬람이 강성한 도시에서 신학대학이 부흥하고 성장한다는 것 자체도 기적 같은 일이며, 그 속에서 말씀으로 양육 받은 주님의 종이 지도자로 세워지고 있다는 것도 은혜다. 또한 이슬람 국가까지 지경을 넓혀 또 다른 선교를 펼치게 하심에 감사하다. 나와 우리교회 성도들은 선교의 현장에서 부어주시는 하나님의 은혜를 호흡삼아 쉼 없이 달려갈 것이다.

우리교회 성도들은 이제 훨씬 더 앞선 비전을 그려가고 있다.
그들에게 해외선교란 남의 나라 이야기가 아닌 본인의 사명이 되었다. 나를 만나면 어린 아이들부터 언제 해외선교를 떠나냐고 묻고, 어린 친구들은 교회학교를 통해 선교 마인드를 갖춰 날마다 지구본을 앞에 놓고 5대양 6대주를 보며 기도한다. 고사리 같은 손을 모아 복음의 확장을 위해 기도하는 우리교회를 향한 주님의 예비하심에 감사하고 또 감사하다.

"너희는 땅 끝까지 이르러 내 증인이 되라"(사도행전 1:8)는 말씀처럼 주님의 명령에 순종하며 실천하는 일꾼들로 거듭나고 있음을 느끼기 때문이다.

나의 능력으로 하나님을 제한하지 말고 무한한 하나님의 능력을 믿고 또 바라봐야 한다. 그럴 때 믿지 않는 사람들이 복음을 받아들이는 하나님의 역사가 일어나고 믿는 대로 이루어지는 기도의 응답이 찾아온다.

쉬는 것도 사역이다

두 사람의 나무꾼이 같은 장소에서 나무를 패고 있었다.

한 사람은 2시간 동안 쉬지 않고 나무를 팼으나 아직 한 짐을 못했는데, 다른 한 사람은 1시간 동안 쉬다가 1시간 만에 나무를 다 패고 짐을 꾸려 나섰다. 일을 다 못한 나무꾼이 비결이 뭐냐고 묻자 길을 나서던 나무꾼이 말을 했다.

"비결이야 아주 쉽지. 자네가 나무를 패던 한 시간 동안 나는 도끼날을 갈고 있었다네."

나는 이 이야기가 신앙생활을 하는 성도들에게 필요한 휴식이 무엇인지를 가장 잘 알려주고 있다고 생각한다. 하나님을 믿는 사람들에게 휴식이란 이보 전진을 위한 일보 후퇴이며 사역을 더 잘 감당하기 위한 일종의 전략적 후퇴이다.

단순히 몸과 마음이 지쳐서, 혹은 너무 오랜 기간 맡고 있어 권태를 느끼는 이유로 가지는 쉼은 경주 트랙에서 벗어나는 일처럼 비겁한 도망이다. 하나님이 주신 비전을 향해 전력질주를 했다면 자연스레 쉬면서 재충전을 할 수 있는 환경과 조건이 만들어진다. 이런 순간이 올 때에는 주저 없이 쉬면서 그간에 부족한 공부와 온전히 하나님을 경험하기 위한 시간으로 삼는 것이 현명한 사람이다.

나는 한 주간에도 몇 편의 설교를 준비해야 한다. 이렇게 많은 설교들을 준비하려면 쉬는 날도 없겠다고 생각하는 사람들도 있다. 그러나 나는 어떤 상황 속에서도 월요일은 철저히 쉬려고 노력한다. 그런데 이상하게도 이렇게 쉬는 날에 한 주간 꾸릴 설교들에 대한 아이디어가 넘쳐남으로 준비가 되기 시작한다.

그렇게 하루 동안 온전히 쉬는 가운데 성령님께서 이런저런 말씀들을 주시면 나는 그것을 가만히 적어두고 차분히 묵상을 하다가 다음 날부터 한편씩 준비해 나가기 시작한다. 그러면 이미 받은 말씀을 통해 큰 흐름은 구성이 되어 있기에 무슨 일을 하던 간에 설교에 관련된 팁이 나오게 된다.

TV를 봐도 팁이 나오고, 책을 보는 중에도 설교의 팁이 나온다. 사람을 만나고, 길을 걷고, 때때로 식사를 하는 중에도 팁이 나온다. 그러면 토요일 리허설을 하기 전까지 주일날 설교를 비롯한 각종 말씀들이 때에 맞게 준비된다.

어떤 사람들은 그런 와중에도 TV를 보고 할 시간이 있느냐고 생각할 수도 있겠지만 나는 TV나 뉴스를 너무 안 보면 세상에서 단절되기 때문에 좋지 않다고 생각한다.

기독교는 세상과 동 떨어져 있는 종교가 아니라 세상 속으로 들어가는 종교이다.

요즘 어떤 집들은 TV를 없애거나 세상과 관련된 문화는 무조건 단절시키는 모습들이 종종 보이고 있는데 나는 자녀를 둔 부모님들에게도 자녀들에게 적당히 TV는 보게 하고 세상의 문화도 체험하게 하는 일이 필요하다고 이야기를 한다.

요즘은 "한손에는 성경을! 한손에는 정보를!"이라고 외치는 신학교도 많이 있다.

아이들과 소통을 하고 시대가 어떤 시대인지 알게끔 하는 정도의 문화는 반드시 필요하다. 하여튼 그렇게 최선을 다해 설교를 준비하고 나서는 이제 모든 것을 내려놓고 부족한 종의 입술에 하나님의 능력이 임하게 해 달라고 기도를 하기 시작한다.

이 모든 흐름의 시작은 바로 월요일의 휴식으로부터 나오는 것이다. 휴식은 이처럼 중요하다. 이런 사실을 큰빛교회 목회 중에 처음 안식년을 갖게 되면서 더욱 깊이 깨닫게 됐다.

삼척에서 개척을 하고 건축을 하며 정신없이 사역을 이어가던 도중 문득 지금까지 지나온 길을 되돌아봤다.

10여 년 동안 뒤도 돌아보지 않고 쉬지 않고 달릴 즈음 우리교회는 삼척 시내에서 가장 큰 규모의 교회가 되어 있었고, 1300여

명이 넘는 성도들이 모이는 교회가 되었으며 청년과 아동부 등 젊은 신앙인들이 모여 살아 움직이는 교회로 거듭나게 되었다.

사회가 고령화되면서 교회 역시 노령화가 되고 있었지만 우리교회는 감사하게도 한창 일할 수 있는 젊은이들이 중간 리더들로 세워졌고 중간층이 탄탄한 시스템을 갖추었다. 대외적으로도 복음의 지경을 넓혀가는 등 개척하면서 세운 비전에 다가섰다.

그런데 이런 생활이 10년이 넘어가자 나의 몸도 마음도 슬슬 지치기 시작했지만 나는 아직 쉴 때가 아니라고 생각했다. 그러나 그동안 한 번도 제대로 된 휴가를 즐겨본 적이 없던 내가 딱했는지 성도들이 먼저 안식년을 제안했다.

"목사님, 그동안 쉬지 않고 달리기만 하셨잖아요. 이번에 저희가 목사님 휴식 시간을 드리고 싶습니다. 잠시 동안 안식년을 갖는 게 좋을 것 같습니다."

한편으로 고마우면서도 그래도 이렇게 해도 되는가 싶어 잠시 고민을 했다. 그러나 이미 우리교회는 출석 교인들이 늘어나면서 담임 목사 혼자 성도들을 관리하는 일에 한계가 느껴졌기에 부교역자를 잘 세워두고 있었다.

우리교회 부교역자는 3D업종이라 불릴 만큼 적응하기 어렵고 일이 고되고 힘들다.

부임한지 일주일 만에 코피를 쏟고 도망나간 사람도 있었다. 그러나 일이 고된 만큼 분명한 사역의 열매는 맺혔기에 힘들어도 부교역자에게 내가 할 수 있는 최대한의 배려를 통해 확실한 사역의 영역을 주고 인정해주곤 했다. 그런 믿음과 신뢰가 없다면 교회라는 시스템은 제대로 움직이지 않는다. 다행히 우리가 모신 부교역자들은 모두 우리교회가 지역에서 가진 막중한 책임을 충분히 이해했으며 헌신했고, 또 성도들을 섬겨주었다.

이렇게 세워진 부교역자들이 임무를 잘해주고 있었기에 안식년을 제안했을 때 그나마 결단을 내릴 수 있었다. 그렇게 넓은 아량과 물질로 헌신해주신 성도님들 덕분에 나는 그동안 수고를 같이한 가족과 미국을 갈 수 있었다. 하지만 그곳에서 단순히 안식만을 취하진 않았고, 영적으로 소진했던 것들도 채우고 싶었기에 목회자 프로그램을 다녀오고 미국의 교회를 돌아보는 계획을 함께 세웠다.

제일 먼저 참석한 것이 목회자를 위한 영성 훈련 프로그램인 하와이 코나의 목회자 부부세미나라는 전도훈련 프로그램이었다,

제자훈련이다 뭐다 해서 한국에서도 많은 훈련을 받았지만 그러한 양육훈련 코스를 교회로 가져와 성도들의 신앙훈련과 삶의 성숙을 위해 신경 쓴 나머지, 목회자인 나 스스로가 내면의 안식이나 성숙을 돌볼 겨를이 없었다. 그러나 이번엔 달랐다. 아내와 나는 전심으로 이 프로그램에 참여할 수 있었고 평생 동안 잊지 못할 하나님과 깊은 영적인 교제를 나눌 수 있었다.

목회자로서가 아니라 신앙인으로서 영적인 깊이를 체험하고 다시금 나의 모습이 깨어지며 회복되는 역사를 체험했다. 또한 주님께서 우리를 통해 무엇을 펼치고자 하는지 세밀한 음성에 귀 기

울이게 되었고 그간 목회를 하면서 잘못된 부분을 돌아보게 되었다.

특히 개척교회 목사로서 그간 짊어지고 있던 짐을 주님 앞에 온전히 내려놓지 못했음을 회개했다. 타고난 책임감 때문일까, 사명감이 끓어 넘치는 때문일까.

그동안 교회 안의 여러 가지 문제를 혼자 떠안고 있으며 마음고생을 많이 했던 나였다. 성도들이 물질 문제를 당하고 있을 때 내 수중에 있는 것을 드려서 해결될 일이라면 그러고 싶었고, 질병으로 인해 고통당하고 있을 땐 대신 아파주고 싶을 정도로 그들의 아픔에 동화되어 있었다. 그들이 아플 때 나도 아팠고 그로 인해 아무 일도 못할 정도가 되었으니 나름 가슴앓이를 많이 했던 편이다. 그런데 안식년에 주님과 조용히 교제하는 가운데 각자가 감당할 멍에가 있다는 사실을 알 수 있었다.

이런저런 체험들로 다시금 신앙의 고삐를 단단히 쥐게 되었고 우리 가족은 처음으로 얻은 귀중한 안식년을 행복하게 보냈다. 미국의 복음주의 교회, 성령 충만한 교회를 다니며 신선한 자극을 받고 영감을 얻었다. 삼척에 개척을 앞두고 있을 때로 돌아간 듯 새롭게 꿈을 꾸었고 복음으로 펄떡펄떡 뛰는 교회, 살아있는 교회를 그렸다. 그리고 안식년을 마치고 다시 돌아왔을 때 나는 새로운 마음으로 후반전을 뛰는 선수의 마음이 되었다.

하나님의 나라를 개척하는 개척자들은 끝까지 믿음의 경주를 뛰어야 한다.

그런데 무조건 앞만 보고 달려가선 안 된다. 반드시 숨고르기 시간이 필요하다. 마라톤 주자들이 두 시간 넘게 계속 속력을 내는 것이 아니다. 언뜻 봐서는 뛰는 폼도 비슷하고 속도도 비슷한 것 같지만 그 페이스 속에 숨을 고르는 시간도 있고 속력을 내는 시간 등 나름대로의 시간 배분, 체력 안배를 한다. 그래야 오랫동안 인내하며 뛸 수 있다.

믿음의 경주를 뛰기 위해 숨고르기, 묵묵한 가운데 하나님과 조용히 만나는 시간이 필요하다. 멈춰서 하나님의 은혜의 뜻을 살펴보는 자신만의 시간이 필요하다. 나는 성도들의 헌신과 배려 덕분에 그 숨고르기 시간을 가질 수 있었고, 또다시 깨달음을 통해 주님 앞에 깨어질 수 있었다.

작은 것에 충성하라

 하나님은 이미 성도들에게 무엇과도 바꿀 수 없는 귀한 구원을 선물로 주셨다.

그러나 너무나 많은 성도들이 물질, 명예, 권력의 노예가 되어서 이 귀한 선물을 버리고 때로는 이용하기까지 한다. 작은 것을 위해 큰 것을 버리는 소탐대실의 신앙이다.

성경의 달란트 비유를 보자.

이때도 가장 작은 달란트를 가진 종이 주인의 뜻을 분별하지 못하고 자기 안위를 지키는 데에만 급급한 것을 볼 수 있다. 종은 주인의 의중을 파악하지 못했고, 재능에 맞게 달란트를 나눠 준 주인의 깊은 뜻을 믿지 못했다.

하나님은 사람들에게 저마다 크기가 다른 그릇을 주셨다.

하나님을 믿고 구원을 받았다고 해서, 재물의 축복을 받았다고 해서 누구나 빌 게이츠처럼 많은 돈을 벌 수 있는 것은 아니다. 다만 맡겨진 능력만큼 하나님께 정직하게 헌신하는 것이 중요하다. 하나님 앞에 정직한 사람은 그가 한 일이 아무리 작은 일이더라도 하나님께 드릴 수 있는 최고로 좋은 일을 한 것이며 하나님은 그 일을 기뻐함으로 받으시고 오병이어의 기적과 같이 우리가 생각지도 못할 놀라운 일들로 사용하신다.

조금 더 실제적으로 이야기한다면 지금 교회에 출석하는 성도가 몇 안 된다면 하나님이 맡겨준 그 성도들이 말씀을 바로 알고 하나님의 능력을 체험하도록 혼신의 힘을 다해야 한다는 것이다. 맡겨진 달란트가 적다는 이유로 충성하지 않는다면 하나님은 그 주어진 것마저 빼앗아 충성된 다른 종에게 넘겨주신다. 하나님이 맡겨 주신 것이라면 그것이 어떤 종류의 것이고 어떤 종류의 크기든지 상관없이 정직해야 하고, 충성해야 한다.

오늘 날 많은 교회에서 이 청지기 정신이 실종되고 있는 듯하다.

가난한 과부가 드리는 작은 헌금이 죄가 아니듯이 부자가 내는 많은 헌금도 자랑이 아니다. 그러나 교회에서 실제로 보이는 모습들은 어떤가?

헌금을 많이 하는 사람은 마치 큰 헌신을 한 것처럼 추앙을 받고 교회 내의 실세 대접을 받기도 한다. 교회 내에서 열심히 헌신하는 겉모습만 가지고 사람의 믿음을 쉽게 판단하기도 한다. 이런 모습들은 모두 잘못된 것이다.

큰집에 사는 사람은 세금을 많이 내는 게 당연하듯이 하나님께서 많은 것을 맡겨 두신 사람은 더 많이 헌신하는 것이 당연하다. 세금을 많이 냈다고 위신을 세우고 교만할 필요가 없다. 이 세상에서 우리가 누리는 모든 좋은것은 하나님께서 주신 것이라는 청지기 정신을 잃지 않고, 정말로 정직한 마음으로 온전히 헌신하면 교회 내에서 생기는 많은 문제들은 저절로 해결된다.

안타까운 것은 하나님이 맡겨주신 양을 치는 목회자들도 이런 함정에 많이 빠지고 있다는 사실이다. 언젠가부터 목사님들이 목회에 더욱 집중을 하고 목양에 신경을 쓰기보다는 학력에 신경을 쓰고 학위를 따기 위해서 노력을 하는 풍조가 생기기 시작했다.

원인 중에는 학위나 유학파를 요구하는 교회들도 있어서겠지만, 그러나 성도들이 정말 갈급해하는 것은 하나님의 말씀과 목회자의 사랑이라고 생각한다.

거의 모든 성도들은 담임목사님이 사회적 직책이 높다고, 학위가 많다고 좋아하고 자랑스러워하지 않는다. 그리고 성도들이 알고 싶어 하는 것은 세상의 심리학, 철학, 성공비법이 아니라 진리인 성경과 구원의 유일한 방법인 예수 그리스도이다.

이렇게 본질을 놓치게 될 때 아무리 세련된 방법으로 유창하게 설교를 해도 성도의 마음을 변화시키지 못하고 정작 한 명도 회심시키지 못하게 된다. 그러므로 지역사회를 변화시키고, 믿지 않는 사람들에게 예수님의 사랑을 전하고, 단 한 명이라도 진정으로 구원받은 성도로 회심시키고 싶다면 지금 상황에서 하나님이 내게 맡겨주신 영혼, 교회, 사역에 정말로 최선을 다해 헌신해야 한다. 그리고 정직해야 한다.

교회의 주인은 머리되신 예수님이지만 우리들은 그 지체들로서 일꾼들이다. 그런데 일꾼일지라도 주인의식이 없을 때는 힘을 발휘하지 못한다.

비전 없는 일꾼은 평생 목적 없이 살 수 밖에 없다. 그러나 꿈을 품고 비전을 향해 나갈 때 그는 하는 일은 같다고 해도 완전히 다른 일꾼이 된다. 새로운 영역을 창조하는 일꾼이 되는 것이다.

우리 성도들은 그 창조적인 일꾼이 되어가고 있다.

이런 의식이 있는 사람과 없는 사람의 차이는 크다. 공동체 지체들이 주인의식을 가지고 움직일 땐 공동체는 서로가 서로에게 긍정의 자극을 주고 긍정적인 동기를 부여하기에 건강하게 성장할 수밖에 없다. 그것이 공동체의 파워가 되고 누구도 무시할 수 없는 에너지가 된다.

우리교회 최고의 주인은 주님이시고 성도들은 그 주님을 성실히 섬기는 청지기가 되어가고 있다. 그래서 우리교회의 모든 성도들에게는 내가 이 교회의 주인이라는 의식이 있다.

그래서 나는 또 내 나름대로 교회의 투명성을 확보하기 위해서 많은 노력을 기울인다.

그것은 성도들이 귀하게 모은 교회 재정을 절대 한 푼도 허투루 쓰지 않는 일과 또한 성도 개인이 특별한 일에 사용해달라고 건네는 헌금을 절대로 마음대로 사용하지 않는 일이다.

교회가 공동체로 하나 되어 뭉치기 위해서는 주도권 싸움이 없어야 한다.

그 주도권 싸움을 없애기 위해서는 교회의 분위기나 시스템도 중요하지만 투명성도 매우 중요하다. 한 두 사람이라도 시험에 들지 않게 하는 것이 교회의 분열을 막는 일에 아주 큰 도움이 되기 때문이다. 따라서 나는 특히 돈 문제로 교회가 흔들리고 성도들이 시험을 당하지 않게 내가 받는 돈이나 교회가 사용한 돈 등의 재정을 모두 개방시켜 성도들에게 공개한다.

재정 관리도 직접 하거나 직분자를 시키지 않고 평신도들이 알아서 관리하게 한다. 심지어는 나를 찾아와 개인적으로 직접 전달해주는 돈까지도 교회 장부에 '무명'이란 이름으로 등재를 시켜 교회장부에 기록하고 내가 그 돈을 어디에 사용했는지도 죄다 적어둔다.

때때로 이렇게 개인적으로 나에게 헌금한 돈도 연말정산 시즌에 기부금 영수증을 받으러 찾아오는 사람들이 있다. 만약 내가 그 돈을 교회 장부에 적지 않고 내 마음대로 썼다면 교회에서 영수증을 발행해줄 수 없게 되고 그로 인해 시험에 드는 성도들도 생겼을 것이다. 그러나 나는 이미 그 돈의 액수와 금액을 장부에 무명이라고 등재를 시켜 놓았고 내가 어디에 사용했는지까지 적어 놓았기 때문에 오해가 생길 일도 없을뿐더러 생겨도 금방 풀린다.

그리고 이런 과정을 처리하면서 재정부를 맡은 성도들이나 나에게 돈을 준 성도들에게까지도 은혜가 된다.

한 번은 어느 집사님이 선교지를 위해 써달라며 나에게 금일봉을 주셨다.

그다지 큰 금액은 아니었으나 나는 집사님이 부탁한 대로 돈을 사용하기 위해서 잘 보관해 두었다가 나중에 필리핀을 갔을 때에 선교사님을 만나 전달해 주었다.

"우리 교인의 소중한 마음이 담긴 돈이니 많지는 않지만 꼭 교회를 위해 써주십시오"라고 했더니 알겠다고 하셨다.

나중에 그 헌금을 한 집사님의 아들이 비전트립을 통해서 그 교회를 방문했는데, 아버지가 헌금한 돈을 가지고 그 교회의 문을 바꿨다는 사실을 알게 되었다. 그 아이를 통해 이 사실이 온 교회에 퍼졌는데 모든 성도들이 크게 감격했다.

그 돈을 잊지 않고 전달해준 나보다도 정말로 내 부탁대로 교회를 위해 그 돈을 사용해준 선교사님이 참으로 대단했다. 이 일로 우리교회 성도들은 자신들이 내는 소중한 헌금이 한 푼도 헛되게 쓰이지 않고 정말로 하나님의 사역을 위해서 100% 쓰여짐을 신뢰하게 됐다. 그러니 헌신이 즐겁고 헌금이 아깝지가 않는 것은 당연하다. 또한 그렇게 즐거운 마음으로 헌신을 하니 하나님도 기뻐서 더 큰 복을 부어주신다.

이제는 이런 분위기가 교회 전체로 퍼져서 모든 부서가 시키지 않아도 알아서 정직하게 모든 일을 처리한다. 가끔 우리교회가 무슨 돈이 있어서 많은 아이들을 필리핀으로, 또 중국으로 보내며 심지어 믿지 않는 아이들까지 매우 싼 가격으로 보내줄 수 있는지 궁금해 하는 분들이 많다.

이 역시 작은 것에 충성하는 힘에서 나온다. 성도들 전체가 아이들의 교육과 꿈을 위한 기회를 많이 열어줘야 한다는 생각을 갖고 있기 때문에 각 부서를 운영하고 남은 돈들을 모두 이 일을 위해 헌금한다. 그리고 아이들도 각자 동전을 모아 최소 천원이라도 헌금을 한다. 게다가 필리핀에 센터를 지어놨으니 숙식은 해결된다. 이런 식으로 교회가 온 힘을 모으면 아이들이 매우 적은 돈으로 황금 같은 기회를 누리게 된다.

우리교회보다 큰 교회도 많고, 재정이 넉넉한 교회도 많다. 그러나 그렇지 못한 작은 교회라 할지라도 우리교회처럼 한 가지 목적을 놓고 함께 헌신하면 아이들을 위해 꿈을 이룰 수 있는 기회를 마련하는 교회가 될 수 있다.

이처럼 작은 일에도 정직하게 헌신하는 성도들을 하나님은 기뻐하시고 축복하신다. 그리고 이런 교회를 사용하신다. 삼척과 같이 복음화율이 낮고 무속신앙이 판치는 곳에서도 하나님이 사용하시면 길을 잃어버린 영혼들이 돌아오는 역사가 일어난다. 그러므로 우리들은 더더욱 때를 아끼며 눈앞에 주님이 주신 비전을 향해 전력을 다해 달려가야 한다. 지금 내 주위에 있는 이웃을 사랑하고 아껴주는 것이 바로 주님이 이 땅에 오셔서 하신 일이며 주님을 따르는 우리가 해야 할 일이라는 것을 깨달아야 한다.

한국 기독교에 언젠가부터 '매너리즘'이라는 단어가 화두가 되고 있다.

매너리즘이라는 단어는 본래 예술이나 창작의 영역에서 비슷한 형식과 기법이 습관적으로 되풀이 되서 독창성과 신선한 맛을 잃어버리는 경향을 뜻한다. 신앙생활에서 이 매너리즘이 문제가 되는 두 가지 원인이 있다고 생각한다.

첫 번째 원인은, 성도들을 움직이는 사랑과 열정이라는 원동력을 잃게 하기 때문이다.

이 원동력을 잃어버릴 때 아무리 구원을 받았다고 하더라도 영혼구원이라는 전도의 결실을 맺지 못하고, 속한 지역을 변화시킬 수 없는 성도가 된다. 또한 인생이 매우 길고 무한한 것이라고 생각하게 만들어 적당히 몸을 빼는 신앙생활을 하게 만든다.

우리가 예수님을 처음 만났던 그 순간을 떠올려 보자. 아마 당장이라도 거리로 나가 복음을 전하고 싶었을 것이고 주님의 사랑을 깨달았다는 사실에 희열을 느껴 며칠은 잠자리에도 못 들었을 것이다. 그러나 그런 벅찬 감격은 대부분 1년도 가질 못한다. 장작도 모여야 오래 타오르듯이 기도의 응답과 은혜의 간증이 공동체를 통해 계속해서 공급 되어야 하는데, 개인중심적인 신앙이 한국 교회에 깊게 자리잡고 있기 때문이다. 성도들의 모임인 우리를 드러내지 않고 나를 드러내는데 치중하는 신앙은 결국 내가 무너지면 끝이다. 그리스도와 성도들이 연합하여 그리스도의 몸을 이룬 것처럼 교회에 모인 성도들도 서로 한 지체라는 생각으로 연합해야 매너리즘을 극복하고 말씀을 삶 속에서 실천해 나갈 수 있는 지속적인 원동력을 생성할 수 있다.

두 번째 원인은, 이 땅에서의 삶이 전부라고 생각하는 잘못된 시간 관념 때문이다.

죽은 뒤의 영생을 생각해 보면 이 땅에서의 삶은 전력질주를 해야 하는 100m 달리기다. 100년을 살든 200년을 살든 영원이란 시간에 비하면 지극히 작은 영역일 뿐이다.

그러나 이 땅에서의 인생이 전부라고 생각을 해보면 10년, 아니 5년만 온전히 헌신을 해도 인생의 매우 오랜 시간을 투자한 것 같은 느낌이 든다. 게다가 이런 생각과 함께 첫 번째 원인이 맞물려 열매를 제대로 맺지도 못한다면 이 기간은 더욱 짧아진다. 그러다 보니 주일만 대충 지키고 그저 예수 믿고 구원 받았다는 기본적인 확신만 가슴 속 금고에 채워두는 무늬만 크리스천인 선데이 크리스천(Sunday Christian)으로 변해간다.

하나님은 역사가 시작한 이래로 우리를 향한 사랑을 거두지 않으셨고, 예수님은 이 땅에서 죽기까지 순종하심으로 우리들을 향한 사랑을 확증하셨다. 그러나 그런 하나님과 예수님을 향한 우리의 사랑은 채 1년도 유지되지 못하다니… 한국교회에서 모태신앙이라는 단어가 어떤 의미를 지니는지 생각해보면 실제로 이런 문제들이 한국교계에 매우 중요한 문제가 되고 있음을 깨닫게 될 것이다.

지금까지 한국교회는 매우 짧은 시간에 폭발적인 성장을 해왔다. 그리고 몇 년 전부터 급격한 매너리즘에 빠져왔다. 나 역시도 아이러니하게 첫 번째 사역지에서의 나름의 성공을 거둔 뒤에 매너리즘에 빠진 적이 있었다. 그러나 하나님은 여러 방향으로 나에게 깨닫게 하시고 작은 일에라도 최선을 다하며 사역의 에너지를 재충전하는 법을 가르치셨다. 그 결과 두 번째 사역지인 큰빛교회에서는 10년이 넘게 달려왔지만 여태껏 지치지 않고 계속해서 새로운 하나님의 은혜를 체험하고 있다. 여전히 영혼구원이라는 결실을 맺어가며, 하나님이 주신 새로운 비전들을 달성하기 위해 온 성도들이 하나가 되어 달려가고 있다.

한국교회가 위기라는 말은 여전히 계속해서 나오고 있다.

그리고 아마도 점점 심해질 것이다. 그러나 말씀의 능력을 깨닫고 참된 성도로 양육하는 목회자들이 하나 둘씩 늘어갈 때마다, 또한 예수님을 진심으로 알기 원하고 주님의 몸된 교회에서 온전히 헌신하고자 결심하는 성도들이 늘어갈 때마다, 한국교회가 처한 위기라는 두 글자는 점차 흐려지고 대신 기회라는 두 글자가 생겨날 것이다. 그리고 그 교회들을 통해서 하나님은 지역을 변화시키시고 길 잃은 영혼들을 다시 주님의 품 안으로 불러들이는 놀라운 부흥의 불길을 일으키는 불씨로 사용하실 것이다.

나를 비롯한 우리 큰빛교회 성도들은 그 거룩한 불씨의 사명을 감당하는 삶을 살고자 늘 기도하고 최선을 다해 부름에 응답할 것이다. 그리고 우리의 섬김의 모습이 하나님께 영광이 되고, 세계 곳곳에 사는, 주 예수 그리스도로 인해 우리와 함께 형제, 자매된 성도들과 교회가 새롭게 되는 귀하고 거룩한 일에, 좋은 본으로 쓰여 지길 기도할 것이다.

성도들에게 하나님을 향해 전력질주 하게 하자!

"내가 달려갈 길과 주 예수께 받은 사명 곧 하나님의 은혜의 복음을 증언하는 일을 마치려 함에는 나의 생명조차 조금도 귀한 것으로 여기지 아니하노라"(사도행전 20:24)

3년후인 지금

푯대를 향해 전력질주하는 우리를 우리 하나님은 멋지게 세워가고 계신다. 초청받아 서게 하시는 집회마다 그 공간이 얼마이던지 간에 차고 넘치게 하신다. 물론 주님께서 넘치는 은혜를 부으셨음은 말할 나위 없다.

또 동해·삼척지역의 사령탑 감리사로 세우셨다. 그것도 투표없이!!! 이 지역을 향한 하나님의 멋진 계획하심이 기대되고 마음이 방망이질 친다.

또 한번의 전력질주를 시작한 것이다.

" 누구도 할 수 있다는 용기와 힘을 주고 싶다!"

뉴욕타임즈나 미국 경제지 포천에서 '최고의 트렌드제조기', '라이프 스타일을 만드는 사람'이라고 부르는 페이스 팝콘(Faith popcorn)은 미래의 변화를 읽어내는 탁월한 식견을 지닌 여인이다. 그녀가 출간한 책은 세계적 베스트셀러가 됐다.

근래에는 '미래 생활사전'이란 책으로 사람들에게 미래를 보여주고 있다.

평범한 대학을 나왔고, 딱히 뛰어난 능력도 없었던 그녀였지만지금은 세계적인 기업인 네슬레, 제너럴 푸드, 켈로그… 같은 회사들이 제품 개발과 영업에 그녀의 도움을 엄청 받고 있다. 1980년부터 그녀가 어떠한 상품을 만들면 크게 성공할 것이라는 예측이기가 막히게 맞았다. 그녀는 유행과는 다른 트렌드에 관심을 갖고 있다. 트렌드란 사람의 마음이 움직이는 방향이라고 정의하며일에서 성공하기 위해서는 그 트렌드를 잘 읽을 수 있어야 한다고주장하고 있다.

어느 날, 그녀에게 미래 예견의 비결을 묻는 기자들에게 이렇게답해 큰 화제가 되었다.

"나의 예측 능력은 성경에 있습니다. 저는 어릴 적부터 읽었던성경을 통해 상상력을 얻었고, 기도를 통해 창의력을 얻었고, 주일 교회에 가서 목사님의 설교를 통해 통찰력을 얻었다. 예수님의 마음으로 어떻게 사람들을 사랑하고 섬길 것인가를 생각하면서, 새로운 아이디어와 적용력을 얻었습니다."

나는 하나님께서 인도해주신 지난 20여 년의 목회생활을 돌아보면서 팝콘의 말에 큰 공감을 느꼈다.

나 역시 목회를 보고 배운 적은 전혀 없었고, 신학대학에 갈 때까지 아는 목사님은 한 분 정도 밖에 없었고, 좋은 믿음의 본이나 스승을 둔 상태가 아니었기 때문에 말 그대로 성경을 보며 '맨땅에 헤딩'을 하는 목회생활이었다.

그러기에 남들보다 늦게 자고 일찍 일어나며 오직 기도와 말씀에 매달릴 수밖에 없었고, 수많은 실패를 경험할 수밖에 없었다. 그러나 그런 경험과 순종으로 인해 목회에 대한 약간의 노하우와 비전이 생기기 시작했다.

그렇게 지금까지의 20년이 하나님의 인도하심을 무조건 따라 발버둥 쳐가며 부족하게 쓰임을 받은 발자국 이었다면, 앞으로의 20년은 복음 들고 하나님이 주신 네 가지 비전을 가지고 삼척에서 전국으로, 그리고 세계를 향해 나의 거룩한 동역자들인 우리교회 성도들과 함께 나아가고자 한다.

첫 번째 비전은, 더욱 건강한 교회와 성도들로 양육하는 일이다.

교회가 말씀을 따라 건강해지기만 한다면 나는 지역이 교회 때문에 바뀌는 일이 충분히 일어날 수 있다고 생각한다. 더욱 성도들이 말씀대로 살아가고 말씀대로 바뀌어가도록 만드는 교회, 내면이 더욱 성숙해지고 교회를 통해서 가정의 평화가 회복되는 교회, 예수님 믿는 사람이 적은 수 일지라도 그들이 일하는 직장에 신선한 복음의 바람을 불게 하는 참된 성도들을 양육하는 교회와 목사가 되고자 한다.

두 번째 비전은, 좋은 쉼터로써의 교회의 역할이다.

워낙 바쁘게 성장한 우리 사회에는 '쉼'에 대한 개념이나 이해가 매우 부족한 상황이다.

수많은 한국교회의 성도들이 바쁜 세상에서 살아가며 몸과 마음이 지쳐있는 상태다.

다행히 우리교회가 위치한 장소는 아름다운 산세와 바다 풍경, 청정지역의 푸른 공기까지 삼박자가 어우러진 곳 삼척이고, 십 여년 넘게 복음과 선교를 위해 달려오다 보니 시민들에게나 믿지 않는 사람들에게도 인식이 좋고, 교회가 자랑하는 교회로도 인정받고 있다. 그런 마음이 고마워 어떻게든 지역과 시민들을 위해 보답하고 싶은 마음이 컸는데 어느 날 그 해답을 찾았다. 그것은 쉼터였다.

필그림 센터!

우리가 살아서도 천국을 경험하도록 하자는 데에서 시작한 비전이었다. 기독교인들뿐만 아니라 이 지역을 오는 수많은 분들이 조용히 묵상하고 가족들이 함께 할 수 있는 센터가 있었으면 하는 소망이 생겼다.

그런데 이 센터의 목적과 시설을 통해 얻게 되는 긍정적인 효과에 공감한 한 무명의 성도가 5천여 평이나 되는 땅을 헌물하는 꿈같은 일이 일어났다. 우리교회가 개척 이후 중요한 일이 있을 때마다 성도들이 곳곳에서 옥합을 깨뜨려 헌신했던 것처럼 이번에도 아름다운 헌신이 시작된 셈이다.

그 땅은 바다가 훤히 내다보이는 아주 경치 좋은 장소였다. 그 뒤에도 우리 성도들의 헌신이 이어져 다른 땅 3200여 평이 또다시 허락되었다. 역시 주변의 산새가 아름답고 개울이 흘러 휴식과 묵상하기에 아름다운 땅이었다. 참으로 귀한 헌신의 옥합이었다.

이곳에 지어질 필그림 센터는 살아서 천국을 경험하며 신앙훈련을 위한 영성캠프 시설이 될 것이다.

또한 우리 교회만 해도 고령의 성도들이 꽤 계신다. 이제 삶의 뒤안길에서 복음만을 위해 느린 걸음을 걷고 계신 어머니 아버지 성도님들에게 이 센터는 또 다른 쉼터이자 일터로 바꿀 계획을 세웠다. 교회가 이런 편의를 제공하고 긍정적인 선순환 구조를 만들어낼 수 있게 됨에 감사한다.

필그림 센터에 대한 계획이 지역에 알려지기 시작하자 좋은 반응을 보내왔다.

관계기관에서도 그들이 하지 못한 일을 교회에서 한다며 고마워했고 도울 수 있는 부분에 대한 약속을 했다. 뿐만 아니라 여러 기관들도 우리교회의 비전에 공감하며 앞으로 지경을 넓혀 함께 지역을 위한 일을 할 것을 제안했다. 아마 앞으로도 많은 일과 계획을 통해 주님이 놀라우신 선물을 풀어놓으실 것이다.

지금 필그림 센터는 완공돼 주님께 쓰임받고 있다.

이곳을 향해 주님이 또 어떤 새로운 일을 펼치실지 궁금해진다. 나는 그저 주님의 도구로서, 내게 그리도록 허락하신 비전을 품을 뿐이고 주님이 주시는 은혜의 바람을 타고 비전의 푯대를 향해 갔던 것처럼 가 보려고 한다.

　필그림 센터에서 사역자, 선교사님, 그리고 수많은 한국의 기독
교인들에게 동해에 있는 참된 쉼의 장소를 제공하고 싶다.

세 번째 비전은, 사회에 선한 영향력을 미치는 교회이다.

　우리교회가 양육한 일꾼과 자녀들이 세계 곳곳과 사회 곳곳에
서 꿈을 펼치는 일들이 계속해서 일어났으면 좋겠다. 이제 막 우
리교회 출신 성도들이 변호사, 의사, 예술가가 되어 하나님이 주신
비전을 세상 사람들에게 펼치는 결실들이 맺어지고 있는데, 이렇
게 쓰임 받는 글로벌 리더들이 더더욱 많이 배출되는 결실을 맺었
으면 좋겠다.

네 번째 비전은, 열방을 향한 선교의 비전이다.

지금 해외선교의 기반이 되고 있는 필리핀과 중국을 비롯해, 인도네시아와 그 인근의 나라들을 향해 계속해서 선교를 하는 교회로 큰빛교회가 사용되기를 바란다. 특히 북한 인근인 옛 만주지역에 직업학교를 세워 독립운동가와 일제시대 양심을 지키려 피난을 간 지식인들의 후손들을 가르쳐 하나님의 일꾼을 양성하고 훗날 통일을 대비하는 인재가 되게 하는 일을 추진 중에 있는데…이처럼 기독교 가치관을 바탕으로 내실 있는 학교들도 세계 곳곳에 세우고자 한다.

다시 한 번 말하지만 나는 감히 이런 책을 쓸 만한 자격도 되지 않고, 또 실력도 없는 사람이다.

그러나 나는 이 책을 통해, 삼척이란 척박한 곳에서 하나님께서 나 같은 사람을 통해서, 잃어버린 영혼들을 주님께 돌아오게 한다면, 한국의 모든 그리스도인들도 할 수 있다는 용기와 힘을 주고 싶다.

사회적으로 그리스도인들의 위상이 낮아지고 있는 이때에 많은 성도님들에게 조금이나마 희망이 되고 등불이 되었으면 좋겠다는 마음이다.

내가 할 수 있으면 누구도 할 수 있다. 아니 훨씬 더 멋지게 하나님께 쓰임 받을 수 있다. 오늘 힘들다고 주저앉지 말고, 인생을 짧게 보지 말자. 하나님의 계획대로 길게 보고 다만 포기하지 않고 달려가면 된다. 동서남북이 막혀 있어도 항상 위를 보는 성도들이 되었으면 좋겠다. 하나님은 우리를 위해 언제나 최고의, 최선의 것을 예비하고 계신다.

예전에 사도 바울의 여정을 따라 성지 순례를 갔던 적이 있다.

그런데 막상 그곳에 가보니 성경을 통해 익히 알고 있던 커다란 사도 바울 보다 오히려 주변에서 섬겨주었던 많은 무명의 사람들의 삶이 귀하게 다가왔다.

'뵈뵈, 유두고, 소시바더, 스데바나, 보드나도, 아가이고, 누기오, 야손… 등등'

바울도 이분들의 수고와 헌신의 소중함을 알고 있었다. 그래서 서신의 끝에 자신의 소중한 동역자들의 이름을 한명 한명 빼먹지 않고 적었다.

지금 이 책에 나온 큰빛교회의 이야기도 나의 이야기가 아니라 사도 바울의 동역자와 같이 하나님께서 귀하게 붙여주신 한 사람 한 사람들의 귀한 헌신이 있었기에 가능한 은혜이자 기적이라고 생각한다.

 개척초기부터 함께 한 신 권사와 김 권사 내외, 초대장로가 되신 안 장로, 민 장로 내외, 늘 듬직한 두 최 권사 내외, 그밖에 너무나 많아서 다 적지 못하지만 주님의 일이라면 조금의 주저함도 없이 달려 나올 준비가 되어있는 사랑하는 많은 권사님들과 집사님들, 성도님들… 이들을 생각만 해도 눈물이 난다.

 이분들이 모두 나의 소중한 동역자이며, 가족이며, 지체이다.

 이분들이 있었기에 지금까지의 사역이 가능했다.

 또한 이 귀한 동역자들을 만나게 해주신 하나님 아버지께 무한한 영광과 감사를 돌리며, 이 책을 바친다.

다시 주님을 향해 달리는–

김성태 목사

잠언에서 배우는 지혜 12가지

정삼숙 지음

미국의 예일, 줄리어드, 노스웨스턴, 이스트만, 브룩힐, 한예종, 예원중에서 수석도 하고 장학금과 지원금으로 그동안 10억여 원을 받으며 공부하는 두 아이지만, 그녀는 성품과 지혜 교육을 더 중요시했다.

잠언에서 찾은 12가지 지혜 심기!

전도 2관왕 할머니의 전도법

박순자 지음

1년에 젊은이 100여 명을 교회로 인도한
60대 할머니의 전도법과 주님께 받은 축복들!

전도 2관왕 박순자 권사의 전도이야기!

CBS-TV 「새롭게 하소서」
저자 출연 동영상 보기

CTS-TV 전도 특집
저자 출연 동영상 보기

<<맞춤형 30일간 무릎기도문 시리즈>>

가정❶ 자녀를 위한 무릎기도문
가정❷ 가족을 위한 무릎기도문
가정❸ 남편을 위한 무릎기도문
가정❹ 아내를 위한 무릎기도문
가정❺ 태아를 위한 무릎기도문
가정❻ 아가를 위한 무릎기도문
가정❼ 재난재해안전 무릎기도문 (부모용)
가정❽ 재난재해안전 무릎기도문 (자녀용)
가정❾ 십대의 무릎기도문 (십대용)
가정❿ 십대자녀를 위한 무릎기도문 (부모용)

교회❶ 태신자를 위한 무릎기도문
교회❷ 새신자 무릎기도문
교회❸ 교회학교 교사 무릎기도문

365❶ 우리 부모님을 지켜 주옵소서(365일용)
365❷ 번성하게 하고 번성하게 하소서(365일용)
365❸ 자녀축복 안수 기도문(365일용)

기도❶ 선포(명령) 기도문

염려대신 기도합시다! 기도하면 문제가 해결됩니다!

망망한 바다 한가운데서 배 한 척이 침몰하게 되었습니다.
모두들 구명보트에 옮겨 탔지만 한 사람이 보이지 않았습니다.
절박한 표정으로 안절부절 못하고 있는 성난 무리 앞에
사라진 그 선원이 급히 달려나와 꼭 쥐고 있던 손바닥을 펴 보이며 말했습니다.
"모두들 나침반을 잊고 나왔기에 … "
나침반이 없었다면 그들은 분명 끝없는 바다 위를 표류할 수밖에 없었을 것입니다.

우리는, 삶의 바다를 항해하는 모든 이들을 위하여
그 나침반의 역할을 하고 싶습니다.
우리를 구원하신 위대한 주 예수 그리스도를 널리 전하고 싶습니다

"하나님은 모든 사람이 구원을 받으며
 진리를 아는 데에 이르기를 원하시느니라"
 (디모데전서 2장 4절)

불신자들도 찾아오는 교회

지은이 | 김성태 목사
발행인 | 김용호
편 집 | 고수정, 이성은
발행처 | 나침반출판사

증보1판(총 6판) 발행일 | 2017년 8월 1일

등 록 | 1980년 3월 18일 / 제 2-32호
주 소 | 157-861 서울 강서구 염창동 240-21
        블루나인 비즈니스센터 B동 1607호
전 화 | 본   사(02)2279-6321
        영업부(031)932-3205
팩 스 | 본   사(02)2275-6003
        영업부(031)932-3207

홈페이지 | www.nabook.net
이 메 일 | nabook@korea.com
          nabook@nabook.net

ISBN 978-89-318-1479-8
책번호 가-9041